한국학과 데이터과학

조은경

서강대학교 글로벌한국학과에 전임 교수이며 컴퓨터 공학과에 겸직으로 재직 중이다. 연세대학교 국어국문학과 학사, 언어정보학과 석사, 서강대학교 컴퓨터공학과 석사, 연세대학교 언어정보학과 박사 학위가 있다. 문화체육관광부 주관의 21세기 세종계획에 참여했고, 한국연구재단, 산업자원부, 정보통신기획평가원 주관의 다양한 한국어 정보 처리 연구 과제에 참여한 바 있다. 한국전자통신연구원 언어공학연구부에서 위촉 연구원으로, 다음커뮤니케이션(현. 카카오) 검색포털본부에서 소프트웨어개발자로, 삼성전자 선행개발팀에서 시니어소프트웨어 개발자로 언어 정보 처리의 일을 했다. 주요 논저로, 박사 학위 논문 「국어 공지시 해석 시스템에 관한 연구」(2007), "감성 분석 연구의 현황과 말뭉치에 기반한 사례 분석"(2012), "디지털 사회의 가치와 언어 연구 방법"(2016), "Improving Educational Dialog System for Historical World Affairs"(2021) 등이 있다. 현재는 한국연구재단의 "대화분석에 근거한 인간과 기계와의 인터페이스 설계" 과제와 정보통신기획평가원의 "사회적, 윤리적 학습을 위한 데이터 특성 및 생성 AI 모델의 윤리성 향상" 과제를 수행하고 있다.

서강학술총서
149

조은경 지음

서강대학교출판부

서강학술총서 149

한국학과 데이터과학

초판 1쇄 발행 | 2024년 10월 10일

지 은 이 | 조은경
발 행 인 | 심종혁
편 집 인 | 하상응
발 행 처 | 서강대학교출판부
등록 번호 | 제2002-000170호

주 소 | 서울특별시 마포구 백범로 35(신수동)
전 화 | (02) 705-8212
팩 스 | (02) 705-8612

ISBN 978-89-7273-397-3 94000
ISBN 978-89-7273-139-9 (세트)

값 30,000원

* 잘못된 책은 구입하신 곳에서 바꿔드립니다.

* '서강학술총서'는 SK SUPEX 기금의 후원으로 제작됩니다.

* 이 저서는 2021년 대한민국 교육부와 한국연구재단의 지원을 받아 수행된 연구임(NRF-2021S1A5A8065237).

프롤로그

한국학은 대개 질적 미시적 연구 방법으로 진행되어 왔다. 이 저술은 한국학적 연구에 데이터 분석을 활용하여 실증적 거시적 관점을 더하기 위한 데이터 출처와 수집 방법, 그리고 양적 연구 방법론의 토대를 정리하고 이를 활용한 주제 연구 사례를 제시한다. 이 과정에서 어문 및 인문학 연구자에게 유익하고 활용도가 높은 데이터과학적 연구 방법론을 안내함으로써 한국학 및 어문학 연구 방법론과 연구 주제의 저변을 넓히는 참고가 되도록 한다.

전 세계적으로 '디지털 전환(digital transformation)'이라는 키워드의 강좌나 연구 논문이 다수 나오고 있다. 이에 학문적 연구 방법에 있어 디지털 전환이라는 교육 현황과 시대적 흐름을 짚어 보고, 주로 질적인 방법론이었던 한국학의 인문학적 연구에 활용할 양적 접근법을 기술하고 이를 실제 연구에 적용한다.

이 책은 책을 읽고 개념적 이해만을 돕게 하는 것에서 나아가 실습할 수 있는 쉽고 유용한 예를 제시함으로써 인문학자들이 데이터과학을 가까이 활용할 수 있도록 하는 데에도 목적이 있다. 저자의 전공은 '국어정보학'이고 이 세부 전공의 시작은 디지털 시대의 성장에 따라 언어 연구를 데이터로부터 시작하자는 데에서 출발하였다. 초기에 해외의 언어 연구자들이 쓴 말뭉치언어학(Corpus Linguistics), 자연어처리(Natural Language Processing)라는 키워드를 가진 책을 주로 참고하거나 번역하여 1999년에 출판된 책, 『국어정보학입문』이라는 것이 있으나 그 내용이나 방법론이 현재로서는 너무 오래된 방식이 되어 버려서 더 이상 누구도 보지 않는 책이 되었다. 그 이후에 나온 책으로 신효필(2007), 홍윤표(2012)도 있다. 이제 보다 최근의 방법론과 내용을 담은 도서가 나올 시점이 되었고 한국에 관한 그 무엇이든 연구할 수 있는 '한국학'이라는 이름의 타이틀을 붙인 시도로서 시작하게 되었다. 이 책은 어떤 세부 전공이나 분야에 제한을 두지 않고 인문학이든 사회학이든 컴퓨터학이든 관련된 많은 자료와 활용도가 높은 자료를 참고로 하되 인문학자에게 활용도가 큰 참고가 될 것으로 기대한다.

지금까지의 한국학 연구가 전통적인 방식의 인문학 연구, 문화 연구, 사회 연구, 정치 연구로 진행이 되었다면, 이 책은 디지털 전환의 시대에 인문학 연구자가 디지털 방법론을 익혀서 이를 어떤 주제 분석에 활용하기 위한 구체적인 실현 과정을 보이는 것이다. 따라서 유용하고 쉽게 적용할 수 있는 방법론들을 소개하고 이를 인문학적 문제에 적용하는 과정을 보일 것이다. 통계학이나 기계 학습에 관한 책은 해당 분야 안에서 통용되는 전형적인 사례와 용어 및 방법론적 전개 방식을 따르기 때문에 인문사회 분야 연구자가 그러한 책을 가지고 공부를 하더라도 자신의 주제에 적용하기에는 상당한 어려움이 있다.

이 책은 데이터과학적 연구 방법을 인문학에 적용하기 위한 구체적인 사례와 용어를 인문학자에게 조금 더 친숙한 방식으로 안내하고, 이를 토대로 필자의 연구에 적용한 사례뿐만 아니라 향후 연구를 위한 탐색의 과정을 보이고자 한다.

한편, 인문사회학자들은 이공학적인 연구 방법에 대한 안내의 기술을 '방법론'이라 한다. 그리고 이는 종종 학문적인 분야에서 수단이나 방식이라는 다소 작은 가치의 뜻을 표현하기도 한다. 그런데 이공학 분야의 시각에서 보면 인문학적 사회학적 주제 전개도 사고나 논의 전개 방법론이다. 이 책은 인문학적 시각에 중점을 두되, 어떤 학문 분야의 연구 방식 모두에 대한 가치를 존중하는 태도를 갖고, 이러한 태도에 바탕하여 한국학을 데이터과학적으로 접근한다는 뜻을 밝혀 둔다.

디지털 전환은 디지털적인 모든 요소로 인해 발생하는 다양한 변화에 대응하기 위한 전지구적 현상이며 인위적인 전략이기도 하다. 성공적인 디지털 트랜스포메이션을 위해서는 디지털 인재 육성에 대한 체계적인 교육과 지식 전파가 필수적이다. 따라서 데이터를 수집할 수 있는 출처와 디지털 역량을 어떻게 습득하느냐 하는 내용으로 구성된 2장과 3장은 이 책에서 매우 중요하다. 데이터를 직접 구축하기보다는 기관이나 웹으로 공개된 데이터를 수집해 오는 방법, 파이썬과 이에 기반한 주요 기계 학습 라이브러리와 플랫폼을 활용하여 실습할 수 있는 방식으로 안내할 것이다. 기초 통계량을 구하거나 단순한 문자열 처리를 위해 파이썬으로 데이터를 어떻게 처리하고 수식을 구현하느냐에 대한 것도 중점적으로 다룬다. 텍스트 분석을 위한 도구 플랫폼은 영어나 서유럽어 중심의 언어 분석 모듈을 가진 엔엘티케이(NLTK)와 한국어 분석을 위한 케이오엔엘피와이(KoNLPy)를 활용한다. 딥러닝의 여러 도구 플랫폼 중에 이 책에서는 주로 텐써플로우(Tensorflow)를 기반으로 하고, 기계 학습 플랫폼으로는 사이킷런(Sklearn)에 주로 의존한다. 책 제목이 『한국학과 데이터과학』이긴 하지만, 한국학을 주된 전공 분야로 하면서 데이터 분석 방법론이란 큰 장 안에 기술통계량부터 기계 학습 및 딥러닝까지 소절을 달아서 어떤 기술을 한다는 것은 부담스러운 일이다. 한국학적 지식에는 새로운 지식의 등장은 있더라도 그리 변화가 심하지 않지만 데이터과학이니 기계 학습이니 하는 분야에서는 새로운 방법론의 등장과 변화가 많은 만큼 기존의 방법론은 그 자리를 내어주어야 하는 일도 많기 때문이다.

연구 방법론의 차이가 어떤 전공 분야를 특징짓는 일이 많다. 전산언어학이든 국어정보학이든 자연어처리이든 그 목적은 컴퓨터로 인간 언어 정보의 성공적 처리와 언어에 대한 더 나은 이해이다. 또 언어학이든 국어학이든 컴퓨터학 분야의 언어처리이든 언어에 대한 연구인데 순수 언어학이나 국어학은 언어 현상을 언어로 기술하고 설명하는 식의 표현에 중점을 두고 자연어처리는 언어 현상을 컴퓨터로 시현하는 식의 표현에 중점을 두는 차이가 있다.

이 책의 전반부는 데이터과학적 방법론에 관한 것으로 획득이 가능한 디지털 데이터를 소개하고 프로그래밍 방법을 활용하여 단기간에 많은 양의 데이터를 수집하는 방법을 안내하며 이러한 데이터를 양적으로 다루고 모델링하기 위한 이론적인 내용과 구체적 실행 과정을 안내한다. 이 장에서 다루는 여러 가지 방법들을 실행하기 위한 구체적인 프로그래밍 코드는 대부분 주피터 노트북(Jupyter Notebook)이나 구글 코랩(Google colab)에서 동작하는 ipynb 확장자가 붙는 파일 형식이다.

데이터과학적 방법론을 활용한 한국학 연구는 저자의 기존 연구와 연구 중인 것, 그리고 향후 연구하기 위한 발판이 되는 것을 소개하면서 독자의 이해를 돕는 방식으로 주요 부분을 다루도록 한다. 전통적 인문학적 한국학 연구 내용은 문학 작품에 대한 질적 분석의 기술이나 사회 현상에 대한 비판적 사고에 따른 논리 전개가 주를 이룬다. 데이터과학적 방법을 활용한 한국학 연구는 문학 작품이나 사회적 정치적 연구의 주제가 되는 자료를 디지털 데이터 형태로 만든 다음 계산 가능한 '데이터'를 분석한 결과로서 다소 양적 표현 방식으로 제시하는 방식이다. 따라서 이 책에서 한국학 연구에 데이터과학적 방법을 적용한 연구는 남북한의 한글 사용의 차이, 일제강점기의 언어학적 역사 문제, 근현대 문예 작품에서 발견되는 주제, 한국 전쟁의 휴전 협상 기록물 자료에서 볼 수 있는 언어 사실적 쟁점, 미디어학 분야에서 주로 다루는 트위터에서 발견되는 서양과 다른 한국의 젠더 양상, 현대 사회의 다면적 문제를 담은 윤리적 범주와 언어 윤리의 문제 등 다양한 주제를 담고 있다.

2024년

조은경

목 차

1부

서론

1부
서론

한국학은 한국에 관한 모든 학문 연구를 포괄하는 학문 분야로 역사, 정치, 문학, 어학, 문화 연구, 사회학, 인류학, 민속학, 그리고 소위 과학이라 불리는 사회 과학, 자연 과학, 정신 과학, 인문 과학 등에 걸쳐 있다. 전지구적으로 학문적 접근 방법은 눈으로 글을 읽고 눈과 머리로 분석하는 방법뿐만 아니라 많은 양의 디지털화된 자료에 기반하여 이뤄지는 일이 많아지고 있으며 한국학도 예외는 아니다.

인터넷은 생활 의존도뿐만 아니라 학문 자료 의존도도 점차 커지고 있다. 이 때문에 데이터를 수집하고 다루고 분석하는 방법론으로서 데이터과학적 연구 방법을 익히고 개발해 가는 것은 각자의 연구를 위해 계속 그 필요성과 유용성이 커질 것이며 누군가의 연구 성과를 이해하는 데에 있어서도 그러하다.

인공지능 및 딥러닝 방법론의 고도화로 '설명 가능한 인공지능

(Explainable AI)'이나 사회윤리적 문제에 연결된 '책임 있는 인공지능(Responsible AI)' 등은 어느 때부터인가 연구 주제로 자리잡았고 여기에는 다양한 분야의 연구자들이 활동하고 있다. 이 장은 전통적 방식의 연구 방법이 주도적인 한국학에 데이터과학적 연구 방법을 접목하게 된 동기를 말하고, 오늘날 여러 학문 및 직업 분야에 유행처럼 쓰이는 디지털 전환이라는 말이 교육과 배움의 장에서 갖는 의미를 생각해 보며, 일찍이 인문학에서 내적 동기로 변화 발전시켜 온 디지털인문학이 갖는 다양한 성장 잠재력을 데이터과학적 접근법과의 유사성 측면에서 보기로 한다.

1장

데이터과학적 한국학

한국학은 통합 학문의 성격을 띠고 진행되어 왔으나 잘 들여다 보면 내적으로 문학 연구, 언어학 연구, 사학 연구, 사회학 연구, 정치학 연구 등의 분과 학문을 고루 갖춘 것으로 보인다. 그런 한편, 현대로 올수록 많은 학문 분과들이 '과학'이라는 이름을 붙여서 '인문 과학', '사회 과학', '언어 과학' 등으로 불리는 일도 있으나 한국학을 '한국학 과학'이라 부르거나 역사학을 '역사 과학'이라 부르는 일은 듣지 못하였다. 이 두 학문 분야의 성격이 과거로부터 현재로까지의 이야기와 시대적 흐름을 담는 일이 많기 때문이기도 하고 그러려면 분석적인 일이기보다는 종합적으로 풀어내는 일이기 때문일 것이다. 그러나 과거로부터 현재로까지의 흐름을 담아낸다는 부분을 생각하면 이는 연구 대상 데이터 측면에서 더 많은 데이터를 시계열 축으로 살필 때에 더 견고한 설명력을 갖출 수 있다. 이제 디지털 방법론과 지속적으로 구축되고 있는 디지털 데이터를 가지고 한국학을 '한국학과학'으로 부를 수 있는 방법론을 활용하고 그 성과를 만들 때가 되었고 근래에는 그러한 연구 성과가 점점 늘어나고 있다. 안타까운 점은 인문학자가 데이터를 분석하는 방법론을 활용하여 성과를 만드는 것보다 데이터과학이나 컴퓨팅 역량을 활용하기 쉬운 연구자들이 인문학 분야에서 연구 주제로 다루는 데이터를 수집하여 연구 성과를 내는 일이 더 많아지고 있다는 점이다. 박진영, 오혜연(2016)의 연구, 김지우, 박진영(2021)의 연구, Minsoo Park et al.(2023) 등의 연구가 그러한 예이다. 앞으로 인문학 분야의 입지가 더 작아지는 것은 아닌지 우려스러운 면이 있다.

데이터과학(data science)은 어떤 특정 학문 분야에 종속되기보다는 여러 분야의 데이터를 양적으로 다루는 연구 분야이다. 다음 〈그림 1.1〉은 2015년 이후로 데이터과학이란 키워드로 얼마나 많은 검색이 이뤄지고 있는지를 보인다.

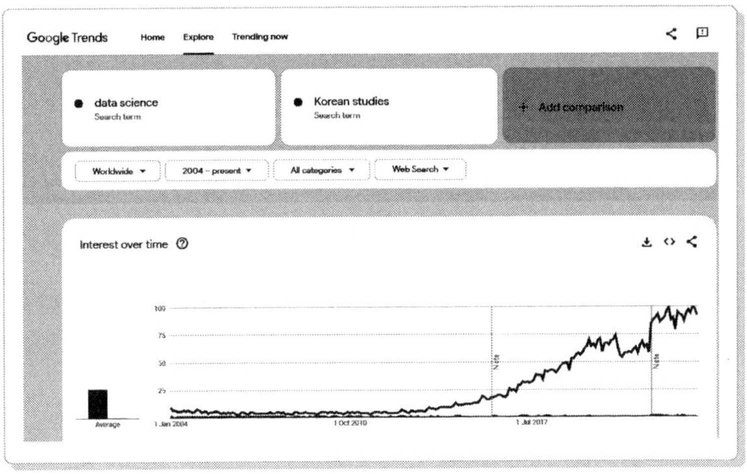

〈그림 1.1〉 구글 검색 트랜드로 보는 데이터 과학의 성장

데이터과학은 전통적 방식의 인문학 연구에 양적 연구를 결합하여 다양한 응용 연구 및 응용 분야로의 진출할 수 있는 연구 방법론적 디딤돌이라 할 수 있다. 지금까지의 한국학 연구가 전통적인 방식의 인문학 연구, 한국어 연구, 문화 연구, 사회 연구, 정치 연구로 진행이 되었다면, 이 책은 디지털 전환의 시대에 인문학 연구자가 디지털 방법론을 익혀서 이를 어떤 주제에 적용하여 활용하기 위한 구체적인 실현 과정을 보이는 것이다. 따라서 유용하고 쉽게 적용할 수 있는 방법론들을 소개하고 이를 인문학적 문제에 적용하는 과정을 보인다. 통계학이나 기계 학습에 관한 책은 해당 분야 안에서 통용되는 전형적인 사례와 용어 및 방법론적 전개 방식을 따르기 때문에 인문사회 분야 연구자가 그러한 책을 가지고 공부를 하더라도 자신의 주제에 적용하기에는 상당한 어려움이 있다. 이 책은 데이터과학적 연구 방법을 인문학에 적용하기 위한 구체적인 사례와 용어를 인문학자에게 조금 더 친숙한 방식으로 안내하고, 이를 토대로 실제로 필자의 연구에 적용한 사례뿐만 아니라 향후에 연구해 갈 주제의 탐색 과정을 보이고자 한다.

한편 인문사회학자들은 이공학적인 연구 방법에 대한 안내의 기술을 '방법론'이라 한다. 그리고 이는 종종 학문적인 분야에서 수단이나 방식이라는 다소 작은 가치의 뜻을 표현하기도 한다. 그런데 이공학 분야의 시각에서 보면 인문학적 사회학적 전개도 사고나 논의 전개를 위한 '방법론'이다. 이 책은 인문학자의 시각을 갖되 어떤 학문 분야의 연구 방식 모두에 대한 가치를 존중하는 입장에 바탕하여 한국학을 데이터과학적으로 접근한다는 뜻을 밝혀 둔다.

2장

디지털 전환과 지구화

디지털 전환(DT: Digital Transformation)은 디지털적인 모든 요소로 인해 발생하는 다양한 변화에 대응하기 위해 디지털 기반으로 조직, 프로세스, 문화, 커뮤니케이션, 시스템 등을 근본적으로 변화시키는 것을 의미한다(한국정보화진흥원, 2018). 또 한편 인적자원에 관한 디지털 전환의 연구를 해온 이찬(2019)에 따르면, '디지털화를 통한 디지털 전환은 조직의 신성장동력을 발굴하는 전략'이다. 이러한 디지털 전환이 갖는 의미는 이 책이 지향하는 바와는 다소 거리가 있는 언명이지만, 연구자로서 학생으로서 그리고 또 일반인으로서 이러한 시대적 흐름을 거부하지 못하는 측면이 있다. 사회학자들이 즐겨 인용하는 폴라니(Polanyi)의 대전환(The Great Transformation)에서 언급된 '18세기 산업 혁명의 중심부에는 일반인들의 삶을 완전히 바꿔 놓은 것은 생산 도구의 경이로운 개선이었다'는 오늘의 디지털 전환에도 그대로 적용된다. 디지털화는 우리 눈에 보이는 콘텐츠나 성과물의 형태만 디지털 표현 형식으로 바꾸는 것이 아니라 일하는 과정과 방식의 전환이다. 디지털 전환은 근본적으로 일하는 방식, 연구하는 방식, 생활하는 방식의 변화를 말하고, 그 시작은 계산기를 전자계산기를 쓰게 된 데에서 촉발되어 오늘날에 이르렀다.

〈그림 1.2〉 20세기 초 하버드 컴퓨터

출처: https://en.wikipedia.org/wiki/Harvard_Computers

전자계산기는 지식인의 특히 여성 지식인의 노동하는 방식도 바꾸었다. 디지털 컴퓨터가 등장하기 전까지 하버드 실험실의 계산기는 〈그림 1.2〉에서 보이듯이 주로 여성 수학자들로 구성되었었다. 이런 측면에서 디지털화는 인간 사회의 어떤 분야의 주도적인 젠더 역할에 영향을 주었고 컴퓨터가 사람이었던 시절에서 기계가 되어가는 과정을 보이는 것이기도 하다. 이제 우리는 이메일이나 전산화된 업무 시스템이 없으면 업무 소통이나 업무 진행이 불가능해졌을 뿐만 아니라 이로 인해 일상과 업무 간의 경계가 불분명해지는 일도 더 많아졌다.

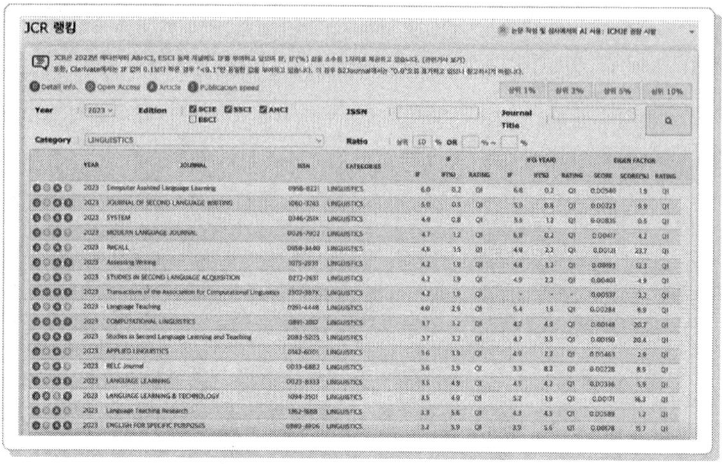

〈그림 1.3〉 언어학 분야 국제 학술지 평가 상위 10%

디지털 전환은 학문 영역에도 드러난다. 〈그림 1.3〉은 학술지 인용 보고(JCR: Journal Citation Report)의 언어학 분야 상위 10%를 보이는 것이다. 1위는 컴퓨터보조언어학습(Computer Assisted Language Learning)이고 그 아래에 있는 학술지 이름에도 'Computational, Technology, Applied' 등의 단어가 들어가 있다. '디지털'이니 '컴퓨터'니 '테크놀로지'니 하는 키워드의 연구 논문이 강세를 이루는 것도 디지털 전환의 한 양상이라 할 수 있다.

또 교육 현장이나 조직체에서 인적 자원을 관리하는 분과에서는 역량 개발을 위해 디지털 방법론을 학습하고 개발해 감으로써 교육 및 회사의 성과 확산에 더 기여하는 정도를 평가하는 방식을 도입하고 있다(José, Ignacio, Mariano, 2023).

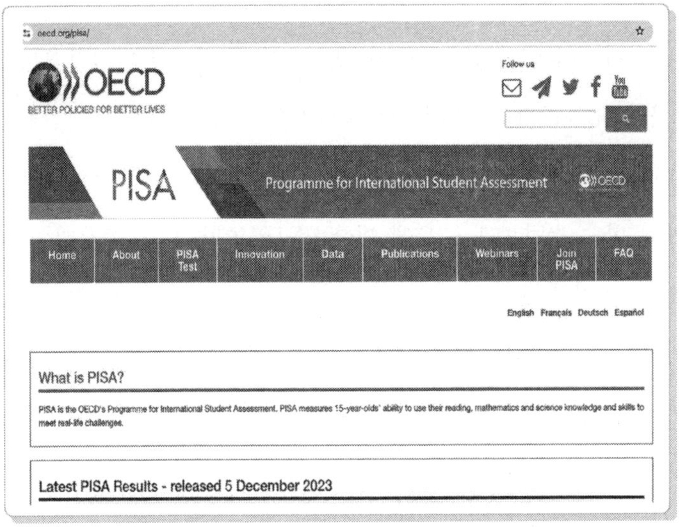

〈그림 1.4〉 피사(PISA) 홈페이지

〈그림 1.4〉는 국제 학생 평가 프로그램인 피사(PISA: Program for International Student Assessment)의 홈페이지이다. 피사는 OECD가 개발 및 운영하는 국제 학생 평가 프로그램의 항목이나 평가 결과에 관한 정보를 외부적으로 공개하는 것으로 〈그림 1.4〉에서 보이듯이 피사 시험(PISA Test), 혁신(Innovation), 데이터(Data), 출판 보고(Publications), 웹세미나(Webinars)로 구성되어 있다. 각 탭으로 들어가서 피사의 시험 예시와 시험 평가 방식, 평가된 결과에 관한 출판 보고를 보면, OECD는 시험과 교육 평가에 대해 21세기의 시작과 함께 디지털 전환을 준비해 오고 있었음을 볼 수 있다.

지구화(globalisation)는 전 세계의 사람, 회사, 정부 간의 상호 작용과 통합 과정이다(Scholte, Jan Aart. 2008). 디지털 전환은 디지털적인 모든 요소로 인해 발생하는 다양한 변화에 대응하기 위한 지구화 현상의 하나이며 인위적인 전략이기도 하다. 성공적인 디지털 '트랜스포메이션(transformation)'을 위해서는 디지털 인재 육성에 대한 체계적인 교육과 지식 전파가 매우 필수적이기 때문에 전지구적으로 다양한 분야에서 학습 전략과 노하우에 대한 연구와 이에 대한 공유가 매우 활발하다. 이러한 내용은 특히 최근에 코세라(Coursera), 에드엑스(EdX), 그리고 서구권의 유명 대학에서 짧은 온라인 강좌로 그러한 경험과 전략에 대한 공유에 관한 것이 자주 열리고 있는 것이 그 방증이다. 무엇보다 디지털 역량을 어떻게 습득하느냐는 앞으로의 사회 변화에 대응하기 위한 연구 노동자에게 매우 중요하다.

디지털 전환과 역량 관리 간의 상관성에 대한 분석을 한 연구로 José Manuel Montero Guerra et al.(2023)는 노동력이 전지구적 맥락에서 다양성이 커지고 있음을 말하였고 Briscoe et al.(2009)은 그러한 노동력의 이동도 전지구적이라 하였다. 디지털 역량을 쓰는 노동력의 규모가 커짐에 따라 그 노동력의 종류도 다양해졌을 뿐만 아니라 더 높은 수준의 능숙함을 요구하는 경향이 있고 또 그 능숙함이 오롯이 사람의 수작업 결과로 평가받는 일은 많이 남지 않은 것 같다. 디지털 도구나 기계를 인간이 만들어내고 발전시켜 왔으니 그 혜택을 노동 성과로 누리는 것은 당연하기도 하다. 과거에는 해외 한국인 노동력의 주요 활동이 광부나 건설노동자, 간호사와 같은 다소 육체적인 부문이었다면 오늘날에는 실리콘밸리나 서유럽 국가로 소프트웨어 엔지니어나 디지털 분야 콘텐츠 개발자, 기획자로 진출하는 일이 많아지고 있다. 한국 내에서뿐만 아니라 전지구적으로 디지털 문명에 걸친 연관 노동력 규모가 더 커지고 있고 해외에서 활동하는 이들의 가족도 보다 현대적 의미의 코리안 디아스포라의 성격을 만들어 가고 있다. 이러한 맥락에서 학문 연구 방법에 있어서도 주로 질적인 연구였던 한국학의 인문학적 연구에 양적 접근법을 융합하고 이를 실제 연구에 적용하는 과정을 보이는 것은 디지털 전환의 한 면모를 보이는 것이라 할 수 있다.

3장
디지털 인문학

디지털 인문학(Digital Humanities)은 철학, 문학, 역사학 등의 인문학에 컴퓨터 및 정보기술을 접목한 접경의 학문이다. 최근에는 디지털 인문학이라는 독립된 학문 분과 이름으로 언어학 외에 문학이나 철학, 역사 등 다양한 인문학 분과의 융합 학문으로서 디지털 데이터를 구성하고 분석하고 해석하는 것을 학문적 내용으로 하는 움직임이 더 커지고 있다. Waltzer(2012)는 "지난 30년간 (이제는 지난 40년간) 대학의 인문학 분야의 재정 지원은 줄고 학생들은 대학 내 학습보다는 경제 관련 자격증을 취득하기 위한 공부나 직업 시장에서 요구되는 정보 시스템 학습으로 몰리는 상황에서 커리큘럼 개발과 교수학습의 디지털 전환을 겪고 있는 인문학 분야를 두고 '대학의 천한 입양아(the ugly stepchildren of university)'라고 일컬었지만 학문적 인문학자보다 디지털 인문학자를 찾는 직업 시장이 더 커졌고 교원 충원도 많아졌다"

고 꼬집었다.

인문학은 언제나 위기라는 말을 들어왔던 것 같다. 인문학의 전형적인 영역에 있는 언어학과 역사학을 잘 들여다 보면, 언어 연구나 역사 연구에 데이터를 활용하는 연구가 오래 전부터 내부적으로 진행되어 왔다. 언어학 내에 세부 분야로서 전산언어학(Computational Linguistics)은 오늘날의 디지털 전환이 있기 전부터 다양한 컴퓨터과학적 방법을 활용한 연구 영역이다. 역사학에도 자료를 실증적으로 다루고 많은 자료를 다루는 연구자들은 오래전부터 컴퓨터로 자료를 처리하고 저장하는 방법론을 활용해 왔다. 국사편찬위원회의 한국사데이터베이스에서 볼 수 있는 다양한 전자 자료와 그러한 자료를 웹 서비스하는 방법론이 그 방증이 된다. 개인 연구자가 자신의 연구 자료와 내용을 웹 서비스로 운영하는 사례도 늘고 있다. 디지털인문학 연구자들의 연구 내용과 방법은 디지털 문명의 발달에 따라 수많은 종이 책으로부터 디지털 데이터로 옮겨간 자료를 분석하여 연구 성과를 만들어 내거나 블로그나 디지털 박물관 등의 인터넷 매체를 통해 연구 성과를 제시하는 방식으로 지식 탐색과 소통의 방식을 바꿔 가고 있는 것 같다. 즉 디지털 기술을 적극적으로 활용하기보다는 디지털 매체를 활용하여 자료 소장 장소에 구애받지 않고 많은 자료를 찾고 분석하고 그 성과 제시 방식도 자료 소장 장소에 구애받지 않는 인터넷 서비스를 활용하여 표현하는 방식이다.

디지털 인문학을 하는 연구자들에게 널리 활용되는 토픽 모델링(topic modelling)이라 불리는 다량의 텍스트 데이터를 분석하는 방식은 인문학뿐만 아니라 사회학에서도 종종 활용되어 왔다. 토픽 모델링은 데이비드 블레이(David M. Blei)라는 정보공학 연구자가 2003년에 수많은 분야나 주제의 텍스트 집합 말뭉치에서 말뭉치를 구성하는 주제(topic)는 단어로 표현되고 각 주제를 표현하는 단어는 디리슐레 확률 분포를 따른다는 가정하에 텍스트 집합 내에서 유의미한 주제를 데이터로부터 발굴해 내는 일종의 클러스터링 방식이다. 인문 사회학자의 연구가 많은 양의 지식 자료를 보고 연구자의 경험적 지적 토대 하에 질적 비판적 성찰을 해온 것이라면 이 방식의 이점은 텍스트 분석을 통해 성찰의 주제로서 주요 키워드를 발굴해 가는 식이다. 디지털인문학에서 이러한 방법론 활용의 유용성은 일찍이 디지털인문학을 해오고 있는 연구 기관이나 학술지 웹 서비스에 잘 정리되어 있고 국내에도 인문 사회 분야에서 융합적 방식을 취하는 연구자들이 종종 활용해 오고 있다. 그렇더라 하더라도 디지털인문학은 방법적인 것보다는 내용에 더 중점을 두는 것 같다.

그런 한편 국내의 디지털인문학은 디지털인문학이 독립된 학과나 전공 단위로 존재하기보다는 인문학 분야에 속한 개별 연구자가 디지털인문학을 관심 연구 분야로 설정하는 일이 더 많았다. 김현(2013)에 따르면 디지털인문학은 정보기술의 도움을 받아 수행하는 인문학 연구와 교육, 그리고 이와 관계된 창조적인 저작 활동을 지칭하는 말이다. 이것은 전통적인 인문학의 주제를 계승하면서 연구 방법 면에서 디지털 기술을 활용하는 연구, 그리고 예전에는 가능하지 않았지만 컴퓨터를 사용함으로써 시도할 수 있게 된 새로운 성격의 인문학 연구를 포함한다. 이러한 뜻에서의 디지털인문학은 데이터과학적 방법을 적극적으로 활용하는 방식뿐만 아니라 디지털 스토리텔링, 메타버스에 기반한 디지털휴먼 등 다양한 방식으로 내용 전달을 확장할 수 있는 많은 가능성을 열어 두고 있다. 박물관이나 미술관에서 보여 주는 것은 과거의 유물이나 예술가의 작품만을 전시하는 것이 아니라 디지털 기술을 활용한 보존 유물이나 디지털 문명과 연계된 형식의 작품을 전시하는 일로 확장되고 있다. 또, 디지털 기술을 활용한 디지털 박물관, 디지털 미술관 등도 등장한 지 오래다.

뿐만 아니라 디지털 전환이나 정보기술의 발달은 유발 하라리(Yuval Harari)와 같은 역사학자에게는 그의 책에 과거만 담는 역사가 아니라 미래와 닿아있는 역사를 그릴 수 있는 환경을 만들어 주고 있다. 이학 계열의 저명한 학자이자 젊은 시절에 문예와 미술을 탐닉하였던 최재천은 저명한 동물학자에서 '시인의 마음을 지닌 과학자'가 되었다. 인문학은 어떤 전공을 하든 누구에게나 이야기를 만들어 내는 근간이 되는 역할을 하고 있다.

참고 문헌

김지우, 박진영. 조선왕조실록 텍스트 마이닝을 통한 왕별 행동 유형과 자연재해 간 상관관계 분석. 한국정보과학회 학술발표논문집. 2021. 1437–1439.

김현. 디지털 인문학:인문학과 문화콘텐츠의 상생 구도에 관한 구상. 인문콘텐츠 29. 2013. 9–16.

박진영, 오혜연. 텍스트 마이닝을 통한 조선왕조실록 내 왕의 통치 스타일 분석. 한국정보과학회 학술발표논문집. 2016. 741–743.

서상규, 한영균. (편저). 국어정보학 입문. 태학사. 1999.

신효필. 언어학과 통계모델. 서울대학교출판문화원. 2014.

이애화. 디지털 리터러시 교육을 위한 디지털 역량의 개념적 특성과 한계. 교육문화연구, 21(3), 2015. 179–200.

이중원, 신상규, 구본권, 샹제, 천리화, 김일환, 이도길, *Wayne de Fremery*, 김상훈. 디지털 시대 인문학의 미래. 푸른역사. 2017.

이찬, 유영주, 박신윤, 한성주. 디지털 트랜스포메이션(Digital Transformation) 시대 인재전환을 위한 역량모델링. 학습자중심교과교육연구, 21(16), 2021. 265–284.

최재웅. 말뭉치와 언어학, ≪새국어생활≫ 특집 4차산업혁명 시대의 국어 생활. 2017.

최재천. 과학자의 서재. 움직이는서재 출판. 2015.

한국정보화진흥원. 혁신을 촉진하는 D7 국가의 디지털 전략 현황. D. gov *Issue Report* 2018–1호. 2018.

홍윤표. 국어정보학. 태학사. 2012.

D. F. McKenzie. *Bibliography and The Sociology of a Text*. Cambridge University Press. 1999.

Erez Aiden & Jean–Baptiste Michel. *Uncharted Big Data as a Lens on Human Culture*. Riverhead Books. 2013.

Grier, David Alan. *When Computers were human*. Princeton University Press.

2005.

Karl, Polanyi. *The Great Transformation. Beacon Press.* 1944, 1957, 2001.

Lev Manovich. *Software Takes Command.* Bloomsbury Academic. 2013.

Milligan, Ian. *The Transformation of Historical Research in the Digital Age.* Published online by Cambridge University Press. 2022.

Minsoo Park, Dai Quoc Tran, Jinyeong Bak, Almo Senja Kulinan, Seunghee Park. Real–time monitoring unsafe behaviors of portable multi–position ladder worker using deep learning based on vision data, *Journal of Safety Research*, 2023.

Oakley, Barbara. *A mind for Numbers.* Penguin. 2014.

Scholte, Jan Aart. Defining Globalisation. *The World Economy.* 31 (11): 1471–1502. 2008.

Waltzer, Luke, *Digital Humanities and the "Ugly Stepchildren" of American Higher Education, Debates in the Digital Humanities*, University of Minnesota Press, 2012,

Yuval Harari. *Homo Deus A brief history of tomorrow.* Penguine Random House group. 2015.

Zaagsma, Gerben Digital History and the Politics of Digitization. *Digital Scholarship in the Humanities*, Volume 38, Issue 2, 2023, 830-851.

[웹 자료]

PISA: Program for International Student Assessment, https://www.oecd.org/pisa/test/

Topic Modelling and Digital Humanities, David M. Blei, https://journalofdigitalhumanities.org/2–1/topic–modeling–and–digital–humanities–by–david–m–blei/

Probabilistic Topic Models of Text and Users, David M. Blei. https://digitalhumanities.stanford.edu/david–blei–probabilistic–topic–models–text–and–users/

2부

데이터 수집과 가공

2부

데이터 수집과 가공

과거에는 연구자들이 품앗이처럼 각자가 수집한 자료를 주고받아서 더 의미있는 큰 자료 집합을 만드는 일이 대부분이었다. 오늘날에는 디지털 매체와 데이터를 활용하는 일이 더 많아짐에 따라 콘텐츠 수요를 조사하고 구축하는 과제를 만들어 관리하는 기관이 생겨났고, 연구 기관들이나 연구자들은 데이터 구축 과제를 수행하여 성과를 내는 일이 많아졌다. 또 정부 기관도 공공 데이터를 개방하여 일반에게 공개하는 일이 많아졌다.

데이터를 수집하는 방식은 다양할 수 있다. 우선 하나하나 입력하여 모을 수도 있고, 유사한 연구를 했거나 하고 있는 가까운 지인 연구자로부터 데이터를 얻어올 수도 있다. 또는 사회과학 분야에서 주로 하는 사회 조사 방법론의 하나로 어떤 특정한 목적에 맞는 질문지 설계를 한 다음에 이 설문지를 많은 사람들에게 주고 그 답을 모은 데이터를 분석할 수도 있다. 이와 같은 설문지 형식의 데이터 수집은 분석 주제에 관한 매우 정밀한 질문 설계 과정이 요구되며 자연스럽게 만들어진 데이터를 수집하는 것이 아니기도 하다. 이 책에서는 이 같은 데이터 수집과 분석 과정을 다루지 않는다.

디지털 시대의 가속화에 따라 많은 역사 자료가 디지털화(digitization)되어 왔고, 이는 인터넷 서비스를 통해 접근 가능하게 되기도 하였다. 또 인공지능이나 데이터사이언스의 응용 목적을 위해 많은 연구 기관 및 공공 기관이 데이터 구축 사업을 벌여오고 있고 이를 활용하기 위해서는 일정한 약정서를 작성하여 제출하면 큰 규모의 데이터를 연구 목적으로 활용할 수도 있게 되었다. 따라서 여기서는 인터넷 서비스 페이지를 통해 디지털 데이터를 쉽게 조회하거나 내려받을 수 있는 공공기관 데이터 출처와 인터넷 서비스를 통해 제시되는 텍스트 데이터를 웹 수집해 오는 방법을 안내한다.

1장

인터넷 자원으로서 데이터

인터넷 자원으로서 데이터란 연구 목적으로 데이터를 활용하고자 할 때 저작권료나 어떤 비용을 지불을 하지 않고 데이터를 조회하거나 내려받을 수 있도록 웹으로 서비스하고 있는 것을 말한다. 여기서는 데이터를 모아서 이미 통계적인 분석을 한 결과 자료를 웹 서비스하는 국가통계포털, 지방 자체 단체나 중소 공공 기관에서 제공한 데이터를 모아서 볼 수 있는 공공데이터포털, 한국학 연구에 전형적인 연구 자료로 활용할 수 있는 데이터를 웹 서비스 하는 국사편찬위원회 한국사데이터베이스와 한국학중앙연구원의 디지털 아카이브, 그리고 한국어 텍스트 자료를 구축하고 있는 국립국어원 모두의 말뭉치, 인공지능 학습용 데이터를 구축하고 있는 AI허브 등을 소개한다.

1. 국가 통계 포털

국가통계포털(KSIS: Korean Statistical Information Service, https://kosis.kr/)은 통계청이 인구, 고용, 산업분야, 사회 계층, 성별 등이 지표가 되는 국내·국제·북한의 국가적 차원의 주요 통계를 볼 수 있는 웹 서비스이다. 현재 400여 개 기관이 작성하는 경제·사회·환경에 관한 모든 국가 승인 통계를 수록하고 있으며, 국제금융·경제에 관한 IMF, Worldbank, OECD 등의 최신 통계도 제공하고 있다. 국가 통계 포털의 이점은 〈그림 2.1〉과 같이 국가 차원에서 수집 가능한 데이터와 분석 결과를 곧바로 볼 수 있다는 점이다.

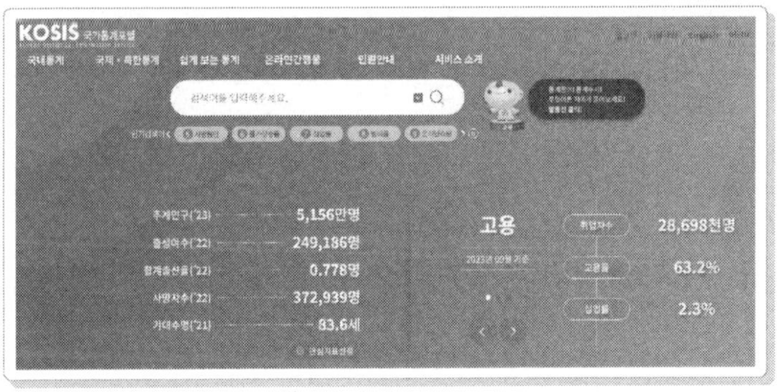

〈그림 2.1〉 국가통계포털 홈페이지
출처: https://kosis.kr/ 2024년 5월

또 국가통계포털에서는 주제별 통계 결과 데이터로 '인구', '사회일반', '범죄 안전', '노동', '소득소비자산', '보건', '복지', '교육훈련', '문화여가', '주거', '국토이용', '에너지', '지역통계' 등 다양한 국가적 통계를 웹 서비스하고 있어서 데이터 내용을 조회해 볼 수 있다.

〈그림 2.2〉는 연령 계층별 인구 통계를 조회한 것이다. 이처럼 분석 결과만을 볼 수 있는 데이터의 경우에는 분석자의 데이터 분석 과정의 자율성 즉, 분석 대상 컬럼이나 분석 방식 등의 선택을 할 수 없다는 한계가 있다. 예를 들어, 〈그림 2.2〉와 같은 조회 결과는 연령 계층별 인구에서 15세~64세는 한 컬럼에 묶여 있는 한계가 있다. 이를테면, 15세~20세, 30-40세, 50-60세 등으로 더 세분화된 단위 구간을 나누어 볼 수가 없다. 세분화된 연령대별 통계치를 보려고 한다면 자료를 내려받아 별도 분석을 해야 할 것이다.

시점	계 총인구 (명)	계 구성비 (%)	0-14세 총인구 (명)	0-14세 구성비 (%)	15-64세 총인구 (명)	15-64세 구성비 (%)	65세 이상 총인구 (명)	65세 이상 구성비 (%)
2051	46,957,061	100.0	4,080,706	8.7	23,886,842	50.9	18,989,513	40.4
2052	46,534,046	100.0	3,995,647	8.6	23,593,453	50.7	18,944,946	40.7
2053	46,080,617	100.0	3,909,699	8.5	23,302,050	50.6	18,878,868	41.0
2054	45,628,975	100.0	3,822,313	8.4	22,988,840	50.4	18,817,822	41.2
2055	45,151,722	100.0	3,733,151	8.3	22,653,243	50.2	18,765,328	41.6
2056	44,660,957	100.0	3,642,164	8.2	22,304,305	49.9	18,714,488	41.9
2057	44,159,136	100.0	3,549,710	8.0	21,894,799	49.6	18,714,627	42.4
2058	43,649,074	100.0	3,456,621	7.9	21,475,161	49.2	18,717,292	42.9
2059	43,134,131	100.0	3,364,168	7.8	21,065,287	48.8	18,704,676	43.4
2060	42,617,053	100.0	3,273,988	7.7	20,660,407	48.5	18,682,658	43.8
2061	42,099,995	100.0	3,187,975	7.6	20,249,643	48.1	18,662,377	44.3
2062	41,585,534	100.0	3,108,052	7.5	19,855,143	47.7	18,622,339	44.8
2063	41,074,913	100.0	3,036,007	7.4	19,471,587	47.4	18,567,319	45.2
2064	40,560,298	100.0	2,973,310	7.3	19,115,992	47.1	18,470,996	45.6
2065	40,060,340	100.0	2,920,999	7.3	18,745,882	46.8	18,407,459	45.9
2066	39,574,865	100.0	2,879,601	7.3	18,392,086	46.5	18,303,178	46.2
2067	39,085,966	100.0	2,849,110	7.3	18,113,436	46.3	18,123,420	46.4
2068	38,602,940	100.0	2,828,990	7.3	17,862,144	46.3	17,911,806	46.4
2069	38,125,347	100.0	2,818,199	7.4	17,603,904	46.2	17,703,244	46.4
2070	37,655,867	100.0	2,815,279	7.5	17,367,650	46.1	17,472,938	46.4

〈그림 2.2〉 국가통계포털-주제별통계 예시, 2024년 5월

출처: https://kosis.kr/statHtml/statHtml.do?orgId=101&tblId=DT_1ZGA01_008&conn_path=I2

2. 공공 데이터 포털

공공데이터포털(Public Data Portal, https://www.data.go.kr/)은 공공기관이 생성 또는 취득하여 관리하고 있는 공공데이터를 제공하는 웹

서비스이다(〈그림 2.3〉). 매우 다양한 출처와 종류의 데이터가 있고 키워드 검색으로 찾을 수 있다. 여기에는 내려받을 수 있는 파일 데이터, 웹 프로그래밍을 하여 데이터를 가져오는 오픈 API, 데이터를 이미 가공하여 보여 주는 시각화 등 다양한 방식으로 제공하고 있으나, 각 개별 데이터의 양이 아주 많지는 않다.

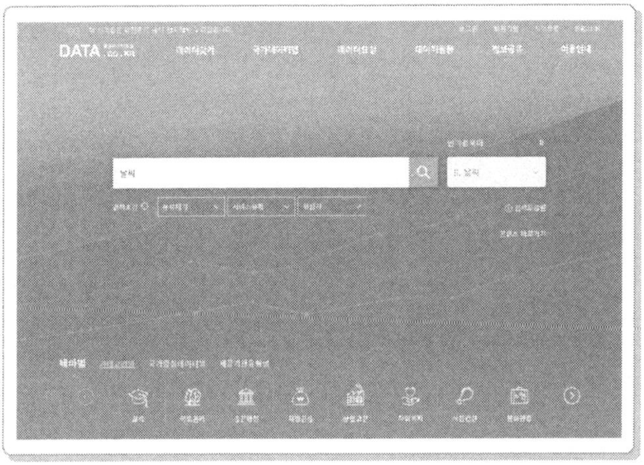

〈그림 2.3〉 공공 데이터 포털 홈페이지

출처: https://www.data.go.kr/ 2024년 5월

무엇보다 공공 데이터 포털의 데이터는 텍스트 본문 데이터라기보다는 대개 엑셀, csv, json 등의 형식으로 구조화되어 있고 어떤 기관이나 개체에 관한 시간, 장소, 연관 속성 값을 나열한 메타 데이터가 대부분이다. 궁금한 데이터의 키워드를 넣어서 검색하면 〈그림 2.4〉와 같이 다양한 지자체와 연구소 등에서 공유한 여러 자료를 구할 수 있지만, 데이터의 구성은 제각각이기 때문에 통합된 용도보다는 각각의 목적으로 활용해 볼 수 있다.

또 검색된 대부분의 데이터가 각기 다른 중소 기관의 필요에 따른 구조와 내용으로 관리되는 데이터이므로 눈으로 보기만 할 것이 아니라면 데이터 각각의 처리 방식을 두어야 한다.

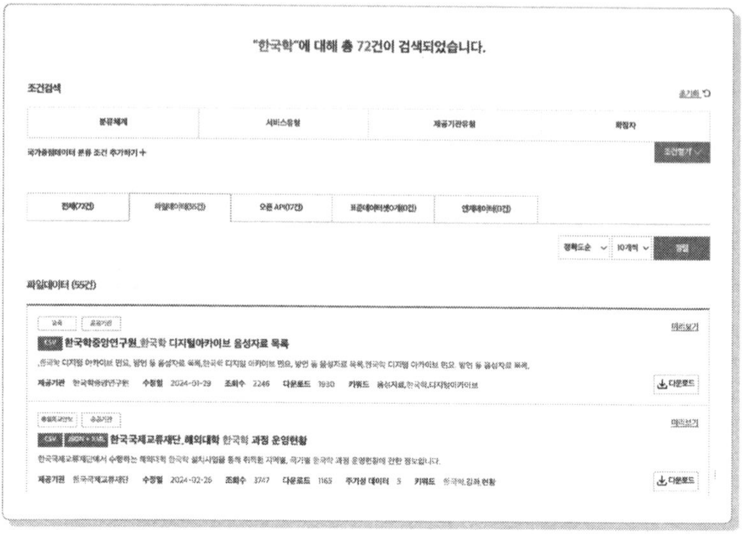

〈그림 2.4〉 공공데이터포털에서 '한국학'이라는 검색으로 조회된 데이터. 2024년 5월

3. 국사편찬위원회 한국사데이터베이스

국사편찬위원회 한국사데이터베이스(https://db.history.go.kr/)는 고대부터 현대에 이르기까지 원자료의 이미지 형태 자료나 다양한 원문 텍스트를 연구자들이 볼 수 있고 활용할 수 있도록 웹 서비스하고 있다(〈그림 2.5〉). 조선시대까지의 자료는 대부분이 원문이 아니라 해제나 메타데이터 목록이다. 오래된 자료를 디지털화하기 어려운 한계 때문일 것이다. '한국근대사료DB'와 '한국현대사료DB'가 그것이다. 그런데

대한제국기 자료부터는 많은 부분이 디지털화된 원문 텍스트이며 한글이 포함된 자료가 많다는 점에 한글 정보 처리 방식을 활용하여 분석할 수 있는 이점이 있다. 이 책의 4부 3장에서 연구 분석 자료로 삼은 근현대 잡지는 대한제국기 '한국근현대잡지자료'에서 웹 수집해 온 것이다. 그러나 근현대 자료에는 여전히 한자가 상당 부분 포함되어 있고 한글맞춤법통일안이 만들어지고 정착되기 이전의 자료들이기에 텍스트 분석 방법만이 아니라 여러 가지 경험적 전처리 과정을 거쳐야 한다.

〈그림 2.5〉 국사편찬위원회 한국사데이터베이스 자료 구성, 2024년 5월

〈그림 2.6〉은 〈그림 2.5〉의 아래 맨 오른쪽에 있는 한국근대사료DB로 들어가면 보이는, 대한제국기 이후 일제강점기와 근대전환기의 자료 일람을 보여 준다. 그리고 각 자료 묶음을 클릭하여 들어가면 해당 자료로 묶인 많은 자료를 볼 수 있다. 일제강점기는 일본어로 된 자료가 꽤 있고, 근대 및 근대전환기에는 한자가 섞인 자료가 많다.

〈그림 2.7〉은 〈그림 2.5〉의 아래에 있는 한국현대사료DB로 들어

가면 보이는, 해방 이후부터 미군정시기, 대한민국 시기의 자료들이다.

〈그림 2.6〉 국사편찬위원회 한국사데이터베이스
한국근대사료DB 부문, 2024년 5월

〈그림 2.7〉에 보이는 한국현대사료DB에는 미군정시기에 영어로 작성된 문서의 사진 자료가 꽤 있다. 대표적인 예로 유엔한국임시위원단관계문서, 휴전회담회의록 등이 있는데 이런 자료의 언어적 내용 분석을 위해서는 텍스트 분석 이전에 OCR을 활용하고 후처리를 해야 하는 등의 이슈가 있다. 휴전회담회의록은 이 책의 4부 4장 '한국전쟁 휴전회담록 분석'에 분석 대상이 된 자료이다. 동아일보, 자유신문, 경남신문계열 등도 사진 자료가 많고 또 한자도 많기 때문에 현대 한국어 텍스트 분석 방법 이상의 처리 방법을 요하는 일이 많다.

〈그림 2.7〉 국사편찬위원회 한국사데이터베이스
한국현대사료DB 부문, 2024년 5월

동아일보[1]나 조선일보[2]의 경우는 얼마전부터 세로쓰기나 한자가 많았던 과거 신문을 가로쓰기와 한글 변환까지 포함한 디지털 아카이브 서비스를 제공하고 있기도 하다. 점점 많은 과거 기록을 웹 서비스를 위한 디지털화를 하고 검색 서비스를 위한 원문 텍스트를 갖춘 서비스가 늘어가고 있다. 디지털 인문학을 하는 이가 데이터 수집과 데이터 분석을 할 수 있다면 다룰 수 있는 가용 자료가 더 많아졌다는 말이다.

1 아카이브 https://www.donga.com/archive/newslibrary
2 조선 뉴스 라이브러리 https://newslibrary.chosun.com/

4. 한국학중앙연구원 디지털 아카이브

한국학중앙연구원도 일찍이 디지털 자료의 웹 서비스를 통해 오래된 고문헌 자료를 눈으로 보고 검색할 수 있도록 하고 있다. 그 웹 서비스 명칭이 한국학 디지털 아카이브(http://yoksa.aks.ac.kr)이다. 주로 고려시대, 조선시대의 자료로 고문헌 위주의 원문 이미지와 해제 위주로 이루어져 있다. 디지털 텍스트를 분석하기 위한 것이라기보다는 사료로서 눈으로 볼 수 있도록 웹 서비스하는 것들이다(〈그림 2.8〉).

〈그림 2.8〉 한국학 중앙 연구원 디지털 아카이브, 2024년 5월

5. AI허브

AI허브(https://www.aihub.or.kr/)는 텍스트, 영상, 소리, 음성 데이터 등의 비구조화 데이터와 지식 관계 매핑 데이터, 농축산이나 교통

물류 등의 구조화 데이터 등 다양한 형태의 대용량 데이터를 구할 수 있는 곳이다. AI허브라는 이름이 말하는 것처럼 인공지능을 위한 학습 데이터를 많이 구축하여 국내 연구자들이 활용할 수 있도록 하고 있다. 다음 〈그림 2.9〉는 AI허브에서 한국어 데이터 찾기 결과이다. 데이터 이용 관련 서약서를 작성하면 바로 내려받을 수 있다.

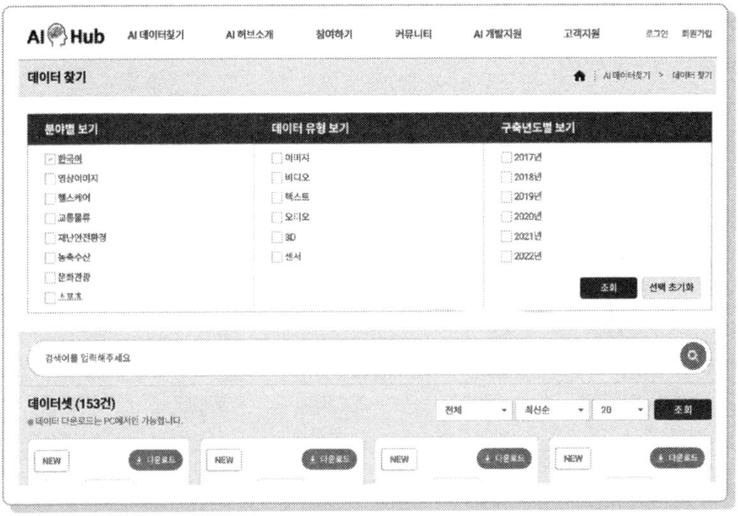

〈그림 2.9〉 AI허브에서 한국어 텍스트 데이터 찾기, 2024년 5월

6. 모두의 말뭉치

모두의 말뭉치(https://corpus.korean.go.kr/)는 국립국어원에서 21세기 세종 계획을 통해 구축된 말뭉치 사업을 이어받아 최근의 말뭉치 분석 및 활용 연구 방법론을 더 잘 활용할 수 있도록 다양한 응용 영역 텍스트 말뭉치 및 여러 다른 언어와 한국어의 병렬 말뭉치 구축 사업을 주관하여 웹 서비스하고 있다.

〈그림 2.10〉은 구축된 말뭉치를 최신순으로 보여 주는 것이다. 각 말뭉치를 활용하기 위해서는 개인정보 및 활용 목적과 기간 등을 상세하게 작성해야 하고 말뭉치 담당자의 승인을 받은 이후에 말뭉치를 내려받아 연구용으로 쓸 수 있다.

〈그림 2.10〉 국립국어원 모두의 말뭉치, 2024년 5월

2장

데이터의 종류

1. 정형 데이터와 비정형 데이터

정형 데이터(structured data)란 대개 한 데이터 항목의 속성을 컬럼의 값으로 표현하기로 정하고 그 컬럼의 값을 쉼표(comma), 탭(tab) 등을 구분자로 하여 한 행에 나열하는 식으로 여러 데이터 항목으로 각 행이 되고 각 항목의 속성 값은 컬럼을 구성하도록 구조화한 데이터를 말한다. 이를테면 엑셀에 정리된 데이터로 하나의 데이터 개체를 표현하는 속성 값들이 탭, 쉼표 등의 일정한 구분자로 나열된 형태이다. 이렇게 나열되고 나면 여러 개체를 표현하는 속성 값을 양적으로 분석할 수 있을 뿐만 아니라 속성 값 간의 상관성 등도 양적으로 구할 수 있다. 〈그림 2.11〉은 쉼표(comma)를 구분자로 한 데이터값의 형식인 csv(comma separated value)의 예이다. 이러한 데이터로 채록자의 수, 구술자의 수를 구할 수 있고 테잎명과 채록자의 상관도, 테잎명과 구술자의 상관도를 구할 수 있다.

```
한국방언자료.csv ×
1  테잎명,채록자,구술자
2  강원도·고성군·고성1,한영균(韓榮均),이한필(李漢弼)
3  강원도·고성군·고성10,한영균(韓榮均),이한필(李漢弼)
4  강원도·고성군·고성11,한영균(韓榮均),이한필(李漢弼)
5  강원도·고성군·고성12,한영균(韓榮均),이한필(李漢弼)
```

〈그림 2.11〉 정형 데이터 예: ','를 구분자로 한 csv 형식

출처: 한국학중앙연구원 한국학 디지털아카이브 음성자료 목록

비정형 데이터(unstructured data)란 이미지, 소리, 텍스트와 같이 하나의 데이터 개체를 표현하기 위해 특정한 형식으로 구분되어 있지 않은 데이터를 말한다. 따라서 비정형 데이터의 양적 분석을 위해서는 대개 데이터 분석 과정에서 정형 데이터로의 변환 처리를 필요로 한다. 이미지 데이터는 전체 이미지의 구간, 이미지 내용의 경계, 점 하나의 화소(pixel) 값으로 변환하고 텍스트 데이터는 자연어를 고려한 구문, 형태소, 글자 등의 단위와 코드값으로 변환하는 것이다.

비정형 데이터의 내용을 분석하기 전에 분석 대상으로 하는 본문 텍스트와 이에 관한 메타 정보는 분리되어야 한다. 그렇지 않으면 본문과 본문의 제작 시기나 출판사, 저자 정보 등이 본문의 내용과 함께 계산되기 때문이다. 따라서 본문 텍스트라 할지라도 단순한 텍스트라기보다는 TEI[3](text encoding initiative) 같은 일정 부분 구조화 형

3 TEI의 홈페이지: https://tei-c.org/
TEI의 향상된 버전인 TEI2의 지침 페이지:

식을 따라 구성되거나 오늘날에 많이 쓰는 JSON(JavaScript Object Notations)[4]('제이슨'이라 읽음) 같은 구조화와 변환이 쉬운 형식으로 구성된다.

TEI는 주로 20세기에 텍스트 말뭉치 구축에 쓰였다. 〈그림 2.12〉는 20세기에 구축된 구문분석 말뭉치에 쓰인 예이다. 이는 분석 대상이 되는 구문 분석 텍스트 본문과 말뭉치 구축 작업자에 관한 메타 정보가 한 파일 안에 105줄에 〈tei.2〉 태그로 분리 표시되어 있음을 보인다. 이러한 표시 방식은 텍스트 데이터를 읽어서 태그와 내용을 분석(parsing)하는 시간 비용이 크기 때문에 과거 시스템을 유지하려는 것이 아니라면 최근에는 잘 쓰지 않는 것 같다.

```
96              <date>2010-03-20</date>
97              <respStmt>
98                  <resp>N/A</resp>
99                  <tname>이동주</tname>
100             </respStmt>
101             <item>꼬꼬마 세종 말뭉치 활용 도구 적용을 위한 전체 파일 대상 태그 오류 일괄 수정</item>
102         </change>
103     </revisionDesc>
104 </teiHeader>
105 <tei.2>
106  <text>
107  <body>
108 ; 1993/06/08 19
109 (NP     (NP 1993/SN + //SP + 06/SN + //SP + 08/SN)
110     (NP 19/SN))
111 ; 엠마누엘 웅가로 /
112 (NP     (NP     (NP 엠마누엘/NNP)
113         (NP 웅가로/NNP))
114     (X //SP))
115 ; 의상서 실내 장식품으로..
116 (NP_AJT     (NP_AJT 의상/NNG + 서/JKB)
```

〈그림 2.12〉 TEI 형식의 예: 21세기 세종계획 구문분석 말뭉치

https://www.tei-c.org/Vault/P4/doc/html/ref-TEI2.html

4 JSON 홈페이지: https://www.json.org/

```
  "info": [
    {
      "id": 99342,
      "filename": "FACEBOOK_101_01.txt",
      "title": "FACEBOOK_101_01",
      "mediatype": "SNS",
      "medianame": "페이스북",
      "category": "일상대화",
      "date": "2021-10-27",
      "size": 387,
      "annotations": {
        "subject": "식음료",
        "speaker_type": "1:1",
        "size": 387,
        "word_size": 139,
        "text": "1 : 언니 명랑 핫도그 먹어 봤어?\n2 : 응 먹은 지 한참 됐어\n1 : 나 오늘 먹었는데 
        "lines": [
          {
            "id": 1,
            "text": "1 : 언니 명랑 핫도그 먹어 봤어?",
            "norm_text": "언니 명랑 핫도그 먹어 봤어?",
            "speaker": {
              "id": "1번",
              "sex": "여성",
              "age": "20대"
            },
```


〈그림 2.13〉 JSON 형식의 예: 일상 대화 말뭉치

〈그림 2.13〉이 보이는 JSON 형식은 최근에 정형 및 비정형 데이터를 저장하는 데에 많이 쓰인다. 데이터의 정형성을 위해서 컬럼 필드 간 구분자를 기호 문자로 쓰기보다는 컬럼 필드의 이름을 써서 표현한다. 이는 JSON 형식이 TEI나 XML의 구조적 표현 형식을 살리고 있음을 말한다. JSON의 이점은 무엇보다 컬럼과 그 값을 해쉬(hash)나 사전(dict) 형의 컴퓨터 메모리로 처리할 수 있게 함으로써 시간 및 프로그래밍 효율성이 큰 것이라 할 수 있다.

2. 레이블 데이터와 원시 데이터

레이블 데이터(labelled data)는 과거의 용어를 사용하자면 주석(annotated) 말뭉치이고, 원시 데이터(raw data)는 어떤 주석이 없는 말뭉

치이다. 레이블이 달린 말뭉치와 그렇지 않은 말뭉치의 구분이 중요한 것은 기계 학습 방법을 사용할 때 전자는 목표 범주(target category) 레이블을 참조로 한 지도학습(supervised learning)을 쓸 수 있으나 후자는 기계 학습의 목표 범주 값인 레이블이 없기 때문에 지도학습 방식을 쓸 수 없기 때문이다. 이를테면, 레이블 데이터로 형태 분석 말뭉치, 구문 분석 말뭉치, 담화 분석 말뭉치 등은 형태소 범주, 구문 범주, 담화 층위에 해당하는 화행이나 발화자, 혹은 여러 의미 범주의 태그(tag; label)가 달려 있다. 반면, 원시 데이터는 신문 텍스트나 블로그 글 단위 텍스트 등 그 안에 특정한 (언어학적) 범주 태그가 달리지 않은 것이다.

기계 학습을 위한 데이터셋으로는 훈련데이터(training data)[5]와 시험데이터(test data)로 구성한다. 각 항목별로 데이터를 다루기 위해 여러 개의 파일을 다룬다면, 훈련(train), 테스트(test) 디렉토리 안에 목표 범주 디렉토리를 두고 그 안에 파일들을 분산 구성한다. 목표 범주 종류가 삼분 범주(긍정, 중립, 부정), 이분 범주(참, 거짓)와 같이 단순하면 정답 레이블을 파일 내에 달기보다는 디렉토리(폴더)를 두어 해당 디렉토리에 많은 파일을 두는 방식으로 구성하는 것이 쉽기 때문이다. 〈그림 2.14〉는 전산언어학 및 자연어처리에서 실험 데이터로 많이 쓰이는 aclImdb[6]의 긍정 부정의 집단 감성(collective sentiment) 분류를 위한 학

5 훈련데이터 내에서 일정 비율을 검증데이터(validation data)로 구성한다.

6 아래의 웹 페이지에서 상세한 정보를 볼 수 있다.
https://ai.stanford.edu/~amaas/data/sentiment/

습 데이터 구성을 보이는 것이다.

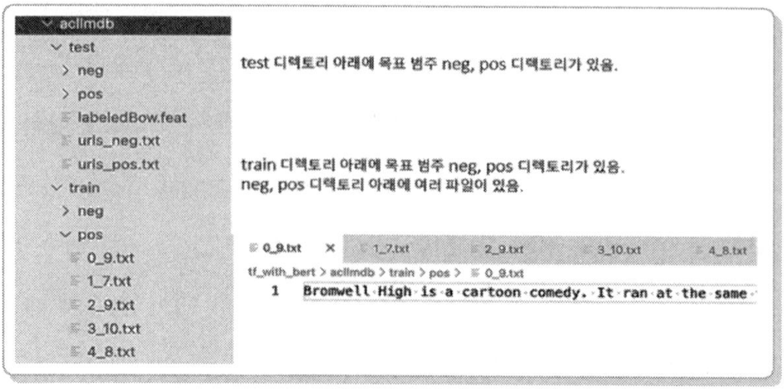

〈그림 2.14〉 기계 학습을 위한 디렉토리 및 파일 구성 방식 예

aclImdb는 IMDB(https://www.imdb.com/)라는 영화 콘텐츠 서비스에서 추출한 영화평 데이터로 이 데이터는 어떤 영화에 대해 긍정과 부정으로 평가한 글의 모음이다. 이 데이터셋은 ACL(Association of Computational Linguistics: 전산언어학회)에 주로 활동하는 연구자들이 감성 분석 실험에 다양한 방법론을 적용하는 데에 활용되어 왔다. 이 데이터를 활용하여 비교적 최근의 언어 정보 처리 방법인 단어 벡터로 의미를 표현하고 텍스트 분류(text classification)에 활용한 연구로 Andrew el al.(2011)가 있다.[7] 〈그림 2.14〉가 보이는 디렉토리 구성을 보면 훈련(train), 테스트(test) 디렉토리 안에 목표 범주 디렉토리 긍정(pos), 부정(neg) 범주가 있고 그 각각의 디렉토리 안에 레이블에 해당하는 원시 데이터 파일들이 있다.

7 한국어 영화평으로 감성 분석 텍스트 분류 실험을 한 연구로는 조은경(2012)가 있다.

목표 범주로 다룰 정보가 많다면, 여러 범주를 구조화하기 용이한 JSON 형식으로 구성하는 일이 많다. 앞선 JSON 형식 예 〈그림 2.13〉을 보면, mediatype, category, subject, sex, age 등의 필드는 text나 norm_text의 데이터를 분류하는 목표 범주로 쓰일 수가 있다. 가령, '언니 명랑 핫도그 먹어 봤어?'라는 발화가 어떤 미디어 유형(mediatype)에 속할지, 담화 범주(category)는 무엇일지, 어떤 주제(subject)의 발화일지, 어떤 성별(sex) 화자의 발화일지, 어떤 연령대(age)의 발화일지 등 거의 모든 필드 값이 목표 범주가 될 수 있다. 데이터 값과 범주 값 쌍을 이루는 데이터 양이 기계 학습을 하여 일정 수준 이상의 정확도(accuracy)를 내기에 충분하기만 하다면 말이다.

3장
데이터 웹 수집

웹 수집(Web scraping)은 웹사이트에서 프로그램을 통해 자동화된 방식으로 데이터를 수집하는 방법이다. 웹 수집은 하이퍼텍스트프로토콜(HTTP(s): Hypertext Transfer Protocol(secured))이란 규약으로 웹 페이지에 노출되는 콘텐츠를 가져오는 방식이다. 가져온 웹 페이지의 콘텐츠는 웹 서비스 노출에 필요한 구조를 표시한 하이퍼텍스트 마크업언어(HTML: Hypertext Mark up language)인 여러 태그들로 싸여 있다. 이러한 HTML 태그를 분리하는 등의 파싱(parsing)을 한 다음 필요한 필드의 내용 데이터만 텍스트 파일로 저장하거나 필요에 따라 여러 필드나 메타 정보 관리가 용이한 구조의 JSON이나 SQL(structured query language) 데이터베이스에 저장한다. Python과 그 라이브러리 BeautifulSoup과 requests를 이용하여 쉽게 시작해 볼 수 있다. requests는 HTTP 요청을 보낼 수 있도록 기능을 제공하는 라이브러리이고 BeautifulSoup는 웹 페이지의 내용을 쉽게 파싱하고 내용을 추출할 수 있도록 기능을 제공하는 라이브러리이다.

1. 한국학 아카이브 자료 웹 수집

앞서 살핀 한국학 디지털아카이브의 자료를 웹 수집으로 모을 수 있다. 〈그림 2.15〉는 한국학중앙연구원의 디지털아카이브에서 조선시대 한글 편지를 서비스하는 웹 페이지이다. 웹 페이지의 내용이 길기 때문에 중간 부분을 자르고 –중략–으로 표시하였다.

〈그림 2.15〉 한국학 디지털아카이브 조선시대 한글 편지 (2024년 5월)

〈그림 2.16〉은 〈그림 2.15〉의 웹 페이지가 보이는 내용을 수집하여 텍스트 내용만 파일에 저장한 다음 그 파일의 가장 마지막 부분을 출력하는 코드와 그 결과를 보이는 것이다. 〈그림 2.16〉의 출력 내용이

많기 때문에 아래 부분만 제시하였는데 이는 〈그림 2.15〉의 웹 페이지 하단에 보이는 텍스트 내용이다. 〈그림 2.16〉의 두 코드 셀 중 앞 셀의 파이썬 코드는 requests를 써서 특정 웹 유알엘에 데이터 요청을 보내서 데이터를 받아오고 BeautifulSoup이 그 결과를 html.parser 형식으로 파싱한다. 뒤 코드 셀은 리눅스 명령어 예시인데, 주피터 노트북이나 구글 코랩은 !를 붙여서 리눅스 명령어를 쓸 수 있기 때문에 간단한 처리 결과를 보는 데에 용이하다.

```python
import requests
from bs4 import BeautifulSoup

url = 'https://archive.aks.ac.kr/letter/letter.do#list.do?itemId=letter&gubun=lettername'
r = requests.get(url)
soup = BeautifulSoup(r.text, 'html.parser')
raw_text = soup.text.strip().replace('\n\n', '')
fout = open('han_archive.txt', 'w', encoding='utf-8')
fout.write(f"{raw_text}")
fout.close()
```

```
!tail 'han_archive.txt'
```

```
한국학중앙연구원
한국학 자료포털
한국학전자도서관
한국역대인물종합정보시스템
한국민족문화대백과사전
한국학종합정보서비스
한국향토문화전자대전 전국통합사이트

        경기도 성남시 분당구 하오개로 323 한국학중앙연구원 [13455] | 한국학중
        Copyright the Academy of Korean Studies. All Rights Reserved.
```

〈그림 2.16〉 웹 수집 파이썬 예시 코드

* 앞 코드 셀: <그림 2.15>의 텍스트 내용을 가져와서 그 내용을 파일에 저장하고 있다.

* 뒤 코드 셀: 저장한 파일 han_archive.txt의 내용을 보여 준다. tail 명령어는 추가 옵션이 주어지지 않으면 파라미터 파일의 맨 끝 10 줄을 출력한다.

여기에서 출력한 것과 같은 모든 단순한 텍스트 내용이 아니

라 원하는 정보 항목을 구조적으로 가져오려면 해당 웹 페이지의 구조를 보이는 HTML을 상세하게 분석하여 코드를 만들어야 하고 BeautifulSoup의 여러 가지 함수를 활용할 수 있다. 『Web Scraping with Python』이란 책이 참고할 책으로 유용하지만, 웹의 특성상 데이터뿐만 아니라 데이터를 보여 주는 형식이나 이를 처리하기 위한 라이브러리의 갱신도 종종 있기 때문에 웹 자료 처리에 관한 소프트웨어나 인터넷 자료를 참고하여 해결해야 할 때가 많다.

2. 소셜미디어 데이터 웹 수집

웹 서비스로 볼 수 있는 뉴스나 트위터의 텍스트 데이터를 수집하는 데에도 웹 수집이 활용된다. 다만, 뉴스 콘텐츠를 서비스하는 회사나 트위터 서비스 회사가 데이터 관련 정책을 바꾸어서 단순히 requests를 써서 웹 수집을 할 수 있도록 허용하지 않을 때가 있고 유료 정책으로 전환을 하고 나면 일정 비용을 지불해야 할 때도 있다. 트위터 서비스는 2023년 가을에 X라는 이름으로 서비스 명칭이 바뀌었고, 특징 키워드를 조건으로 하는 데이터 검색 요청을 하는 웹 API도 유료가 되었다. 이러한 정책의 변화는 유료화와 관련된 사용자 키와 키 암호 등이 복잡하게 들어가게 되었다.

소셜미디어 데이터 수집을 위해 사용되었던 대표적인 파이썬 모듈은 snscrape[8]와 tweety가 있다.

8 snscrape의 소스코드 깃허브: 소스코드 및 라이브러리 사용법에 대한 안내가 있다. https://github.com/JustAnotherArchivist/snscrape

```
!snscrape --jsonl --max-results 100 twitter-search "페미니즘 since:2023-01-01 until:2023-01-02"
```

〈그림 2.17〉 snscrape의 트위터 데이터 수집 명령어

〈그림 2.17〉은 snscrape을 터미널이나 명령 모드에서 명령어로 실행하는 예시이고 〈그림 2.18〉는 tweepy를 쓰는 파이썬 코드이다. 그런데 이와 같은 자동화된 방식으로 트위터 데이터를 수집하려면 2023년 가을 즈음 트위터의 정책 변화로 이제는 일정 금액을 지불해야 한다. 이러한 정책 변화는 챗지피티(chatGPT)와 같은 거대 언어 모델의 성공에 트위터 데이터의 무제한 수집이 큰 역할을 했음에도 그 기여도가 평가되지 않았고 사회적 책임이 따르는 인공지능의 윤리 문제를 위해서라도 데이터 보호 정책이 있어야 한다는 앨런 머스크의 의지에 따른 것이라 한다.

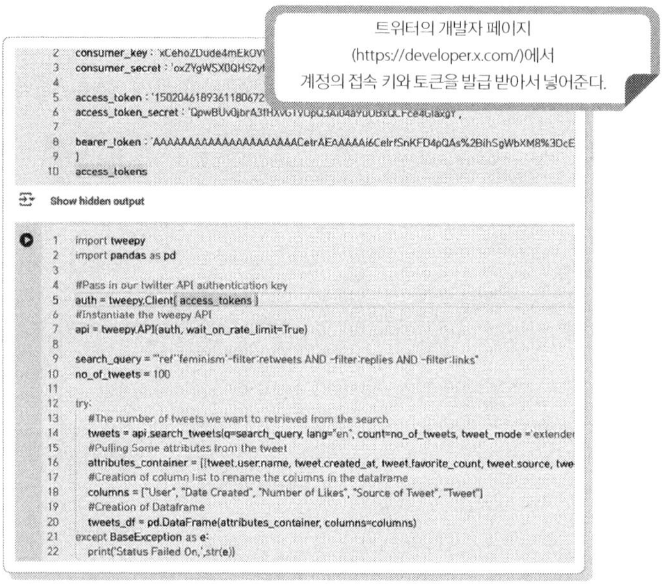

〈그림 2.18〉 tweepy를 써서 트위터 데이터를 수집하는 코드

〈그림 2.19〉는 트위터 웹 API를 써서 활용하기 위한 접근 수준별 유료화 정책을 보여 준다. 1만 건의 데이터를 읽어들이려면 월 100달러를 지불해야 하고(Basci) 1백만 건을 가져오려면 월 5천 달러를 지불해야 한다(Pro).

X API access levels and versions

While the X API v2 is the primary X API, the platform currently supports previous versions (v1.1, Gnip 2.0) as well. We recommend that all users start with v2 as this is where all future innovation will happen.

The X API v2 includes a few access levels to help you scale your usage on the platform. In general, new accounts can quickly sign up for Basic access. Should you want additional access, you may choose to apply for Enterprise access.

	Free	Basic	Pro	Enterprise
Getting access	Get Started	Get Started	Get Started	Get Started
Price	Free	$100/month	$5000/month	
Access to X API v2	✔ (Only Post creation)	✔	✔	
Access to standard v1.1	✔(Only Media Upload, Help, Rate Limit, and Login with X)	✔(Only Media Upload, Help, Rate Limit, and Login with X)	✔(Only Media Upload, Help, Rate Limit, and Login with X)	
Project limits	1 Project	1 Project	1 Project	
App limits	1 App per Project	2 Apps per Project	3 Apps per Project	
Post caps - Post	1,500	3,000	300,000	
Post caps - Pull	✕	10,000	1,000,000	
Filtered stream API	✕	✕	✔	
Access to full-archive search	✕	✕	✔	

〈그림 2.19〉 트위터 API 데이터 정책 (2024년 5월)

출처: https://developer.x.com/en/docs/twitter-api/getting-started/about-twitter-api

4장

데이터의 저장과 가공

데이터를 어떤 형태로 저장하느냐는 데이터 구축 단계 및 데이터의 저장 및 관리 단계에서 필요한 지식이다. 데이터 구축의 목적이 텍스트 처리를 위한 것이라면 해당 처리에 용이한 텍스트 파일 형태의 효율적인 처리 형식에 맞아야 하고 텍스트 처리를 한다고 해도 메타 정보를 필요로 한다면 그 정보의 유기적 관계를 처리할 수 있는 구조적인 형태의 데이터베이스 시스템(SQL database)을 활용하는 것이 좋겠다.

웹으로부터 데이터를 수집해 오는 경우에도 HTML 태그로 둘러싸인 많은 구조화된 데이터를 모두 쓰기보다는 필요한 부분을 취하여 쓰게 되고 필요한 부분만 저장하기 위한 어떤 구조적인 저장 체계를 만들게 된다. SQL(structured query language)로 운영되는 데이터베이스 시스템이 강건하긴 하지만, 여기서는 텍스트 파일로 데이터를 곧바로 읽어서 처리하는 방식과 텍스트 파일 내용이되 구조적인 정보를 저장하면서도 인터넷으로 정보 흐름을 더 유연하게 하기 위한 JSON 방식, 두 가지만 살펴본다.

1. 텍스트 파일 형식

텍스트 파일 형식으로 데이터를 저장하고 처리한다고 하면 쉽고 단순할 것 같지만 반드시 그렇지 않고 어떤 방식의 분석을 할지에 따라 달라진다. 텍스트 파일 형식으로 데이터를 저장하고 처리하는 경우는 전형적으로 세 가지 유형이 있다. 한 건의 여러 필드를 간단한 구분자를 기준으로 한 줄로 두는 형태, 본문 데이터만 한 줄로 하여 여러 건의 텍스트만 두는 형태, 한 건 데이터의 범주 필드를 디렉토리로 하고 여러 파일을 그 아래에 저장하는 형태이다.

첫째, 특정 문자(열)을 구분자로 하여 텍스트 내용을 저장하는 방식을 보자. 가장 흔한 형태는 쉼표를 구분자로 하는 csv(comma separated value) 파일을 만들거나 탭문자를 구분자로 하는 tsv(tab separated value) 파일을 만드는 것이다. 둘 다 엑셀에서 불러오기 용이하게 하거나 파이썬 pandas로 데이터 분석을 하기 용이하다. 또는 엑셀로 만들어진 데이터를 다루는 것도 그 내용이 텍스트라면 pandas를 쓰는 것이 편리하다. 예시 파일 데이터 〈그림 2.20〉은 공공데이터 포털에서 '한국학'으로 검색하였을 때 나오는 결과로 내려받을 수 있으며[9] csv 형식이며

---

9 파일의 유알엘 주소는 아래와 같다. 그런데 공공데이터 포털이 서비스를 개편하거나 파일 노출 정책을 바꾼다면 이 주소는 유효하지 않을 수 있다.
https://www.data.go.kr/data/15041591/fileData.do

텍스트 파일이다.

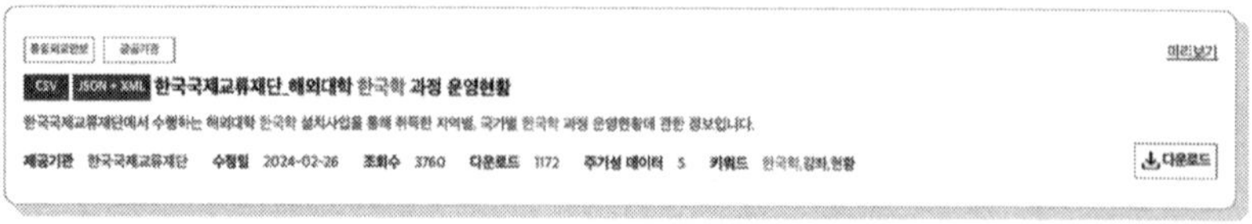

〈그림 2.20〉 공공 데이터 포털 파일 데이터 예시

출처: https://www.data.go.kr/, 2025년 5월 검색 결과 2번째 파일

이 파일을 현재 디렉토리 두고 파일 내용을 보려면 〈그림 2.21〉과 같이 할 수 있다. 위 코드 셀에 있는 head 명령어는 파일의 상단 내용을 기본으로 10줄을 보는 리눅스 명령어인데 여기서는 3줄만 보도록 하는 옵션을 썼다. 그런데 명령어로 실행하면 이 파일은 확장 euc-kr이라는 좀 오래된 인코딩 형식으로 만들어진 파일이고 파일을 여는 프로그램이 이 인코딩 형식을 기본 설정으로 하지 않기 때문에 내용이 깨져 보인다. 최근 컴퓨터 시스템이나 구글 코랍은 utf-8을 기본 인코딩으로 하여 동작하기 때문이다. 따라서 아래 코드 셀에 있는 pandas로 csv 파일을 열 때는 read_csv 함수를 호출하면서 해당 인코딩 형식으로 열도록 지정해 준다. pandas는 구분자를 제외하고 컬럼 필드의 내용을 보여 주고 그 내용은 여러 컬럼 필드로 구성된 텍스트 내용 파일이다. pandas는 컬럼 필드를 선택적으로 보거나 운용을 하기에 용이하다. 〈그림 2.22〉는 '지역', '국가', '대학명'의 칼럼 필드만 선택해서 내용을 보이는 것이다.

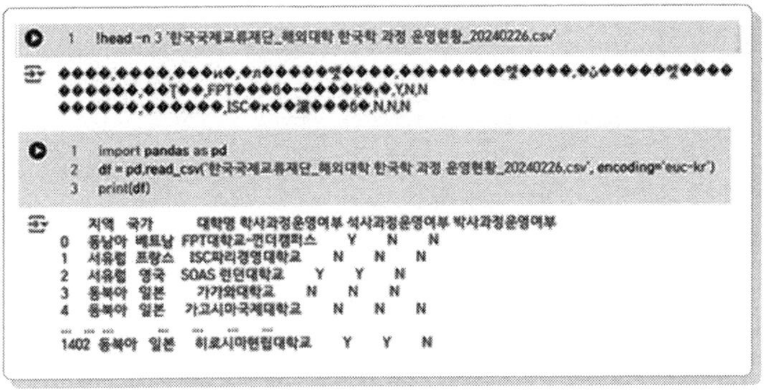

〈그림 2.21〉 csv 파일 열어 내용 보기

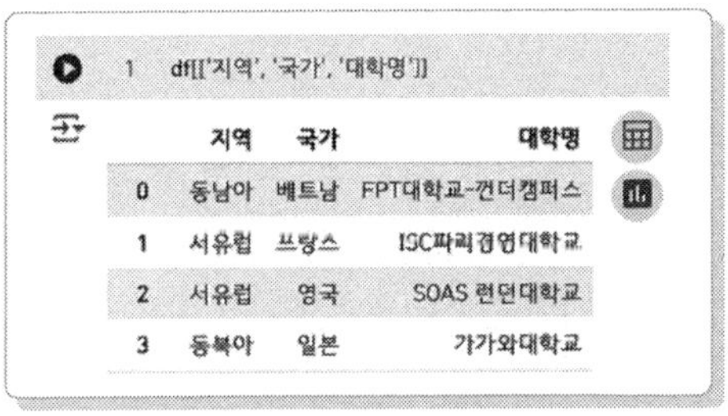

〈그림 2.22〉 pandas로 컬럼 필드 내용 보기

또 우리는 통상 데이터를 조회하고 끝내는 것이 아니라 이를 파일에 저장한다. 만약 〈그림 2.22〉와 같은 데이터 조회 결과인 지역, 국가, 대학명의 칼럼 필드의 값만 가져와서 한 항목을 한 행으로 하는 텍스트 파일을 만든다면 〈그림 2.23〉과 같이 될 것이다.

```python
doc_list = df[['지역', '국가', '대학명']].to_string(header=False, index=False).split('\n')
outfile = open('r_n_u.txt', 'w', encoding='utf-8')
for doc in doc_list:
    outfile.write(f'{doc.strip()}\n')
outfile.close()

!head 'r_n_u.txt'
```

```
동남아    베트남    FPT대학교-껀더캠퍼스
서유럽    프랑스    ISC파리경영대학교
서유럽    영국      SOAS 런던대학교
동북아    일본      가가와대학교
동북아    일본      가고시마국제대학교
동북아    일본      가고시마대학교
동북아    일본      가나가와대학교
동북아    일본      가나가와현립복지대학교
동북아    일본      가나자와대학
동북아    일본      가나자와세이료대학교
```

〈그림 2.23〉 pands 특정 컬럼만 텍스트 파일로 만들기

둘째, 여러 건의 문서 데이터를 처리하되 별도의 다른 필드는 분석하지 않고 본문 텍스트만 분석한다면 그리고 데이터가 그리 크지 않다면, 한 줄이 한 개 문서가 되고 한 파일 안에 여러 문서 집합 전체가 담기도록 저장하는 방식이 쓰인다. 한 줄이 한 개 문서가 되도록 만드는 방식은 토픽모델링이나 군집분석 같은 여러 텍스트마이닝 함수의 입력 형식이기 때문에 매우 유용하다. 토픽모델링이나 군집분석에 쓰이는 모듈 함수가 한 줄을 하나의 문서로 간주하여 분석하기 때문이다. 토픽모델링에 쓰이는 텍스트 파일은 〈그림 2.23〉과 같은 단순한 것이기보다는 보통 내용 단어가 많은 파일이다. 〈그림 2.24〉는 국사편찬위원회 한국사데이터베이스에서 근현대잡지자료에 있는 『삼천리』이다. 이 자료는 하나의 기사마다 발행일, 필자, 기사 장르, 기사 본문이 있다. 기사 하나를 클릭하여 들어가면 기사 장르와 기사 본문도 볼 수 있다. 이런 자료를 웹 수집으로 가져온 다음에 발행일, 저자, 본문만

하나의 텍스트 파일로 만들어 두었다. 이 파일은 구글 드라이브에 공유 링크를 만들어 두었으므로 내려받을 수 있다.[10]

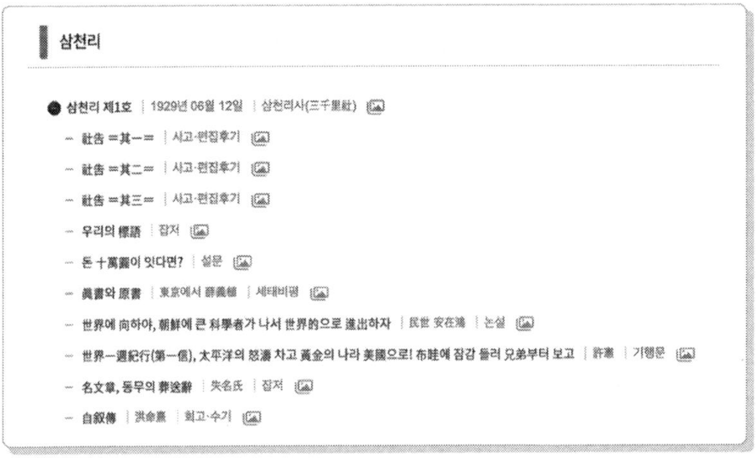

〈그림 2.24〉 국사편찬위원회 근현대잡지자료 『삼천리』

출처: https://db.history.go.kr/modern/level.do?levelId=ma_016

〈그림 2.25〉은 발행일, 필자, 본문을 탭을 구분자로 하여 1개 텍스트 파일로 만들어서 구글 공유 파일 링크를 가지고 받려받은 다음에 그 파일을 pandas의 read_csv로 탭 문자('\t')를 구분자로 지정하여 읽어오는 것이다. 1번째부터 5번째까지는 필자가 없는 기사이고 6번째부터 필자가 있는 기사이기 때문에 〈그림 2.24〉에 보이는 6번째부터 10번째까지의 기사만 보이도록 읽어들인 데이터인 data에서 해당 범위만 보이도록 data[5:10]를 썼다.

---

10 삼천리 전체 기사 공유 파일 링크이다.
https://drive.google.com/file/d/1lqxdrqCBE4spgnLB4YVXTs68sax4rRZr/view?usp=drive_link

```
!gdown '1lqxdrqCBE4spgnLB4YVXTs68sax4rRZr' #this is a shared link of samcholli.txt.
```

```
Downloading...
From: https://drive.google.com/uc?id=1lqxdrqCBE4spgnLB4YVXTs68sax4rRZr
To: /content/ma_016.txt
100% 37.5M/37.5M [00:00<00:00, 73.9MB/s]
```

```
import pandas as pd
data = pd.read_csv('ma_016.txt', delimiter='\t', header=None)
data[5:10]
```

	0	1	2
5	1929년 06월 12일	東京에서 薛義植	眞書와 原書 東京에서 薛義植 조선서 한문글자를 眞書라고 하오. 일본서 歐文冊子를 ...
6	1929년 06월 12일	民世 安在鴻	世界에 向하야, 朝鮮에 큰 科學者가 나서 世界的으로 進出하자 民世 安在鴻 어느 점...
7	1929년 06월 12일	許憲	世界一週紀行 許憲 조선아 잘 잇거라 아세아 대륙에 삼복이 갓가워 오는 까닭인지 오...
8	1929년 06월 12일	失名氏	名文章, 동무의 葬送辭 失名氏 3월 14일에 현존하는 최대의 사상가는 생각하기를 ...
9	1929년 06월 12일	洪命憙	自敍傳 洪命憙 緖言 나는 자서전을 지을 만한 자부심이 업는 사람이다. 엇지하야 자...

〈그림 2.25〉 pandas로 탭구분자 파일(tsv) 열어 내용 보기

여기서 가령 토픽모델링을 위해 기사 본문만 한 줄이 되는 파일로 만든다면 〈그림 2.26〉에서처럼 모든 기사 본문에 대하여(data[:]) 본문 칼럼 필드의 인덱스인 2를 지정함으로써(data[:][2]) 모든 행에서 본문 칼럼의 값을 가져와서 기사 한 개의 본문이 한 줄이 되도록 구성한다. 〈그림 2.26〉의 코드 마지막 줄은 그 내용을 파일의 맨 위 3줄만 보여 주는 리눅스 명령어이다.

```
corpus = data[:][2]
ofile = open('body.txt', 'w')
for line in corpus:
    ofile.write(line +'\n')
ofile.close()
!head -n 3 'body.txt'
```

```
社告 =其一= 本社新選의 「半島八景」에 對하야 現文壇의 巨星八氏와 畵伯諸氏가 親히 그 絶景을 踏破하시고
社告 =其二= 新選「半島八景」을 通하야 山河踏破의 壯擧를 促進하는 機緣을 짓고서 本社에서는 各景마다 探
社告 =其三= 三伏에 納凉의 意味로 世界名山踏破의 經驗잇는 名士를 招聘하야 山岳講演會와 또 文藝講演會·
```

〈그림 2.26〉 문서 1개 본문이 1개의 줄이 되도록 구성한 텍스트 파일

셋째, 기계 학습이나 대용량 데이터 처리를 위해서는 디렉토리(폴더) 구조를 두고 그 아래에 여러 파일을 저장하는 방식을 많이 쓴다. 앞서 보았던 〈그림 2.14〉의 감성 분류를 위한 기계 학습용 데이터 구성과 같이 범주 디렉토리 안에 파일을 구성하는 방식이다.

여기서는 4부 4장의 테마 연구의 데이터를 예로 하여 보자. 〈그림 2.27〉은 한국전쟁 휴전회담의 양측 NK(North Korea)와 UN(United Nations)의 발화 내용이 기록된 휴전회담록 제1권 432쪽 중에 9쪽의 내용을 보인다. 이 파일에 보면 북한측(North Korea)의 발화가 3개, 유엔측(United Nations)의 발화가 3개가 있다. 발화측과 발화 내용은 구분자 ':'로 되어 있다. 발화가 어느 측에서 말해진 것인지를 분류하는 지도 학습을 한다고 하면 목표 범주는 유엔(un), 북한(nk)이고 이 범주가 디렉토리가 된다. 그리고 이 범주 디렉토리 안에 모든 발화가 하나의 파일이 되게끔 처리해야 한다. 〈그림 2.28〉의 코드가 그러한 처리를 한다.

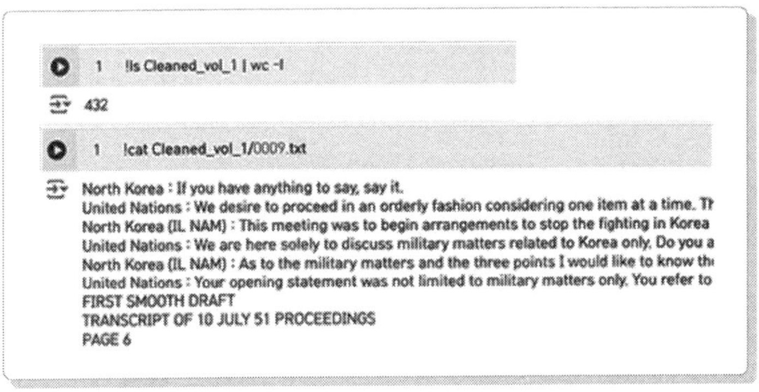

〈그림 2.27〉 휴전회담록 제1권 파일 개수와 9쪽의 파일 내용

```python
import glob
fn1_list = sorted(glob.glob('Cleaned_vol_1/*.txt'))

def make_files(fn_list):
    UN_speakings = []
    NK_speakings = []
    for fn in fn_list:
        cnt = 0 # num of utterance in a file
        lines = open(fn).readlines()
        for line in lines:
            cnt += 1
            pos = line.find(':') #speaker side : utterance
            if pos != -1:
                speaker = line[:pos].strip().lower()
                utterance = line[pos+1:].strip()
                if ('united nations' or 'un') in speaker:
                    occur = (fn, cnt, speaker, utterance)
                    UN_speakings.append(occur)
                if ('north korea' or 'nk') in speaker:
                    occur = (fn, cnt, speaker, utterance)
                    NK_speakings.append(occur)
    return UN_speakings, NK_speakings

un_list, nk_list = make_files(fn1_list)
for each in un_list[:5]: print(each)
print()
for each in nk_list[:5]: print(each)
```

```
('Cleaned_vol_1/0004.txt', 5, 'united nations', 'The United Nations Delegation here rep
('Cleaned_vol_1/0005.txt', 1, "united nations (cont'd)", 'Emphasis and in language so c
('Cleaned_vol_1/0009.txt', 2, 'united nations', 'We desire to proceed in an orderly fash
('Cleaned_vol_1/0009.txt', 4, 'united nations', 'We are here solely to discuss military m
('Cleaned_vol_1/0009.txt', 6, 'united nations', 'Your opening statement was not limite

('Cleaned_vol_1/0006.txt', 4, 'north korea', 'The Korean people have always maintaine
('Cleaned_vol_1/0009.txt', 1, 'north korea', 'If you have anything to say, say it.')
('Cleaned_vol_1/0009.txt', 3, 'north korea (il nam)', 'This meeting was to begin arrang
('Cleaned_vol_1/0009.txt', 5, 'north korea (il nam)', 'As to the military matters and the
('Cleaned_vol_1/0010.txt', 2, 'north korea (il nam)', 'I would like to know more precise
```

〈그림 2.28〉 휴전회담록 1권의 모든 파일에서 발화측: 발화 파일 만들기

〈그림 2.28〉의 코드는 제1권의 디렉토리에 있는 모든 파일에 대해 (Cleaned_vol_1/*.txt) 한 파일에 여러 개의 발화를 회담 양측 발화 하나하나에 순번을 부여하고 하나의 개체 파일이 만들어질 수 있도록 한다. 발화측과 발화 내용은 ':'을 포함한 문자열이므로 이를 찾아서 (find(':')) un이나 united nations라는 발화자 표시를 담고 있다면 이 발

화측의 데이터로 추가하고 nk나 north korea라는 발화자 표시를 담고 있다면 이 발화측의 데이터로 추가하한다. 또 한 파일에서 여러 개 나온 발화가 빠짐없이 각기 다른 파일 이름으로 저장되도록 순번(cnt)을 주었다. 코드 실행 결과를 보면 휴전회담록 9쪽인 0009.txt 파일에서 유엔측(united nations)의 발화가 3개, 북한측(north korea)의 발화가 3개가 추출되었다.

이렇게 만들어진 발화 목록 항목을 해당 디렉토리를 안에 만들고 그 안에 개별 파일에 저장하기만 하면 된다. 〈그림 2.29〉은 'mkdir' 명령어로 디렉토리를 만들고 유엔측의 발화 파일을 만들고, 〈그림 2.30〉은 북한측 발화 파일을 만드는 것이다.

```
!mkdir -p armistice_talk/un
!mkdir -p armistice_talk/nk

import os
vol = 'vol1'
for each in un_list:
    path, cnt, speaker, utterance = each
    fn = os.path.basename(path)
    print(vol, fn, cnt, speaker, utterance)
    ofile = open(f'armistice_talk/un/{vol}_{cnt}_{fn}.txt', 'w')
    ofile.write(utterance)
    ofile.close()
```

```
vol1 0004.txt 5 united nations The United Nations Delegation here represents a
vol1 0005.txt 1 united nations (cont'd) Emphasis and in language so clear that
vol1 0009.txt 2 united nations We desire to proceed in an orderly fashion consi
vol1 0009.txt 4 united nations We are here solely to discuss military matters re
vol1 0009.txt 6 united nations Your opening statement was not limited to milita
vol1 0010.txt 1 united nations Thing to do at this first meeting is to agree on a
```

〈그림 2.29〉 발화 단위 파일 만들기: UN측 발화

```python
import os
vol = 'vol1'
for each in nk_list:
    path, cnt, speaker, utterance = each
    fn = os.path.basename(path)
    print(vol, fn, cnt, speaker, utterance)
    ofile = open(f'armistice_talk/nk/{vol}_{cnt}_{fn}.txt', 'w')
    ofile.write(utterance)
    ofile.close()
```

```
vol1 0006.txt 4 north korea The Korean people have always maintained and now st
vol1 0009.txt 1 north korea If you have anything to say, say it.
vol1 0009.txt 3 north korea (il nam) This meeting was to begin arrangements to st
vol1 0009.txt 5 north korea (il nam) As to the military matters and the three points
vol1 0010.txt 2 north korea (il nam) I would like to know more precisely what is no
```

〈그림 2.30〉 발화 단위 파일 만들기: NK측 발화

양측의 발화 파일을 만들고 나면 〈그림 2.31〉과 같이 각 발화측 범주 디렉토리에 생성된 파일을 확인한다.

```
!ls armistice_talk/nk
```

```
vol1_10_0010.txt.txt vol1_1_0333.txt.txt vol1_21_0150.txt.txt vol1_4_0219.txt.txt
vol1_10_0011.txt.txt vol1_1_0337.txt.txt vol1_22_0211.txt.txt vol1_4_0252.txt.txt
```

```
!ls armistice_talk/un
```

```
vol1_10_0021.txt.txt vol1_1_0346.txt.txt vol1_25_0260.txt.txt vol1_5_0100.txt.txt
vol1_10_0043.txt.txt vol1_1_0351.txt.txt vol1_25_0278.txt.txt vol1_5_0101.txt.txt
vol1_1_0005.txt.txt vol1_1_0352.txt.txt vol1_25_0289.txt.txt vol1_5_0102.txt.txt
```

〈그림 2.31〉 각 범주 디렉토리에 생성 파일 확인

이런 식으로 제2권부터 제10권까지의 모든 파일에 대해 수행하면 각 발화자 범주 디렉토리에 모든 권별 파일별 발화 순번의 파일이 만들어질 것이다. 이후 기계 학습 단계에서 훈련을 위해 모든 파일 중 70~90%의 파일을 훈련 디렉토리에 배치하고 나머지 30%~10%를 테

스트 디렉토리에 배치하는 식으로 진행한다.

2. JSON 형식

JSON(JavaScript Object Notation) 형식은 인터넷 환경에서 데이터 처리 및 전송을 잘하기 위한 구조화 방식이다. JSON 형식은 웹 환경에서 주로 쓰이는 자바스크립트(JavaScript)가 처리하기 용이한 데이터 포맷에서 출발하였으나 파이썬뿐만 아니라 다른 웹 프로그래밍 언어도 이 형식 데이터를 처리하기 위한 방법들을 갖추고 있고 이를 쉽게 활용할 수 있다.[11] 공공데이터 포털, 국립국어원 모두의 말뭉치, AI허브 등에서 최근에 배포하는 텍스트 데이터들은 대부분 JSON 형식을 따르고 있다.

JSON도 일종의 텍스트 데이터로 볼 수 있는데 그 안에 구조를 담아내는 방식이다. 이런 점에서 JSON이라는 형식을 간략하게 살펴보고 공공 데이터 포털의 JSON 형식 데이터를 예로 하여 어떻게 읽고 처리하는지 또 가공하여 저장하는 방식을 정리한다.

〈그림 2.32〉의 앞 코드 셀에서 JSON 형식의 데이터를 만들기 위해 파이썬의 기본 자료형인 dict와 list 형의 모양을 한 문자열 데이터를 만들었다. x와 x1이 dict형의 데이터 모양 { }이지만 문자열이고 x_data는 x와 x1을 요소로 갖는 list형의 모양 [ ]이지만 f-string으로 만들어

11 여기서 파이썬 코드를 보여 주는 주피터 노트북이나 구글 코랍도 웹 브라우저 기반으로 동작하는 것이며 확장자가 ipynb이긴 하지만 그 내용은 JSON 형식이다.

진 문자열이다. 실행 결과는 둘 다 문자열(str)형 즉 텍스트 값이다. 뒤 코드 셀에서는 json이라는 파이썬 모듈을 가져와서 x와 x_data를 읽어서(loads) 해석한다. json 모듈은 이 데이터를 읽어서 각각 dict형이고, list형이라고 보여 준다. 그리고 이것은 파이썬의 기본 자료 형에서 그 값을 참조하는 형식으로 처리됨을 보여 준다.

```python
#some JSON format string
x = '{ "name":"영희", "age":30, "city":"서울"}'
print('string type', type(x), x ) # string is a text type
x1 = '{ "name":"영수", "age":20, "city":"평양"}'
x_data = f'[{x}, {x1}]' #f-string including variables.
print('string type', type(x_data), x_data ) # string is a text type
```

```
string type <class 'str'> { "name":"영희", "age":30, "city":"서울"}
string type <class 'str'> [{ "name":"영희", "age":30, "city":"서울"}, { "name":"영수", "age":20, "city":"평양"}]
```

```python
import json
jdata = json.loads(x) #to parse json data into python object (dict, list)
print("python's json type loading", type(jdata), jdata) # dict type

jdata1 = json.loads(x_data)
print("python's json type loading", type(jdata1), jdata1) # list type
```

```
python's json type loading <class 'dict'> {'name': '영희', 'age': 30, 'city': '서울'}
python's json type loading <class 'list'> [{'name': '영희', 'age': 30, 'city': '서울'}, {'name': '영수', 'age': 20, 'city': '평양'}]
```

〈그림 2.32〉 JSON 텍스트 문자열을 json 모듈이 메모리 데이터로 해석함.

JSON 형식은 〈그림 2.33〉과 같이 문자열 즉 텍스트 데이터 형이지만 일정 구조를 갖춘 값을 표현하고, 이를 해석하는 파이썬의 json 모듈이 이를 내부 자료 구조인 dict나 list의 자료 구조를 쓰기 때문에 텍스트의 문자열 구조를 파싱할 필요없이 효율적인 처리가 되게 한다. 또 무엇보다 데이터가 크다면 메모리에 탑재되는 것이므로 상당히 빠르게 처리될 수 있다.

```
print(jdata["age"], jdata['name'], 'in jdata') #key's value in dict
print(f"{jdata['name']} is {jdata['age']} year old living in {jdata['city']}.")
print('Now, json is a sequence at jdata1')
print(f"{jdata1[0]['name']}는 {jdata1[0]['city']}에 산다")
print(f"{jdata1[1]['name']}는 {jdata1[1]['age']} 살이다")
```

```
30 영희 in jdata
영희 is 30 year old living in 서울.
Now, json is a sequence at jdata1
영희는 서울에 산다
영수는 20 살이다
```

〈그림 2.33〉 json으로 로딩된 메모리 데이터가 처리되는 방식

〈그림 2.34〉은 json이 해석한 dict와 list형의 데이터를 원래의 문자열 텍스트로 떨구는(dumps) 것을 보여 준다. 문자열 데이터가 되고 나면 이는 파일에 바로 쓸 수 있는 형식이 되기 때문이다. 코랍의 환경은 유니코드 en_US.utf-8 즉, 영어 기본의 ascii와 동일하기 때문에 이 기본 설정을 끄도록 dumps 함수에 ensure_ascii=False를 지정해 준다.

```
# convert into JSON:
print(type(jdata)) # a Python object (dict):
x_back= json.dumps(jdata, ensure_ascii=False)
print(type(x_back), x_back) # the result is a string with JSON form:
```

```
<class 'dict'>
<class 'str'> {"name": "영희", "age": 30, "city": "서울"}
```

```
# convert into JSON:
print(type(jdata1)) # a Python object (list):
x1_back= json.dumps(jdata1, ensure_ascii=False)
print(type(x1_back), x1_back) # the result is a string with JSON form:
```

```
<class 'list'>
<class 'str'> [{"name": "영희", "age": 30, "city": "서울"}, {"name": "영수", "age": 20, "city": "평양"}]
```

〈그림 2.34〉 json 모듈이 메모리 데이터를 문자열로 되돌림

〈그림 2.35〉은 위와 같은 JSON 형식의 텍스트 데이터를 json이라는 확장자를 준 파일 'test.json'에 영문자 외에 두 바이트 이상인 유니

코드 글자인 한글이 잘 저장되도록 인코딩 옵션을 'UTF-8-sig'로 지정하고 저장하는 것이다. 파일에 저장된 내용을 cat 명령어를 사용하여 바로 보거나(〈그림 2.35〉의 두 번째 코드 셀) 파일을 구글 코랩으로부터 자신의 컴퓨터로 내려받을 수 있다(〈그림 2.35〉의 세 번째 코드 셀).

〈그림 2.36〉은 내려받은 json 파일을 크롬 브라우저로 열어서 텍스트 그 자체로 본 것과 pretty-print 옵션을 켜서 json의 구조를 살린 형태로 본 것이다.

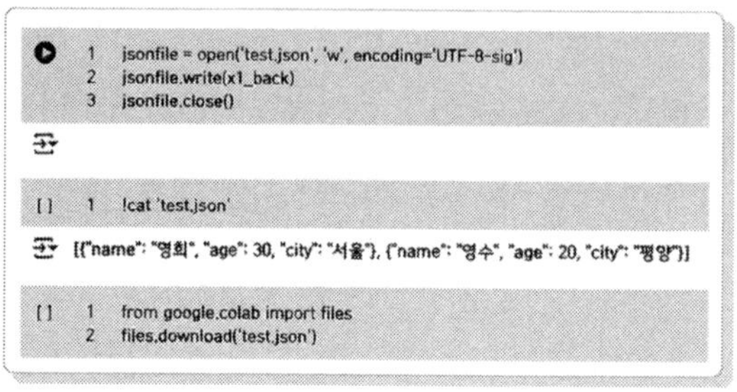

〈그림 2.35〉 JSON 형식 문자열을 파일에 저장하기

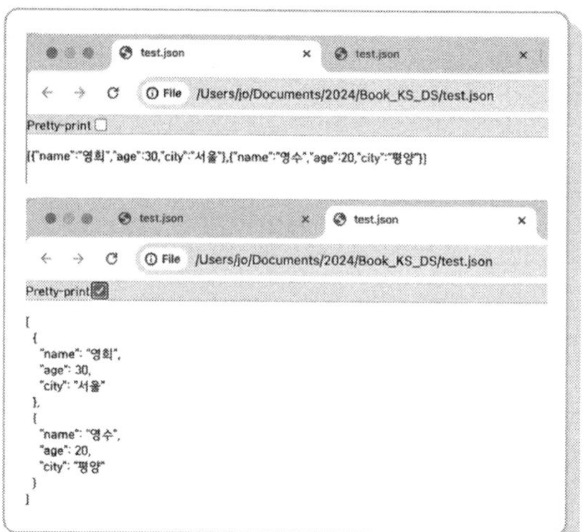

〈그림 2.36〉 json 파일 보기

이제 AI허브에서 구할 수 있는 JSON 형식의 텍스트 윤리 검증 데이터[12]를 살펴보자.

〈그림 2.37〉 AI허브 텍스트 윤리 검증 데이터

〈그림 2.37〉이 보이는 텍스트 윤리 검증 데이터는 AI허브에 로그인을 하고 데이터 활용에 관한 서약 동의를 하고 나면 곧바로 내려받을 수 있다. 데이터는 레이블이 없는 원시(원천) 데이터와 레이블이 달린 데이터가 있다. 레이블이 달린 데이터 중에서 파일 하나를 택하여 열어서 그 구조를 대략 파악해보면 〈그림 2.38〉과 같다.

12 해당 데이터의 유알엘은 다음과 같다.
https://www.aihub.or.kr/aihubdata/data/view.do?currMenu=115&topMenu=100&aihubDataSe=realm&dataSetSn=558

```
import json
fn = "talksets-train-1_aihub.json" #현재 디렉토리에 있어야
ifile = open(fn).read()
jdata = json.loads(ifile)
print(len(jdata))
jdata[0] #1번째 데이터 항목
jdata[19688] #마지막 데이터 항목
```

```
19689
{'id': '616ace499cbb21a30433958b',
 'sentences': [{'id': '616ace499cbb21a30433958b-1',
   'speaker': 1,
   'origin_text': '엄친아들 다 없애버리고 싶다',
   'text': '엄친아들 다 없애버리고 싶다',
   'types': ['CENSURE', 'HATE'],
   'is_immoral': True,
   'intensity': 1.6,
   'intensity_sum': 8,
   'votes': [{'intensity': 'IRRITABLE',
     'voter': {'gender': 'MALE', 'age': 20}},
    {'intensity': 'UNPLEASANT', 'voter': {'gender': 'FEMALE', 'age': 30}},
```

〈그림 2.38〉 JSON 형식의 텍스트 윤리 검증 데이터

talksets−train−1_aihub.json 파일의 데이터 항목 수는 19,689개이고 가장 마지막 항목(jdata[19688])을 출력한 것인데 매우 길기 때문에 윗부분만 보이도록 잘랐다. 1개 데이터 항목은 2개 이상 문장으로 이뤄져 있는 맥락을 갖춘 대화이다. 매 문장마다 비윤리 유형 범주(types) 필드에 해당하는 레이블 값(censure, hate)이 달려 있다. 이런 비윤리성 수준의 강도를 여러 명이 판별 레이블링의 일을 한 것으로 보인다.

〈그림 2.39〉이 보이는 것은 앞 코드 셀에서 마지막 항목의 모든 문장에 대해 각 문장의 필드와 값을 출력하도록 하였는데 오른쪽으로 매우 길어지는 데이터이므로, 뒤 코드셀에서 각 문장마다 speaker, types, origin_text, mapped_slots의 필드 값만 출력하도록 하였다. 1번 화자가 말한 첫 문장은 censure, hate 두 가지 비윤리성 범주 값이

할당되었고 2번 화자가 말한 두 번째 문장은 비윤리성 없는(immoral_none) 범주 값이 할당되었고, 1번 화자가 답한 세 번째 문장은 hate에 해당하는 범주 값이 할당되어 있다.

```
[ ]  for sent in jdata[-1]['sentences']: print(sent)

{'id': '616ace499cbb21a30433958b-1', 'speaker': 1, 'origin_text': '엄친아들 다 없애버리고 싶다', 'text': '엄친아들
{'id': '616ace499cbb21a30433958b-2', 'speaker': 2, 'origin_text': '왜그래.. 너도 누군가에겐 엄친아라고', 'text': '
{'id': '616ace499cbb21a30433958b-3', 'speaker': 1, 'origin_text': '나 같은 걸 누가 엄친아라고 생각하겠니', 'text'
```

```
[ ]  for sent in jdata[-1]['sentences']:
       print(sent['speaker'], sent['types'], sent['origin_text'], sent['mapped_slots'])

1 ['CENSURE', 'HATE'] 엄친아들 다 없애버리고 싶다 [{'slot': 'N1', 'token': '엄친아들', 'lu_id': 52026}, {'slot': 'V1',
2 ['IMMORAL_NONE'] 왜그래.. 너도 누군가에겐 엄친아라고 []
1 ['HATE'] 나 같은 걸 누가 엄친아라고 생각하겠니 [{'slot': 'N1', 'token': '나', 'lu_id': 3559}, {'slot': 'V1', 'token': '
```

〈그림 2.39〉 데이터 항목의 내용 보기

〈그림 2.40〉는 마지막 항목만이 아니라 모든 데이터 항목에 대해서 원하는 필드의 값을 볼 수 있도록 함수로 만든 다음, 첫 번째부터 3번째까지의 대화 항목에 대해서만 화자, 비윤리성 유형, 원문을 보도록 한 것이다. 이 세 가지 필드 값들만 가지고도 나쁜 대화형 언어 모델을 만들 수도 있고 비윤리성 유형, 원문 두 가지 필드 값만 가지고는 발화의 비윤리성을 판별하는 분류 모델을 만들 수도 있다.

```
def show_values(jdata, idx=0, values=[]):
    adialogue = jdata[idx]['sentences']
    shows = []
    for sent in adialogue:
        ashow  = [sent[each] for each in values ]
        shows.append(ashow)
    return shows
```

```
for i in range(0, 3):
    print(show_values(jdata, i,  ['speaker', 'types', 'origin_text']))
```

```
[[1, ['CENSURE'], '부랴부랴 왔는데 아무도 안왔네. 시간개념들이 없네'], [2, ['CENSURE'], '맞아. 사람
[[1, ['CENSURE'], '인방 보는 남자는 거르는게 맞다'], [2, ['HATE', 'CENSURE', 'SEXUAL'], '특히 벗방
[[1, ['HATE', 'CENSURE'], '댓글에 빠순이들 몰려와서 즈그 주인님 쉴드치는 꼴 좀 봐'], [1, ['HATE', 'C
```

〈그림 2.40〉 필드 값을 선택해서 데이터 항목 내용 보기

요컨대 JSON 형식은 복잡하고 큰 데이터의 구조와 내용을 필요한 필드를 선택하여 빠르게 볼 수 있는 데에 아주 편리한 방식이다. 일정한 구조적 형식을 따를 뿐 데이터 자체의 형식은 텍스트이고 파일로 저장하기 용이하기 때문에 운영 체제나 프로그래밍 언어에 제한이 없다. 구글 코랩이나 주피터 노트북의 파일 형식인 ipynb는 실제로는 json 형식의 파일이다. 그 안에 프로그램 코드, 텍스트 데이터, 이미지 데이터, 소리 데이터 등을 바이트 코드로 변환할 수 있는 텍스트 형으로 저장하고 있다.

참고 문헌

Ryan Mitchell. *Web Scraping with Python*. O'Reilly. 2018. (2nd ed.)

Severance Charles et al. Python for everybody: Exploring Data in Python 3. https://www.py4e.com/book. 2017.

Jerry Peek, Shelley Powers, Tim O'Reilly, Mike Loukides. *Unix Power Tool*. OReilly. 2002.

Alan Beaulieu. *Learning SQL: Generate, Manipulate, and Retrieve Data*. OReilly. 2020. (3rd ed.)

Earl Babbie. *The Practice of Social Research*. CENGAGE. 2021. (15th ed.)

Andrew L. Maas, Raymond E. Daly, Peter T. Pham, Dan Huang, Andrew Y. Ng, and Christopher Potts. *Learning Word Vectors for Sentiment Analysis*. The 49th Annual Meeting of the Association for Computational Linguistics. 2011.

[웹 콘텐츠]

공공 데이터 포털: https://www.data.go.kr/

국사편찬위원회 한국사데이터베이스: https://db.history.go.kr/

국가통계포털: https://kosis.kr/

한국학중앙연구원 디지털아카이브: http://yoksa.aks.ac.kr

국립국어원 모두의 말뭉치: https://corpus.korean.go.kr/

AI허브: https://www.aihub.or.kr/

[소프트웨어 및 라이브러리 사용법]

JSON: https://www.json.org/

BeautifulSoup: https://beautiful-soup-4.readthedocs.io/

pandas: https://pandas.pydata.org/

snscrape: https://github.com/JustAnotherArchivist/snscrape
tweepy: https://www.tweepy.org/
X (구. 트위터) API: https://developer.twitter.com/en/products/twitter-api

3부

데이터 분석 방법론

3부
데이터 분석 방법론

3부는 데이터의 양적 분석에 쓰이는 기초 통계량에서부터 딥러닝에 이르기까지 여러 가지 방법론을 설명한다. 이러한 방법론은 4부에서 보일 여러 다양한 주제에 활용되었으며 아직 미진한 연구를 더 발전시킬 수 있는 실용성이 있으며 다른 여러 연구에도 적용될 수 있다. 나아가 이 방법론은 전통적 방식의 전산 언어학이나 자연어처리의 방법론과 연계하여 생각할 거리도 준다.

1장

기술 통계량 및 데이터의 분포

통계적 척도로 평균, 분산, 표준편차 등은 기술 통계량(descriptive statistics)이라 불리며 한 집단 데이터의 분포를 요약적으로 제시한다. 또 공분산, 상관도도 기술 통계량의 하나로 한 데이터 집단과 비교되는 다른 데이터 집단과의 분포적 상관성을 나타낸다.

1. 평균, 기대값

평균(mean; μ)은 한 집합을 이루는 요소 각각의 값을 모두 더한 다음 그 요소 수만큼 나눈 것이다. 그래서 어떤 집합을 대표하여 표현하는 기댓값(expected value)이라 한다. 수식으로 표현하면 〈수식 3.1〉과 같다.

$$\mu = \frac{1}{n}\sum_{i=1}^{n} x_i$$

〈수식 3.1〉 평균

기댓값 성격으로서 평균은 다른 데이터 집합과 비교를 위한 기준으로 활용된다. 어떤 집합에 속한 개별 항목의 양적 점수가 평균 값에서 얼마나 차이가 나느냐는 우리가 일반적으로 평균을 그 집합의 기준으로 보는 태도이기도 한다. 예를 들어, 10개 문장이 있고 각 문장의 어절 수가 5, 7, 8, 6, 10, 7, 5, 6, 3, 4일 때 한 문장의 평균 어절 수를 구한다고 한다면, 다음과 같이 계산되고, 한 문장은 평균 6.1 어절로 구성된다. 이는 한 문장의 길이를 생각하는 평균적 기대치이다.

```
def mean(xs) :
    return sum(xs)/len(xs)
```

```
n_words_sent = [5, 7, 8, 6, 10, 7, 5, 6, 3, 4]
mean(n_words_sent)
```

```
6.1
```

〈그림 3.1〉 평균을 구하는 파이썬 코드: 문장 어절 수를 예로 하여

또한, 평균은 다음에 기술되는 다른 기술 통계 척도들 표준 편차, 분산, 상관도 등을 구하는데 요소 항이 됨을 볼 수 있다.

2. 분산, 표준편차, 편차

분산(variance; Var(X))은 그 집합(X)의 각 요소의 값에서 평균(μ)을 뺀 값, 즉 평균과의 차이인 편차를 제곱하고, 그것을 모두 더한 후 요소 수로 나눈 것이다. 즉 편차의 제곱 평균이다. 그래서 어떤 집합 요소의 값이 평균을 중심으로 흩어진 정도를 표현하는 값이다.

$$\mathbf{Var}(X) = \frac{1}{n}\sum_{i=1}^{n}(x_i - \mu)^2$$

〈수식 3.2〉 분산

표준 편차(standard deviation; σ)는 집합의 요소 값에서 평균을 뺀 값 즉, 편차의 제곱합을 요소 수로 나눈 것의 제곱근이다. 즉, 분산의 제곱근이다. 그래서 분산과 함께 집합 요소의 값이 평균을 중심으로 흩어진 정도를 표현하는데, 분산이 편차를 제곱한 것이어서 실제 편차보다 더 부풀린 값인 반면 표준 편차는 제곱한 것을 다시 제곱근을 구한 것이므로 실측값이 평균으로부터 떨어진 오차 범위를 더 잘 표현하는 값이다.

$$\sigma = \sqrt{\frac{1}{N}\sum_{i=1}^{N}(x_i - \mu)^2}$$

〈수식 3.3〉 표준 편차

〈그림 3.2〉는 〈그림 3.1〉의 문장 어절 수의 예를 그대로 써서 〈수식 3.2〉와 〈수식 3.3〉을 토대로 분산과 표준 편차를 구하는 과정이다. 10개 문장의 어절 수가 5, 7, 8, 6, 10, 7, 5, 6, 3, 4인 집합에서 분산은 4.1이고, 표준 편차는 2.02이다. 문장의 어절 수는 평균과 대체로 2개 정도 차이가 난다.

```
def de_mean(xs) : #deviation from the mean
    x_bar = mean(xs)
    return [x - x_bar for x in xs]

def sum_of_squares(xs): #xs is a list which is often called 'vector'
    return sum([x_i * x_i for x_i in xs])

def variance(xs) :
    assert len(xs) >= 2, "variance requires at least two elements"
    n = len(xs)
    deviations = de_mean(xs)
    return sum_of_squares(deviations)/(n-1)

import math
def standard_deviation(xs) :
    return math.sqrt(variance(xs))
```

```
[4]  variance(n_words_sent)
```

```
4.1
```

```
[5]  standard_deviation(n_words_sent)
```

```
2.0248456731316584
```

〈그림 3.2〉 분산과 표준 편차를 구하는 파이썬 코드

3. 공분산, 상관도

공분산(covariance)은 두 집단(X, Y)을 표현하는 각각의 평균($\overline{x}$, $\overline{y}$)과 각 집단의 각 요소 간의 차이를 더한 다음, 이를 요소 수(N)로 나

눈 값이다. 이때 각 집단이 샘플일 때 자유도(degree of freedom)[1]를 고려하여 N–1이 된다. 공분산은 두 집합의 요소 값의 증감에 따른 두 집합의 공통 경향성을 보려는 것인데 그 값이 양의 값이면 변화의 방향이 같고 음의 값이면 변화의 방향이 반대이다. 그런데 이때 양의 값, 음의 값에 상한과 하한이 없다.

$$cov(X,Y) = \frac{1}{N-1}\sum_{i=1}^{N}(x_i - \overline{x})(y_i - \overline{y})$$

〈수식 3.4〉 공분산

상관도(correlation) 혹은 상관 계수(correlation coefficient)는 두 집단(X, Y)을 표현하는 각각의 평균($\overline{x}$, $\overline{y}$)과 각 집단의 각 요소 간의 차이를 곱하여 더한 다음, 이를 각 요소와 평균 간의 차이의 제곱을 곱한 것으로 나눈 것이다. '상관'이라는 이름이 말하듯이 다른 성격을 갖는 두 요소 변수가 상관성이 있는 정도를 –1에서 1까지의 하한과 상한이 있는 정규화된(normalized) 값으로 표현하는 것이다.

$$corr(X,Y) = \frac{\sum_{i=1}^{N}(x_i-\bar{x})(y_i-\bar{y})}{\sqrt{\sum_{i=1}^{N}(x_i-\bar{x})^2}\sqrt{\sum_{i=1}^{N}(y_i-\bar{y})^2}}$$

〈수식 3.5〉 상관 계수

〈그림 3.3〉은 〈수식 3.4〉와 〈수식 3.5〉에 토대하여 두 문장 길이 집

1 통계적 추정을 할 때 표본자료 중 모집단에 대한 정보를 주는 독립적인 자료의 수를 말한다. 출처: https://ko.wikipedia.org/wiki/자유도_(통계학)

합(n_words_sent, n_word_sent1)의 공분산과 상관 계수를 구하는 과정이다. n_words_sent은 앞에서 평균, 분산, 표준편차를 구할 때 예로 삼은 문장 어절 수 집합이고, n_word_sent1은 n_words_sent과 동일한 요소 수를 갖는 요소 항목 값이 다른 집합이다. 첫 요소에서부터 끝 요소에 이르기까지 두 집합의 요소 값들의 변화는 눈으로 보아도 전혀 유사성이 없다거나 상관성이 없다고 보기 어렵다. 명확한 통계 척도로서 두 집합 간의 공분산과 상관도를 구해 보면 양의 값이므로 두 집합은 유사한 성향의 집합이라고 할 수 있다.

```
# sum_of_square handles one vector. dot handles two different vectors
def dot(v, w) : #'dot product';summing over elementwise product of two vectors
    assert len(v) == len(w), "vectors must be the same length"
    return sum(v_i * w_i for v_i, w_i in zip(v, w))

def covariance(xs, ys) :
    assert len(xs) == len(ys), "two vectors must be same length"
    return dot(de_mean(xs), de_mean(ys)) / (len(xs) -1)

def correlation(xs, ys) :
    stdev_x = standard_deviation(xs)
    stdev_y = standard_deviation(ys)

    if stdev_x > 0 and stdev_y > 0 :
        return covariance(xs, ys) / stdev_x / stdev_y
    else:
        return 0
```

```
[7] n_words_sent = [5, 7, 8, 6, 10, 7, 5, 6, 3, 4]
    n_words_sent1 = [5, 4, 3, 5, 6, 2, 5, 4, 3, 4]
```

```
covariance(n_words_sent, n_words_sent1)
```

```
0.5444444444444443
```

```
correlation(n_words_sent, n_words_sent1)
```

```
0.22458877265853874
```

〈그림 3.3〉 공분산과 상관 계수를 구하는 파이썬 코드

2장
연관도, 유사도, 중요도

텍스트 분석에 흔히 쓰이는 연관도는 어떤 두 개체(문서, 단어, 문장 등) 간의 상호 관련된 정도로 상호정보량이라는 척도가 있다. 유사도는 두 개체를 표현하는 두 벡터 간의 거리를 측정하는 코사인 유사도가 흔히 쓰인다. 중요도는 어떤 문서 집합 안에서의 단어의 중요도를 계산하는 단어-역문서 빈도가 있다. 상호정보량은 Mitchell(1997)의 『Machine Learning』, Oakes(1998)의 『Statistics for Corpus Linguistics』, Manning et al.(1999)의 『Foundations of Statistical Natural Language Processing』에서도 언어 분석을 위해 소개된 척도이다. 코사인 유사도는 Manning et al.(2008)에서 정보 검색을 위해 문서 단위 유사도를 측정하는 것으로 소개하였다. 단어의 중요도를 나타내는 척도로는 Manning et al.(2008)의 『Introduction to Information Retrieval』과 Croft et al.(2010)의 『Search engines: Information retrieval in practice』

에서 정보 검색에서 주로 쓰이는 단어-역문서 빈도를 소개하였다. 세 척도 모두 기계 학습에서 자주 활용되며 sklearn 같은 라이브러리에 함수로 구현되어 있지만 계산 방식을 알아두는 것이 이러한 처리를 이해하는 데에 큰 도움이 된다.

1. 상호정보량

상호정보량(mutual information)은 두 개체의 개별 확률 p(x), p(y) 값과 공기 확률 p(x,y) 값으로 계산된다. 개별 확률 값 대비 얼마나 공기 확률이 크냐에 따라 상호정보량이 결정된다. 상호정보량 〈수식 3.6〉을 보면 앞에서 본 상관도(covariance)는 어떤 집단에 속한 변수의 평균을 고려한 연관성을 표현한다면, 상호정보량은 개별(pointwise) 두 변수 간의 연관된 정도를 표현한다.

$$pmi(x;y) = \log_2 \frac{p(x,y)}{p(x)p(y)}$$

〈수식 3.6〉 상호정보량

〈표 3.1〉은 행 끝과 열 끝에 각각의 빈도(count(w))와 행과 열이 만나는 칸에 두 단어의 공기 빈도를 넣은 표이다.

〈표 3.1〉 위키피디아 말뭉치(Davis. M. 2015) 단어 공기 빈도

	computer	data	result	pie	sugar	count(w)
cherry	2	8	9	442	25	486
strawberry	0	0	1	60	19	80
digital	1670	1683	85	5	4	3447
information	3325	3982	378	5	13	7703
count(context)	4997	5673	473	512	61	11716

〈그림 3.4〉는 〈수식 3.6〉에 맞추어 〈표 3.1〉의 'data'와 'cherry', 'data'와 'information'의 빈도를 가지고 단어 간 상호정보량을 계산하는 것이다. 말뭉치에서 출현한 'data', 'cherry', 'information'의 각각의 빈도(count(w))와 공기 빈도, 전체 단어 빈도인 11,716으로 계산한 개별 확률과 공기 획률을 상호정보량 시에 대입하면 'data'와 'cherry' 간의 상호정보량은 −4.87이고 'data'와 'information' 간의 상호정보량은 0.09이다. 이는 'data'와 'information' 간의 상호정보량은 'data'와 'cherry' 간의 상호정보량 대비 상대적으로 높은 즉 의미 있는 값임을 보여 준다. 또한 여기서 상호정보량이 0보다 작은 값을 갖는다는 것은 상관성이 매우 낮다는 뜻이다. 우리가 일상적인 뜻을 생각해 보아도 'data'와 'cherry'의 의미적 맥락적 관련성은 거의 없어 보이지만 'data'와 'information'은 연관성이 있어 보인다. 〈표 3.1〉은 위키피디아 말뭉치를 기반으로 계산한 단어 빈도표이므로 우리가 자주 보는 인터넷 텍스트이다.

```
def pmi(p_xy, p_x, p_y): # a function to apply to all data
    import math
    pmi_xy = math.log2( p_xy/(p_x*p_y) )
    return pmi_xy
```

```
# 'data' as y, 'cherry' as x
p_y = 5673/11716
p_xy = 8/11716  # p('cherr', 'data')
p_x = 486/11716
print('data, cherry', pmi(p_xy, p_x, p_y))

# 'information' as x
p_xy= 3982/11716 # p('information', 'data')
p_x = 7703/11716
print('data, information', pmi(p_xy, p_x, p_y))
```

```
data, cherry -4.8785161743973315
data, information 0.09436912495177613
```

〈그림 3.4〉 상호정보량을 계산하는 방식

2. 코사인 유사도

코사인 유사도(cosine similarity)는 어떤 한 개체를 벡터 형태의 요소 값으로 표현했을 때, 다른 개체와의 유사한 정도를 각 벡터의 코사인 각의 차이로 표현하는 것이다. 코사인 각을 구하는 식은 〈수식 3.7〉과 같다. 두 벡터 각의 차이가 작으면 즉 거리가 가까우면 유사도 값이 크게 나온다.

$$\text{cosine}(v, w) = \frac{v \cdot w}{|v||w|} = \frac{\sum_{i=1}^{N} v_i w_i}{\sqrt{\sum_{i=1}^{N} v_i^2}\sqrt{\sum_{i=1}^{N} w_i^2}}$$

〈수식 3.7〉 두 벡터간 코사인 유사도

예를 들어 cherry, digital, information 세 단어의 유사도를 구할

때, 다른 단어(pie, data, computer)와 공기한 정도를 비교 기준으로 삼는다고 하자. 그리고 말뭉치에서 산출한 공기 빈도가 〈표 3.2〉로 주어진다면 pie와 computer를 비교 기준 차원으로 하는 cherry, digital, information의 벡터 표현은 〈그림 3.5〉와 같다.

〈표 3.2〉 공기 단어 빈도표

	pie	data	computer
cherry	442	8	2
digital	5	1683	1670
information	5	3982	3325

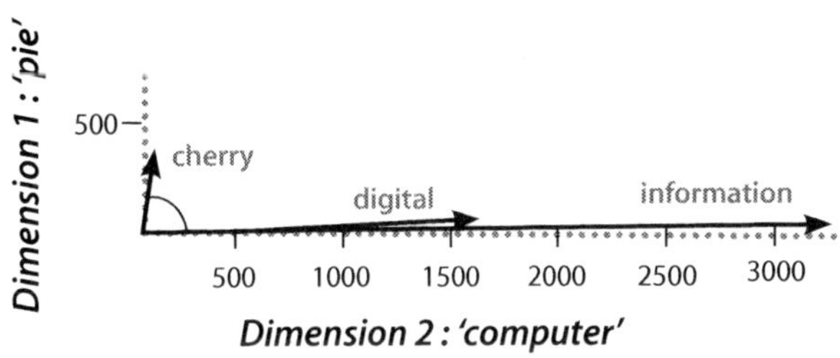

〈그림 3.5〉 단어들의 비교 벡터 표현

이제 cherry와 digital의 유사한 정도와 digital과 information의 유사한 정도는 두 벡터 간의 각도로 볼 수 있다. 두 벡터 digital과 information 간의 각도 차이는 cherry와 digital 간의 각도 차이보다 더 작고 가깝다. 따라서 digital과 information의 코사인 유사도 값이 크게 나올 것이다.

코사인 유사도는 벡터로 표현되는 각 단어 벡터의 내적(dot product)을 구하고(〈수식 3.8〉) 이를 〈수식 3.7〉에 적용하여 구하는 것이다

(〈그림 3.6〉). cherry와 digital의 코사인 유사도 값 0.018이 digital과 information의 코사인 유사도 값 0.996보다 훨씬 작다. 즉, digital과 information이 더 가깝고 의미도 더 연관된다.

$$dot\,product(v, w) = v \cdot w = \sum_{i=1}^{N} v_i w_i = v_1 w_1 + v_2 w_2 + \ldots + v_n w_n$$

〈수식 3.8〉 벡터의 내적 (합성곱)

```
[1]
#V·W is to sum over element wise multiplications
def dot_prod(v, w) :
    assert len(v) == len(w), "vectors must be the same length"
    return sum(v_i*w_i for v_i, w_i in zip(v, w))

def cos_sim(v, w):
    from math import sqrt
    return dot_prod(v, w) / ( sqrt(dot_prod(v,v)) * sqrt(dot_prod(w,w)) )
```

```
v1 = [442, 8, 2] #cherry
v2 = [5, 1683, 1670] #digital
v3 = [5, 3982, 3325] # information
cos_sim(v1, v2), cos_sim(v2, v3)

(0.018140650901780447, 0.9963211738644715)
```

〈그림 3.6〉 코사인 유사도 파이썬 코드와 예시

3. TF-IDF 가중치

TF-IDF는 정보 검색에서 검색 단어가 문서에 매칭이 되었을 때 그 중요도를 계산하는 척도로 Spärck(1972)가 처음 제안하였고 이후 정보 검색에 관한 교과서 대부분에서 반드시 다루었다. TF-IDF는 토큰의 단순 빈도로 중요도를 표현하기보다 빈도(TF: Term Frequency)를 고려하되, 전체 문서(D: document) 측면에서 차별적으로 분포하는 정도(IDF: Inversed Document Frequency)를 고려한 중요도이다. 정보 검색에서 시작된 가중치 방식으로 검색 단어의 중요도를 나타내는 단어 가중치를 검색 대상 전체 문서 집합의 분포 면에서 고려하기 위한 척도로 쓰였다. 이러한 수치를 식으로 표현하면 〈수식 3.9〉이다.

$$\mathrm{tfidf}(t,d,D) = \mathrm{tf}(t,d)\cdot \mathrm{idf}(t,D)$$

$$\mathrm{tf}(t,d) = \frac{f_{t,d}}{\sum_{t'\in d} f_{t',d}}$$

$$\mathrm{idf}(t,D) = \log\frac{N}{|\{d\in D: t\in d\}|}$$

〈수식 3.9〉 tf, idf, tf-idf

〈그림 3.7〉은 TF-IDF를 구할 때 로그(log)를 취하여 숫자 값의 차이 범위를 조절하는 정규화를 보이는 것인데[2] 1~1000과 같이 값의 차이가 많이 날 때 로그를 취하면 그 차이가 작아지고 0.001~1.0과 같이 차이가 작게 날 때 로그를 취하면 그 차이가 커짐을 보인다.

```
import math
print(1, '\t', math.log(1), '\t', 1/1000, '\t', math.log(1/1000))
print(10, '\t', math.log(10), '\t',10/1000, '\t', math.log(10/1000))
print(100, '\t', math.log(100), '\t',100/1000, '\t', math.log(100/1000))
print(1000, '\t',  math.log(1000), '\t',1000/1000, '\t', math.log(1000/1000))
```

```
1	0.0	0.001	-6.907755278982137
10	2.302585092994046	0.01	-4.605170185988091
100	4.605170185988092	0.1	-2.3025850929940455
1000	6.907755278982137	1.0	0.0
```

〈그림 3.7〉 숫자에 로그를 취하는 의미

2 Manning, C.D.; Raghavan, P.; Schutze, H. (2008). "Scoring, term weighting, and the vector space model". Introduction to Information Retrieval. p. 100. doi:10.1017/CBO9780511809071.007. ISBN 978-0-511-80907-1.

〈그림 3.8〉은 tf, idf의 계산을 보이기 위한 데이터 예시로, 가장 바깥 [ ]은 문서 집합이고 그 안에 [ ]은 하나의 문서이며 문서 [ ] 안에 있는 'a', 'b', 'c' 등은 그 문서에 쓰인 단어이다.

```
#a term-document matrix; 'a', 'b', 'c' are very frequent.
# 'b' is in every document
sample_docs = [['a', 'b', 'c'], #
               ['a', 'b', 'd'],     # 'd' is specific in this doc
               ['a', 'b', 'c'],     #
               ['b', 'c', 'e']]     # 'e' is specific in this doc.
```

〈그림 3.8〉 문서 집합 예

〈그림 3.9〉는 단순 tf와 로그를 취하는 ltf를 구하는 함수를 만들고 각 함수를 호출하여 〈그림 3.8〉의 예시 문서 단위를 파라미터로 하여 각 단어의 tf와 ltf 값의 차이를 보인다.

```
from collections import Counter
def get_tfs(docs) : #one line is a document
    terms = [w for doc in docs for w in doc]
    tfs = Counter(terms)
    return tfs

def get_ltfs(docs) : #one line is a document
    from math import log10
    terms = [w for doc in docs for w in doc]
    rtfs = Counter(terms)
    tfs = {t:log10(f + 1) for t, f in rtfs.items()}
    return tfs
```

```
tfs = get_tfs(sample_docs)
tfs
```

```
Counter({'a': 3, 'b': 4, 'c': 3, 'd': 1, 'e': 1})
```

```
ltfs = get_ltfs(sample_docs)
ltfs
```

```
{'a': 0.6020599913279624,
 'b': 0.6989700043360189,
 'c': 0.6020599913279624,
 'd': 0.3010299956639812,
 'e': 0.3010299956639812}
```

〈그림 3.9〉 단순 tf와 log를 취하는 tf를 계산하는 함수

*각각 단어 빈도, 단어 가중치가 됨

〈그림 3.10〉은 df와 idf를 구하는 함수를 만들고 〈그림 3.8〉의 예시 문서 단위를 파라미터로 하여 구한 각 단어의 df와 idf를 보인다.

〈그림 3.11〉은 〈그림 3.9〉와 〈그림 3.10〉에서 구한 모든 단어의 tf와 idf를 참조하여 모든 단어의 tf–idf 가중치를 구하는 것을 보여 준다.

```
[ ]
def get_dfs(docs, terms) :
    #initialize before checking term existency in a doc
    dfs = {term: 0 for term in terms}

    for term in terms :
        for doc in docs :
            if term in doc:
                #if term first time in doc, df is 1, Otherwise increase by 1
                dfs[term] = dfs.get(term, 0) + 1
    return dfs

def get_idfs(N, dfs, terms) :
    from math import log10
    # with respect to all term
    idfs = { term : log10(N/dfs[term]) for term in terms }
    return idfs
```

```
[ ]
# get dfs with term list from tfs{term:freq}
dfs = get_dfs(sample_docs, tfs.keys())
dfs
```

```
{'a': 3, 'b': 4, 'c': 3, 'd': 1, 'e': 1}
```

```
# get idfs for every term with dfs and term list
N = len(sample_docs)
idfs=get_idfs(N, dfs, tfs.keys())
idfs
```

```
{'a': 0.12493873660829992,
 'b': 0.0,
 'c': 0.12493873660829992,
 'd': 0.6020599913279624,
 'e': 0.6020599913279624}
```

〈그림 3.10〉 df, idf를 계산하는 함수

*문서 빈도, 역문서 빈도 가중치

```
# calculate tf-idfs referencing tfs and idfs
def get_tf_idfs(idfs, tfs) :
    tf_idf = {}
    for term in tfs.keys():
        tf = tfs.get(term, 0)
        idf = idfs.get(term, 0)
        tf_idf[term] = tf*idf
    return tf_idf
```

```
get_tf_idfs(idfs, tfs)
```

```
{'a': 0.07522061467891963,
 'b': 0.0,
 'c': 0.07522061467891963,
 'd': 0.1812381165789131,
 'e': 0.1812381165789131}
```

〈그림 3.11〉 tf, idf 가중치를 구하는 코드

〈그림 3.8〉의 4개 문서 집합의 단어 출현을 돌이켜 보면 'b'는 4개 문서 모두에 출현하고 'a', 'c'는 3개 문서에 출현하며 'd', 'e'는 각각 1개 문서에만 출현한다. 단순 단어 빈도로만 본다면 'b'가 가장 중요 단어이고 'a', 'c'가 그 다음으로 중요하고 'd'나 'e'는 가장 덜 중요해 보인다. 그런데 단어의 빈도를 문서 집합 전체에서의 출현 분포를 고려하게 되면 즉 df를 고려하는 단어 가중치인 tf–idf를 계산하게 되면 그 중요도 순서는 완전히 뒤바뀐다. 한국어 텍스트 문서 집합을 상정하여 어휘 형태 분석을 거치면 명사, 조사, 용언 어간, 어미 등을 단어 t 단위로 본다면 조사나 이미가 'b', 'c', 'a'와 유사하고 명사나 용언 어간이 'd', 'e'와 유사할 것이다.

3장
텍스트 분석 및 전처리

텍스트는 비정형 데이터이다. 비정형 데이터의 양적 분석을 위해서는 분석하고자 하는 단위로 쪼개는 일이 필요하다. 특히 단어 단위 이상의 텍스트 자료를 다룬다면, 형태소 분석기를 활용하여 텍스트, 문장, 긴 어절 등을 어휘 형태 단위의 양적 분석을 할 수 있는 처리를 필요로 한다. 분석하고자 하는 단위가 어휘 형태보다 더 작은 글자 단위라면 글자 단위로 쪼개는 처리가 필요하다. 글자(character)는 컴퓨터에서 텍스트 데이터 유형(text data type)을 결정짓는 가장 작은 단위이며 글자 하나하나는 글자의 모양을 결정짓는 글꼴(font)과 글자의 기계가독형 값을 결정짓는 숫자값 코드(code)에 매핑되어 있다.

1. 한글 인코딩과 글자 처리

글자를 컴퓨터로 표현한다는 것은 컴퓨터가 식별하고 처리하는 숫자 값 코드(code)를 이해하는 것과 글자에 매칭되는 글자 모양, 즉 글꼴(font)의 적용을 이해하는 것이다.

인코딩(encoding)은 사람의 자연어를 컴퓨터가 처리하는 부호(code)로 만드는 일인데, 가장 기본적인 글자를 컴퓨터가 처리하는 숫자로 변환하는 것도 인코딩이라 불린다. 컴퓨터에 영어 이외의 특정 언어를 적용하지 않는 한 기본은 영어 알파벳이고 이는 1 바이트를 쓰는 8 비트가 모두 0인 2의 0승의 0부터 8 비트가 모두 1인 2의 8승의 128까지 범위를 가진 아스키(ASCII)로 표현되는데, 이 안에 한글 코드값은 포함되지 않는다. 따라서 과거에는 한글을 쓰고 표현하기 위해서는 2 바이트를 쓰는 완성형, 조합형 등의 인코딩 방식을 쓰는 프로그램을 쓰거나 이런 코드에 대한 이해를 가지고 한글 텍스트를 분석할 수 있었다. 20세기 말 이후로 컴퓨터에서 다국어를 쓸 수 있도록 하는 것이 보편화됨에 따라 현재는 최대 4바이트까지 쓰는 유니코드(UNICODE)가 국제 표준(ISO/IEC 10646)으로 자리 잡았다. 유니코드의 표준화에 따라 이제 대부분의 컴퓨터와 디지털 텍스트는 한글을 유니코드로 표현하고 있다. 그런데 가장 많이 쓰이는 영어 알파벳의 유니코드 값은 아스키 숫자값과 동일하기 때문에 이진수로 바꿀 때에 4 바이트를 모두 쓰는 것은 매우 비용 효율적이다. 이 때문에 대표적인 가변길이 인코딩 방식인 UTF−8(8−bit Unicode Transformation Format)을 쓰는 일이 많다. 그리하여 최근의 컴퓨터 시스템은 별다른 설정을 하지 않으면 유니코드와 UTF-8 인코딩을 쓰도록 되어 있다.

한글의 음절 단위 글자의 코드값(0xAC00~0xD7A3)과 자모 글자 코드값(0x1100~0x1112, 0x1161~0x1175, 0x11A8~0x11C2)은 유니코드의 일정 영역에 속해 있다. 유니코드는 대개 접두사 U+로 시작하고 16진수 코드 값을 붙여 표현한다. 글자의 코드값은 대개 16진수를 표현하는 접두사 0x로 시작하는 숫자이다. 16진수의 16은 2의 4제곱이므로 개념적으로 2진수의 연장선상에 있기 때문이기도 하고 2진수 표현은 길어지기 때문에 바이트를 짧게 표현하기 위함이다. 'K'는 아스키에 속하고 10진수로는 75이고 2진수로는 01001011이고 16진수로는 0x4B이다. 키보드로 입력한 'ㅎ'의 코드 값은 10진수로는 12622이고 2진수로는 0011000101001110이고 16진수로는 0x314E이다.

〈그림 3.12〉는 한글의 음절 글자 유니코드 표이다. 여기서 11,172자를 모두 나열할 수는 없으므로 '갼' 다음부터 '흸' 이전 즉, '걍'부터 '흿'까지를 생략한 표이다. 한글의 음절 글자는 1개의 초성 자음 글자와 1개의 중성 모음 글자, 그리고 종성이 없는 경우를 포함한 1개의 종성 자음 글자로 구성이 된다. 한글 음절 글자의 배열 순서는 초성 시작 글자 'ㄱ'에 중성 시작 글자 'ㅏ'가 붙고 종성이 없는 경우를 포함한 모든 가능한 글자 28개가 'ㄱ, ㄲ, …, ㅎ'[3] 순으로 붙고, 그 다음에 중성 'ㅏ'의 다음의 글자인 'ㅐ'가 붙고 빈 글자를 포함한 종성 가능 글자 28개가 붙는 식의 조합 순으로 완성형 음절 글자의 코드값이 구성되어 있다.

---

3 종성이 없는 빈 글자를 제일 처음 요소로 포함한다.

Hangul Syllables[1][2] Offical Unicode Consortium code chart PDF (PDF)																
	0	1	2	3	4	5	6	7	8	9	A	B	C	D	E	F
U+AC0x	가	각	갂	갃	간	갅	갆	갇	갈	갉	갊	갋	갌	갍	갎	갏
U+AC1x	감	갑	값	갓	갔	강	갖	갗	갘	같	갚	갛	개	객	갞	갟
U+AC2x	갠	갡	갢	갣	갤	갥	갦	갧	갨	갩	갪	갫	갬	갭	갮	갯
U+AC3x	갰	갱	갲	갳	갴	갵	갶	갷	갸	갹	갺	갻	갼	갽	갾	갿
U+D78x	힀	힁	힂	힃	힄	힅	힆	힇	히	힉	힊	힋	힌	힍	힎	힏
U+D79x	힐	힑	힒	힓	힔	힕	힖	힗	힘	힙	힚	힛	힜	힝	힞	힟
U+D7Ax	힠	힡	힢	힣												

〈그림 3.12〉 한글 음절 글자 유니코드 표:

출처: https://en.wikipedia.org/wiki/Hangul_Syllables

〈그림 3.13〉은 자모 글자의 유니코드 표로 음영으로 표시된 글자들은 현대 한글로 쓰이는 초성 19자, 중성 21자, 종성 27자이다. 자음 글자 혹은 모음 글자의 결합으로 중세 국어 연구 등에 쓰일 수 있는 글자는 음영이 없는 칸에 위치에 있고 여기서는 일부(U+111F 다음부터 U+1160 이전까지, U+117F 다음부터 U+11A0 이전까지) 생략한 표이다. 아래아 한글, '·'는 0x119E에 자리잡고 있다.

Hangul Jamo[1][2] Offical Unicode Consortium code chart (PDF)																
	0	1	2	3	4	5	6	7	8	9	A	B	C	D	E	F
U+110x	ᄀ	ᄁ	ᄂ	ᄃ	ᄄ	ᄅ	ᄆ	ᄇ	ᄈ	ᄉ	ᄊ	ᄋ	ᄌ	ᄍ	ᄎ	ᄏ
U+111x	ᄐ	ᄑ	ᄒ	ᄓ	ᄔ	ᄕ	ᄖ	ᄗ	ᄘ	ᄙ	ᄚ	ᄛ	ᄜ	ᄝ	ᄞ	ᄟ
U+116x	HJF	ᅡ	ᅢ	ᅣ	ᅤ	ᅥ	ᅦ	ᅧ	ᅨ	ᅩ	ᅪ	ᅫ	ᅬ	ᅭ	ᅮ	ᅯ
U+117x	ᅰ	ᅱ	ᅲ	ᅳ	ᅴ	ᅵ	ᅶ	ᅷ	ᅸ	ᅹ	ᅺ	ᅻ	ᅼ	ᅽ	ᅾ	ᅿ
U+11Ax	ᆠ	ᆡ	ᆢ	ᆣ	ᆤ	ᆥ	ᆦ	ᆧ	ᆨ	ᆩ	ᆪ	ᆫ	ᆬ	ᆭ	ᆮ	ᆯ
U+11Bx	ᆰ	ᆱ	ᆲ	ᆳ	ᆴ	ᆵ	ᆶ	ᆷ	ᆸ	ᆹ	ᆺ	ᆻ	ᆼ	ᆽ	ᆾ	ᆿ
U+11Cx	ᇀ	ᇁ	ᇂ	ᇃ	ᇄ	ᇅ	ᇆ	ᇇ	ᇈ	ᇉ	ᇊ	ᇋ	ᇌ	ᇍ	ᇎ	ᇏ

〈그림 3.13〉 한글 자모 글자 유니코드

출처: https://en.wikipedia.org/wiki/Hangul_Jamo_(Unicode_block)

이제 한글의 자모 글자[4]와 음절 글자를 유니코드 값을 써서 파이썬으로 표현해 보자. 〈그림 3.14〉에서처럼 '가'는 〈그림 3.12〉에 있는 유니코드 값 ac00[5]에 16진수 표시 접사 0x를 붙이고 문자열 변환 함수 chr()을 써서 표현한다. 마찬가지로 마지막 음절 글자 '힣'도 해당 유니코드 값 d7a3을 넣어서 표현한다. 0xd7a3에서 0xac00이전까지는 11,172개 코드 숫자가 〈그림 3.12〉에서처럼 할당되어 있으므로, range() 함수를 써서 시작 유니코드와 끝 유니코드 숫자 값을 주면 현

4 자모 글자는 자음과 모음 글자에 독립적인 뜻을 두는 것이고, 자소 글자는 음절 글자를 구성하는 글자라는 뜻이다.
글쓰기에서 1음절 글자를 모아쓰기하는 것이 표준이므로, 자모 글자와 자소 글자는 거의 같은 뜻으로 쓰인다.

5 16진수 표현에 대소문자 구분은 의미없다. 0xac00나 0xAC00는 동일하다.

대 한글 자모 글자로 만들 수 있는 모든 음절 글자 11,172자를 표현할 수 있다.

```
[ ] chr(0xac00)
'가'

[ ] chr(0xd7a3)
'힣'

[ ] for each in range(0xac00, 0xd7a3+1): print(chr(each), end='')
가각갂갃간갅갆갇갈갉갊갋갌갍갎갏감갑값갓갔강갖갗갘같갚갛개객갞갟갠
```

〈그림 3.14〉 한글 1음절 글자를 유니코드 값을 문자로 출력

한글의 음절 글자는 1개의 초성 자음 글자와 1개의 중성 모음 글자, 그리고 종성이 없는 경우를 포함한 1개의 종성 자음 글자로 구성이 된다. 위에서 출력한 한글 음절 글자의 순서를 보면 초성 시작 글자 'ㄱ'에 중성 시작 글자 'ㅏ'가 붙고 종성에 빈 글자부터 종성으로 쓰이는 모든 가능한 글자가 'ㄱ, ㄲ, …, ㅎ' 순으로 붙고, 그 다음에 중성 'ㅏ'의 다음의 글자인 'ㅐ'가 붙고 종성에 빈 글자부터 종성으로 쓰이는 모든 가능한 글자가 'ㄱ, ㄲ, …, ㅎ' 순으로 조합되는 음절 글자의 코드값이 구성되어 있다. 오른쪽으로 길게 출력이 되는 결과이기에 〈그림 3.14〉에서 오른쪽 부분이 잘렸으나 오른쪽 끝에는 '…힡힢힣'이 출력된다. 이 순서는 사전에서 표제어를 찾는 자모 순서와 동일하다. 〈그림 3.15〉는 유니코드로 현대 한글 자모 글자를 모두 출력하는 것이다. 현대 한글 초성에 쓰이는 모든 글자 19자, 중성에 쓰이는 모든 글자 21자, 종

성에 쓰이는 모든 글자 27개이다. 한글을 고려한 글꼴 적용을 하지 않았기에 보기 좋은 글자 모양은 아니다.

```
# Represent unicode Hangule Jamo(Consonant letters and Vowel letters) from unicode
first_letters = [ chr(i) for i in range(0x1100, 0x1112+1)]
middle_letters = [ chr(i) for i in range(0x1161, 0x1175+1)]
final_letters = [ chr(i) for i in range(0x11a8, 0x11c2+1)]
print(first_letters, len(first_letters))
print(middle_letters, len(middle_letters))
print(final_letters, len(final_letters))
```

```
['ᄀ', 'ᄁ', 'ᄂ', 'ᄃ', 'ᄄ', 'ᄅ', 'ᄆ', 'ᄇ', 'ᄈ', 'ᄉ', 'ᄊ', 'ᄋ', 'ᄌ', 'ᄍ', 'ᄎ', 'ᄏ', 'ᄐ', 'ᄑ', 'ᄒ'] 19
['ᅡ', 'ᅢ', 'ᅣ', 'ᅤ', 'ᅥ', 'ᅦ', 'ᅧ', 'ᅨ', 'ᅩ', 'ᅪ', 'ᅫ', 'ᅬ', 'ᅭ', 'ᅮ', 'ᅯ', 'ᅰ', 'ᅱ', 'ᅲ', 'ᅳ', 'ᅴ', 'ᅵ'] 21
['ᆨ', 'ᆩ', 'ᆪ', 'ᆫ', 'ᆬ', 'ᆭ', 'ᆮ', 'ᆯ', 'ᆰ', 'ᆱ', 'ᆲ', 'ᆳ', 'ᆴ', 'ᆵ', 'ᆶ', 'ᆷ', 'ᆸ', 'ᆹ', 'ᆺ', 'ᆻ', 'ᆼ', 'ᆽ', 'ᆾ', 'ᆿ', 'ᇀ', 'ᇁ', 'ᇂ'] 27
```

〈그림 3.15〉 유니코드 한글

그런데 한글은 유니코드가 나오기 전부터 키보드 등의 입력기로 쓸 수 있었다. 그래서 유니코드 이전에 쓰이던 코드 값을 고려한 자소 글자의 코드 값 범위가 있다. 실제로 우리가 키보드로부터 입력한 자모 글자의 코드값을 출력하면 〈그림 3.16〉과 같고 이는 이전에 본 표준 유니코드 값 〈그림 3.15〉와 다르다.

```
hex(ord('ㄱ')), hex(ord('ㄴ'))
```

```
('0x3131', '0x3134')
```

〈그림 3.16〉 키보드 입력 글자

유니코드 이전의 키보드나 여타의 입력기를 통한 한글 자소 입력을 고려한 유니코드는 0x3131~0x318e의 범위에 있다. 이를 한글 정합성 자모(Hangul compatibility Jamo)라 하고, 이는 유니코드 생성 및 표준화 이전부터 쓰이던 국내 표준 KSC5601 글자셋을 고려한 자모 코드값들이다(《그림 3.17》).

Hangul Compatibility Jamo[1][2] Offical Unicode Consortium code chart (PDF)																
	0	1	2	3	4	5	6	7	8	9	A	B	C	D	E	F
U+313x		ㄱ	ㄲ	ㄳ	ㄴ	ㄵ	ㄶ	ㄷ	ㄸ	ㄹ	ㄺ	ㄻ	ㄼ	ㄽ	ㄾ	ㄿ
U+314x	ㅀ	ㅁ	ㅂ	ㅃ	ㅄ	ㅅ	ㅆ	ㅇ	ㅈ	ㅉ	ㅊ	ㅋ	ㅌ	ㅍ	ㅎ	ㅏ
U+315x	ㅐ	ㅑ	ㅒ	ㅓ	ㅔ	ㅕ	ㅖ	ㅗ	ㅘ	ㅙ	ㅚ	ㅛ	ㅜ	ㅝ	ㅞ	ㅟ
U+316x	ㅠ	ㅡ	ㅢ	ㅣ	HF	ㅥ	ㅦ	ㅧ	ㅨ	ㅩ	ㅪ	ㅫ	ㅬ	ㅭ	ㅮ	ㅯ
U+317x	ㅰ	ㅱ	ㅲ	ㅳ	ㅴ	ㅵ	ㅶ	ㅷ	ㅸ	ㅹ	ㅺ	ㅻ	ㅼ	ㅽ	ㅾ	ㅿ
U+318x	ㆀ	ㆁ	ㆂ	ㆃ	ㆄ	ㆅ	ㆆ	ㆇ	ㆈ	ㆉ	ㆊ	ㆋ	ㆌ	ㆍ	ㆎ	

〈그림 3.17〉 한글 정합 자모 유니코드표

출처: https://en.wikipedia.org/wiki/Hangul_Compatibility_Jamo

만약에 키보드에 한글 글자 표시가 없다거나 한글 입력기가 없는 상태의 컴퓨터라면 〈그림 3.18〉처럼 코드값을 써서 한글 표현이 가능하다.

```
#https://en.wikipedia.org/wiki/Hangul_Compatibility_Jamo
#the South Korean national standard KS X 1001 (formerly KS C 5601) in unicode
keyboard_letters =[chr(each) for each in range(0x3131, 0x318e+1) ]
print(keyboard_letters)

['ㄱ', 'ㄲ', 'ㄳ', 'ㄴ', 'ㄵ', 'ㄶ', 'ㄷ', 'ㄸ', 'ㄹ', 'ㄺ', 'ㄻ', 'ㄼ', 'ㄽ', 'ㄾ', 'ㄿ', 'ㅀ', 'ㅁ', 'ㅂ', 'ㅃ', 'ㅄ',
```

〈그림 3.18〉 한글 정합 자모 유니코드로 글자 출력

이를테면 아래아 '·'는 한글과 컴퓨터 프로그램이나 다른 입력기 도움이 없다면 직접 입력하여 표현이 불가능한데, 〈그림 3.19〉와 같이 코드 값으로 출력해 볼 수 있다. 한글 문서 작성 프로그램으로 쉽게 표현하는 아래아 한글 '·'는 유니코드 표준 코드로는 0x119E이지만, 정합성 코드로는 0x318D이다.

```
chr(0x318d), chr(0x119E)
('ㆍ', 'ᆞ')
```

〈그림 3.19〉 아래 아 '·' 출력

한글의 음절 글자를 자음과 모음을 구성하는 자소 글자로 분석하려면 자소 단위의 순서를 알아야 한다. 음절 글자 한글 유니코드 값은 자소 결합 순서를 따라 배열되어 있기 때문이다. 〈그림 3.20〉은 초성에 오는 자음 글자, 중성에 오는 자음 글자, 종성에 오는 자음 글자의 순서를 명시적으로 만들어 주는 과정이다. 현대 한글 음절 글자는 이 자모 배열 순서에 따라 조합되는 순서로 첫 음절 글자 '가'부터 마지막 음절 글자 '힣'까지 유니코드 영역에 배열되어 있다. 〈그림 3.12〉에서 보았듯이, '가'의 유니코드 0xAC00부터 시작되어 그 다음 글자는 종성이 있는 글자 '각'이다. '각'은 낱글자 초성 'ㄱ', 중성 'ㅏ', 종성 'ㄱ'으로 조합된 음절 글자이다.

〈그림 3.21〉은 자모 배열 순서에 따른 코드값 배열 원칙(〈그림 3.20〉)에 따라 'ㄱ', 'ㅏ', 'ㄱ'이 조합된 순서에 해당하는 유니코드 음절 글

자 '각'이 완성됨을 보여 준다.

```
# inputs from the keyboard
first = 'ㄱㄲㄴㄷㄸㄹㅁㅂㅃㅅㅆㅇㅈㅉㅊㅋㅌㅍㅎ'
CONSONANTs = list(first) #convert a string to a list of elements.
print(len(CONSONANTs), CONSONANTs)
for each in CONSONANTs: print(hex(ord(each)), end=',')
```

```
19 ['ㄱ', 'ㄲ', 'ㄴ', 'ㄷ', 'ㄸ', 'ㄹ', 'ㅁ', 'ㅂ', 'ㅃ', 'ㅅ', 'ㅆ', 'ㅇ', 'ㅈ', 'ㅉ',
0x3131,0x3132,0x3134,0x3137,0x3138,0x3139,0x3141,0x3142,0x3143,0x3145,0x3146,0x3147,
```

```
# inputs from the keyboard
middle ='ㅏㅐㅑㅒㅓㅔㅕㅖㅗㅘㅙㅚㅛㅜㅝㅞㅟㅠㅡㅢㅣ'
VOWELs = list(middle)
print(len(VOWELs), VOWELs)
for each in VOWELs: print(hex(ord(each)), end=',')
```

```
21 ['ㅏ', 'ㅐ', 'ㅑ', 'ㅒ', 'ㅓ', 'ㅔ', 'ㅕ', 'ㅖ', 'ㅗ', 'ㅘ', 'ㅙ', 'ㅚ', 'ㅛ', 'ㅜ',
0x314f,0x3150,0x3151,0x3152,0x3153,0x3154,0x3155,0x3156,0x3157,0x3158,0x3159,0x315a,
```

```
# inputs from the keyboard
final ='ㄱㄲㄳㄴㄵㄶㄷㄹㄺㄻㄼㄽㄾㄿㅀㅁㅂㅄㅅㅆㅇㅈㅊㅋㅌㅍㅎ'
CONSONANTs_Endings = list(final)
for each in CONSONANTs_Endings: print(hex(ord(each)), end=',')
print()
CONSONANTs_Endings = [''] + CONSONANTs_Endings #[''] for the first empty final.
print(len(CONSONANTs_Endings), CONSONANTs_Endings)
```

```
0x3131,0x3132,0x3133,0x3134,0x3135,0x3136,0x3137,0x3139,0x313a,0x313b,0x313c,0x313d,
28 ['', 'ㄱ', 'ㄲ', 'ㄳ', 'ㄴ', 'ㄵ', 'ㄶ', 'ㄷ', 'ㄹ', 'ㄺ', 'ㄻ', 'ㄼ', 'ㄽ', 'ㄾ', '
```

〈그림 3.20〉 한글 자모의 배열 순서 집합

```
#compose: ㄱ, ㅏ, ㄱ => 각
first_index = CONSONANTs.index('ㄱ')
middle_index = VOWELs.index('ㅏ')
final_index = CONSONANTs_Endings.index('ㄱ')
chr(0xAC00 + (first_index * 21 * 28) + (middle_index * 28) + final_index)
```

```
'각'
```

〈그림 3.21〉 자모 배열 순서로부터 완성형 유니코드 음절 글자의 조합

위의 과정을 초성 중성 종성 3가지 자모 글자를 조합하여 모든 음절 글자를 만들 수 있는 함수로 만들면 〈그림 3.22〉와 같다. 아래 부

분에 이 함수를 호출하여 초성 글자 'ㄱ', 중성 글자 'ㅏ', 종성 글자 'ㄱ'을 조합하여 하나의 음절 글자 '각'을 만들고 마찬가지 방식으로 초성 중성 종성 글자를 조합하여 '힣'과 '하'를 만드는 예도 보여 준다.

```
[ ]
#user defined funcion
def compose(chosung, joongsung, jongsung):
    first_index = CONSONANTs.index(chosung)
    middle_index = VOWELs.index(joongsung)
    final_index = CONSONANTs_Endings.index(jongsung)
    return chr(0xAC00 + (first_index * 21 * 28) + (middle_index * 28) + final_index)

print(compose('ㄱ', 'ㅏ', 'ㄱ'))
print(compose('ㅎ', 'ㅣ', 'ㅎ'))
print(compose('ㅎ', 'ㅏ', ''))

각
힣
하
```

〈그림 3.22〉 한글 자모 문자를 1음절로 조합 출력하는 함수

이제 위의 과정을 거꾸로 음절 글자로부터 초성, 중성, 종성 자모 글자를 분리해 내는 방식을 생각해 볼 수 있다. 이것은 음절 구성을 자모 배열 순서에 따른 초성, 중성, 종성 집합의 순서(index)를 구한 다음 그 배열의 순서에 있는 자모 글자를 출력하는 것이다. 〈그림 3.23〉이 그 과정을 보여 준다. '각'을 구성하는 자소 글자의 순서(인덱스)를 알아내는 것이다. 한글의 모든 음절 글자는 '가'부터 시작하여 자모 배열 순서에 따라 나열되어 있으므로 현재 음절 글자 '각' 코드에서 시작하는 글자 '가' 코드 값을 뺀 결과에서 종성 개수로 나눈 나머지가 해당 종성의 순서 인덱스가 되고, 종성 개수로 나누고 중성 개수로 나눈 나머지가 해당 중성의 인덱스가 되고, 종성 개수와 중성 개수로 나눈 몫이 초성 인덱스가 된다. 그 인덱스를 써서 초성 배열, 중성 배열, 종성 배열의 인덱스에 해당하는 글자를 출력한다. 마찬가지로 '힣'을 구

성하는 자소 글자도 같은 방식으로 구한다.

```
codes = ord('각') - 0xAC00  #set the syllable distance
final_index = codes%28  # Consonant_ending _index
print(final_index, CONSONANTs_Endings[final_index])
middle_index = (codes//28) % 21 # // returns integer.
print(middle_index, VOWELs[middle_index])
first_index = (codes//28)//21
print(first_index, CONSONANTs[first_index])
```

```
1 ㄱ
0 ㅏ
0 ㄱ
```

```
[8]
codes = ord('힣') - 0xAC00  #set the syllable distance
final_index = codes%28  # Consonant_ending _index
print(final_index, CONSONANTs_Endings[final_index])
middle_index = (codes//28) % 21 # // returns integer.
print(middle_index, VOWELs[middle_index])
first_index = (codes//28)//21
print(first_index, CONSONANTs[first_index])
```

```
27 ㅎ
20 ㅣ
18 ㅎ
```

〈그림 3.23〉 음절 문자를 자소 글자로 분석 출력

〈그림 3.23〉의 과정을 모든 음절 글자에 적용할 수 있는 함수로 만들면 〈그림 3.24〉와 같다. 끝에 한글 유니코드 배열의 음절 글자 마지막의 '힣'과 음절 글자 처음의 '가'를 자소 문자로 분해하는 예를 보여 준다.

```
[ ]
# reverse way of composing
# 0xAC00 + (first_index * 21 * 28) + (middle_index * 21) + final_index
def decompose(hangul_sylla):
    code = ord(hangul_sylla) - 0xAC00  # section of indices
    final_index = code % 28  # remainder is the final index
    code = code // 28  #divided by the num of finals
    middle_index = code % 21 #remainder is the middle index
    first_index = code // 21 # divided by the num of middles
    return (CONSONANTs[first_index], VOWELs[middle_index],
            CONSONANTs_Endings[final_index])

print(decompose('힣'))
decompose('가')
```

```
('ㅎ', 'ㅣ', 'ㅎ')
('ㄱ', 'ㅏ', '')
```

〈그림 3.24〉 한글 음절 글자를 자소 글자로 분해하는 함수

2. 한자 변환

1980년대에 들어 한겨레 신문사가 전면 한글쓰기를 하기 전까지 출판된 지식인들의 글이나 신문 자료는 많은 부분이 한자와 한글의 혼용이었다. 양적 분석을 위해서는 한글로 쓴 단어와 한자로 쓴 단어가 각각의 단어로 나오지 않도록 양적 분석 이전의 전처리 단계에서 한자를 한글로 변환하는 과정을 거치는 일이 많다.

```
#!pip install -q hanja #if not installed
import hanja
hanja.translate('無電裝置의 飛行機가 市內示威엔 空中의 魔', 'substitution')
```

```
'무전장치의 비행기가 시내시위엔 공중의 마.'
```

〈그림 3.25〉 한자를 한글로 변환하는 파이썬 코드

한자를 한글로 일괄 변환하려면 파이썬 외부 라이브러리 모듈 중에 hanja[6]라는 것이 활용이 용이하다(〈그림 3.25〉). 한자 변환 모듈이 하는 일은 한자에 해당하는 코드값을 매핑 테이블에 있는 한글의 코드값으로 변환하는 일이다. 그런데 한자를 한글로 변환할 때는 남한의 어휘의 경우 두음법칙의 적용에 따라 첫음절인 경우와 아닌 경우에 다르게 변환되는 때가 있다. 便利(편리), 利得(이득)이 그 예이다. 또 金曜日(금요일)과 金首露(김수로)에서와 같이 단어에 따라 다른 한자 한글 변환도 있기 때문에 단순히 글자에 해당하는 코드값만 매핑하는 이상

6 hanja 모듈 설치 안내: https://pypi.org/project/hanja/
아래의 깃허브에서 보다 상세한 개발 내용을 볼 수 있다.
https://github.com/suminb/hanja

의 사전 보완 노력이 필요하다. 그리고 무엇보다 한자를 한글로 변환하는 것은 한자였을 때의 정보를 잃어버리는 것이므로 필요성을 생각하고 실행해야 한다. 한글을 쓸 수도 있었지만 한자를 쓴 의도가 있었을 것이고 때로는 한글과 한자가 병기되는 일도 있기에 변환 전에 검토 단계는 있어야 하겠다.

3. 어휘 형태 단위 토큰화

토큰화(Tokenization)는 한국어와 같은 교착어에는 어휘 특징을 추출하고 양적 분석을 하는 데에 있어 매우 중요한 기능을 한다. 텍스트 데이터는 대개 비정형 데이터이다. 따라서 일정한 속성 값에 대한 양적 분석을 한다면 텍스트라는 긴 문자열을 표 형식의 구분된 속성 컬럼 데이터로의 변환을 요한다. 그런데 일정한 속성 값을 정하기가 어렵다면 표 형식 데이터로의 변환 대신에 텍스트라는 긴 문자열을 단순한 공백으로 구분된 단어나 형태소 나열 목록으로 변환하는 것이다. 이때 텍스트를 단어 단위 구분 목록으로 처리하는 것도 기호나 특수문자 등을 제거하고 순수한 문자적 단어만을 남길 것인지 또 단어들 중에서도 별 의미 없는 단어나 형태소를 제거할 것인지 남길 것인지 등에 따라 분석 과정과 결과가 매우 달라질 수 있다. 무엇보다 이러한 처리는 단순한 과정이기보다는 일정한 언어적 혹은 기호적 지식 자원과 알고리즘에 의존하기 때문에 별도의 플랫폼이나 모듈에 의존한다. 영어나 서유럽어 중심의 언어 분석 모듈은 NLTK가 대표적이며 품사 태깅을 한다든지 구문 파싱을 하는 등 포괄적 활용도가 있는데 한국어 처리 부분은 없다. 한국어 분석을 위해서는 KoNLPy라는 여러 개의 형태소 분석기를 포함한 라이브러리를 쓴다.

1) NLTK

엔엘티케이(NLTK: Natural Language Processing ToolKit)는 2009년에 영어 위주의 텍스트 언어를 파이썬으로 처리하는 방식을 안내하는 책 『Natural Language Processing with Python』에서 출발하였다. NLTK는 주로 전통적인 방식의 텍스트 언어 정보 처리 모듈을 가지고 있다. 딥러닝의 유행으로 전통적인 방식의 언어 처리는 점점 그 활용도가 작아지고 있지만 여전히 유용한 기능들이 있다.

NLTK는 시작 페이지(https://www.nltk.org/)에 안내된 예시에 있는 〈그림 3.26〉과 〈그림 3.27〉이 보여 주는 바와 같이 공백이나 기호 문자 등을 구분자로 하는 단순한 토큰화(word_tokenize)와 품사 태깅(pos_tag), 개체명 레이블링(ne_chunk) 3개가 핵심적인 기능이다.

〈그림 3.26〉에서 보여 주는 NLTK의 토큰화 기능은 텍스트 문자열을 입력으로 주면, 기호 문자를 한 어절에서 분리하되 'o'clock'이나 부정 표현의 축약인 'n't'과 같이 의미 단위를 이루는 경우에는 기호 문자를 분리하지 않고 하나의 토큰으로 처리해 준다. 또 품사 태깅은 한 토큰마다의 품사 표지를 달아준다.

```
>>> import nltk
>>> sentence = """At eight o'clock on Thursday morning
... Arthur didn't feel very good."""
>>> tokens = nltk.word_tokenize(sentence)
>>> tokens
['At', 'eight', "o'clock", 'on', 'Thursday', 'morning',
'Arthur', 'did', "n't", 'feel', 'very', 'good', '.']
>>> tagged = nltk.pos_tag(tokens)
>>> tagged[0:6]
[('At', 'IN'), ('eight', 'CD'), ("o'clock", 'JJ'), ('on', 'IN'),
('Thursday', 'NNP'), ('morning', 'NN')]
```

〈그림 3.26〉 nltk에 의한 토큰화와 품사 태깅

출처: https://www.nltk.org/

〈그림 3.27〉에서 보여 주는 NLTK의 개체명 레이블 기능은 인명인 Arthur에 PERSON이라는 레이블(표지)를 달아주는 것이다.[7]

```
>>> entities = nltk.chunk.ne_chunk(tagged)
>>> entities
Tree('S', [('At', 'IN'), ('eight', 'CD'), ("o'clock", 'JJ'),
           ('on', 'IN'), ('Thursday', 'NNP'), ('morning', 'NN'),
       Tree('PERSON', [('Arthur', 'NNP')]),
           ('did', 'VBD'), ("n't", 'RB'), ('feel', 'VB'),
           ('very', 'RB'), ('good', 'JJ'), ('.', '.')])
```

〈그림 3.27〉 nltk에 의한 개체명 인명 묶기

출처: https://www.nltk.org/

〈그림 3.28〉은 NLTK의 하위 언어 자원을 모두 설치하여 이후 다양한 언어 및 여러 기능을 지원하도록 준비하는 과정이다.

7 NLTK의 개체명 태그 정보: https://www.nltk.org/book/ch07.html

```
!pip install nltk
nltk.download('all') # download and install all sub resources.
```

```
[nltk_data] Downloading collection 'all'
[nltk_data]    |
[nltk_data]    | Downloading package abc to /root/nltk_data...
[nltk_data]    |   Unzipping corpora/abc.zip.
[nltk_data]    | Downloading package alpino to /root/nltk_data...
[nltk_data]    |   Unzipping corpora/alpino.zip.
[nltk_data]    | Downloading package averaged_perceptron_tagger to
[nltk_data]    |     /root/nltk_data...
```

〈그림 3.28〉 ipynb에서 nltk 및 하위 언어 자원 설치

〈그림 3.29〉는 'I am in New York'이라는 문장을 토큰화하고 품사 태깅을 한 다음 개체명 표지를 다는 과정을 보여 주는데, 'New York'이라는 두 어절 지명에 GPE(Geo Political Entities)라는 표지를 달아주고 있다.

```
import nltk
sentence = "I am in New York"
tokens = nltk.word_tokenize(sentence)
tagged = nltk.pos_tag(tokens)
entities = nltk.chunk.ne_chunk(tagged)
print(entities)
```

```
(S I/PRP am/VBP in/IN (GPE New/NNP York/NNP))
```

〈그림 3.29〉 nltk에 의한 개체명 지명 묶기

NLTK는 언어별로 불필요한 단어나 어절을 처리하지 않게 할 수 있는 불용어(stopwords) 목록을 두고 있다. 이를 통해 NLTK 가용 언어 자원 및 처리 가능 언어 목록을 보면 〈그림 3.30〉과 같다.

```
from nltk.corpus import stopwords
for idx, each in enumerate(stopwords.fileids()):
    print(each, end=', ')
    if (1+idx) % 5 == 0: print()
```

```
arabic, azerbaijani, basque, bengali, catalan,
chinese, danish, dutch, english, finnish,
french, german, greek, hebrew, hinglish,
hungarian, indonesian, italian, kazakh, nepali,
norwegian, portuguese, romanian, russian, slovene,
spanish, swedish, tajik, turkish,
```

〈그림 3.30〉 NLTK로 처리 가능한 29개 언어

또 NLTK에는 단일 단어뿐만 아니라 n개 연속 단위를 추출하는 유용한 함수 ngrams가 있다. 〈그림 3.31〉은 입력 텍스트가 'This is a sentence'이고, n=1일 때 즉 한 개 토큰을 유니그램(unigrams), n=2일 때 즉 두 인접 토큰을 바이그램(bigrams), n=3일 때 즉 세 인접 토큰을 트라이그램(trigrams)을 만들어주는 것을 보여 준다.

```
from nltk import ngrams
sentence = 'this is a sentence'
n_grams = ngrams(sentence.split(), 1)
print(list(n_grams))
n_grams = ngrams(sentence.split(), 2)
print(list(n_grams))
n_grams = ngrams(sentence.split(), 3)
print(list(n_grams))
```

```
[('this',), ('is',), ('a',), ('sentence',)]
[('this', 'is'), ('is', 'a'), ('a', 'sentence')]
[('this', 'is', 'a'), ('is', 'a', 'sentence')]
```

〈그림 3.31〉 NLTK의 ngrams

n-gram은 단순히 하나의 토큰 단위로 빈도를 내었을 때보다 두 단어 이상으로 자주 쓰이면서 의미적으로 한 단위이거나 자주 인접하여 쓰이는 것들을 양적으로 분석하기에 유용하다. 이를테면 '현대 자

동차', '서강대 대학원', '서강대학교 글로벌한국학' 같은 긴 이름 명사나 '양적 분석', '질적 분석'과 같은 것들은 각각의 단어로 처리하기보다는 연속 단위로 처리하는 것이 활용도가 크기 때문이다.

2) KoNLPy

코엔엘피와이(KoNLPy, https://konlpy.org/)는 한국어 텍스트의 어휘 형태를 분석할 수 있는 파이썬 라이브러리이다. KoNLPy는 Java나 C++ 언어로 만들어진 각기 다른 형태소 분석기를 하나의 파이썬 패키지 라이브러리로 묶어놓은 것이다. KoNLPy는 코모란(Komoran), 옥토끼(Okt), 메카브(Mecab), 한나눔(Hannanum), 꼬꼬마(Kkm) 등의 각기 다른 어휘형태 분석 모듈로 구성되어 있고 선택적으로 사용할 수 있다(〈그림 3.32〉). 코모란, 한나눔, 꼬꼬마, 옥토끼 등은 자바(Java) 기반으로 만들어졌기에 Java 라이브러리를 활용하여 파이썬으로 패키징되었기 때문에 설치 및 사용이 용이하지만 메카브는 C++로 만들어진 것이기에 별도의 모듈과 한국어 사전을 설치하는 단계를 거쳐야 한다. 각기 다른 형태소 분석기이지만 모두 같은 이름의 함수 morphs, pos, nouns를 가지고 있고, 입력에 대한 같은 형식의 결과로 내도록 되어 있다. morphs은 어휘형태 분석 결과를 내는 함수이고, pos는 품사 태깅 결과를 함께 주는 함수이고, nouns는 명사 품사로 된 것들만 결과로 주는 함수이다. nouns는 어휘 의미가 충분한 항목만을 쓰려고 할 때 주로 활용하는 함수이다.

〈그림 3.32〉의 결과로 볼 때 21세기 세종 계획의 말뭉치 품사 태

그와 동일한 태그를 사용하는 것은 꼬꼬마, 코모란, 그리고 메카브이다.

```
from konlpy.tag import Komoran
komoran = Komoran()
print(komoran.morphs(input))
print(komoran.pos(input))
print(komoran.nouns(input))
```

```
['아주', '유익', '하', 'ㄴ', '내용', '이', 'ㅂ니다', '.']
[('아주', 'MAG'), ('유익', 'XR'), ('하', 'XSA'), ('ㄴ', 'ETM'), ('내용', 'NNG'), ('이', 'VCP'), ('ㅂ니다', 'EF'), ('.', 'SF')]
['내용']
```

```
from konlpy.tag import Okt
okt = Okt()
print(okt.morphs(input))
print(okt.pos(input))
print(okt.nouns(input))
```

```
['아주', '유익한', '내용', '입니다', '.']
[('아주', 'Noun'), ('유익한', 'Adjective'), ('내용', 'Noun'), ('입니다', 'Adjective'), ('.', 'Punctuation')]
['아주', '내용']
```

```
from konlpy.tag import Mecab
mecab = Mecab()
print(mecab.morphs(input))
print(mecab.pos(input))
print(mecab.nouns(input))
```

```
['아주', '유익', '한', '내용', '입니다', '.']
[('아주', 'MAG'), ('유익', 'XR'), ('한', 'XSA+ETM'), ('내용', 'NNG'), ('입니다', 'VCP+EF'), ('.', 'SF')]
['내용']
```

```
from konlpy.tag import Hannanum
han = Hannanum()
input='아주 유익한 내용입니다.'
print(han.morphs(input))
print(han.pos(input))
print(han.nouns(input))
```

```
['아주', '유익', '하', 'ㄴ', '내용', '이', 'ㅂ니다', '.']
[('아주', 'M'), ('유익', 'N'), ('하', 'X'), ('ㄴ', 'E'), ('내용', 'N'), ('이', 'J'), ('ㅂ니다', 'E'), ('.', 'S')]
['유익', '내용']
```

```
from konlpy.tag import Kkma
kkma = Kkma()
print(kkma.morphs(input))
print(kkma.pos(input))
print(kkma.nouns(input))
```

```
['아주', '유익', '하', 'ㄴ', '내용', '이', 'ㅂ니다', '.']
[('아주', 'MAG'), ('유익', 'NNG'), ('하', 'XSV'), ('ㄴ', 'ETD'), ('내용', 'NNG'), ('이', 'VCP'), ('ㅂ니다', 'EFN'), ('.', 'SF')]
['유익', '내용']
```

〈그림 3.32〉 KoNLPy 설치로 사용할 수 있는 형태분석기와 사용 예시

필자의 경험으로 볼 때, 사용자 사전을 별도로 수정 보완하지 않고 가장 정확한 결과를 내는 것은 코모란이고, 큰 데이터를 처리할 때 다른 분석기 대비 수십 배 빠른 결과를 내는 것은 C++로 만들어진

메카브이다. 메카브는 엘라스틱(Elastic) 검색엔진에 쓰이는 색인어추출기이고[8] 정적 단어 임베딩 방식의 하나인 fastText가 배포한 단어 임베딩 모델[9] 훈련에 쓴 것이기도 하다.

3) 기호 문자와 불용어 처리

텍스트 문자열에는 우리가 정보로 처리할 필요가 없는 기호 문자나 특정한 의미가 없는 문자열이나 토큰이 있다. 이 과정은 대개 텍스트 내용 분석에 앞서 기호나 토큰을 분석 대상에서 제외하기 위해 삭제하기 때문에 전처리(preprocessing)라 불린다. 기호 문자 삭제를 위해 〈그림 3.33〉과 같은 간단한 정규식(regular expression) 처리를 할 수 있다.

기호 문자 이상의 글자나 짧은 단어 형태로 정보 처리 대상이 아닌 것은 불용어(stopword)라 불린다. 불용어라 불리는 것은 때에 따라 의미 있는 단어이지만 수많은 단어 목록을 두고 보았을 때는 큰 의미가 없는 기능어 이를테면 관사, 전치사, 대명사, 보조 동사, 접사, 어미, 조사 등을 말한다. 이러한 단어들은 온전한 문맥이 보존되지 않으면 큰 의미가 없고 고빈도를 차지하여 정작 어휘 내용 의미를 가진 고빈도 단어에 자리를 내주지 않기 때문에 전처리 등으로 삭제할 필요가 있다. 불용어는 언어적 형식이기 때문에 대개 언어 자원 목록으로 관리된다.

---

8 노리(Nori)라는 이름의 플러긴 모듈로 들어가 있다. https://www.elastic.co/blog/nori-the-official-elasticsearch-plugin-for-korean-language-analysis

9 https://fasttext.cc/docs/en/crawl-vectors.html

```
import re
pat = r"['\".,:?!-+&*~<>";`]+"
string = "?abc;`'()"
result = re.match(pat, string)
print('match 1', result, type(result))
result_all= re.findall(pat, string)
print('return all all', result_all, type(result_all))
```

```
match 1 <re.Match object; span=(0, 1), match='?'> <class 're.Match'>
return all all ['?', ';`'()'] <class 'list'>
```

```
clean_token = [each for each in list(string) if re.match(pat, each) == None]
print(clean_token)
```

```
['a', 'b', 'c']
```

〈그림 3.33〉 정규식을 활용한 기호 문자 삭제

텍스트 분석 단계에서 불용어 처리의 필요가 있을 때 해당 목록을 가져와서 어떤 단어가 불용어에 있다면 그 단어를 삭제하는 식으로 진행한다. 불용어는 언어별로 언어적 특성에 따라 만들어질 수 있다. 이를테면 한국어에는 조사나 어미 같은 형식 형태소가 큰 의미 단위가 아니기 때문에 어휘형태 분석 이후에 규칙에 따른 불용어로 처리를 하고 또 어휘적으로 불용어 처리의 필요가 있다면 불용어 목록을 활용하는 식이다. 불용어는 언어마다 별도로 관리되는 불용어 목록이나 형태 품사 표지를 활용하여 삭제될 수 있다. nltk에는 언어별로 불용어 목록을 두고 있고 한국어는 nltk에 포함되지 않았기 때문에 형태 품사 표지를 활용하거나 KoNLPy에 있는 형태분석기들이 공통적으로 갖춘 명사 추출 함수 nouns()를 쓰는 식으로 해결한다. 〈그림 3.34〉는 nltk의 영어 불용어 목록을 보여 준다. 이 목록을 활용하여 영어 텍스트 처리시에 불용어를 삭제할 수 있다. 'I am in New York'이라는 문장을 토큰화한 다음 큰 의미가 없는 불용어를 제외한 단어만 남기는 처리를 보여 준다. 〈그림 3.34〉의 오른쪽이 잘렸는데, 그 불용어 전체는 〈표 3.3〉과 같다.

```
from nltk.corpus import stopwords
eng_stopwords = [each for each in stopwords.words('english')]
print(eng_stopwords)
meaning_words = [each for each in tokens if each not in eng_stopwords]
print(meaning_words)
```

```
['i', 'me', 'my', 'myself', 'we', 'our', 'ours', 'ourselves', 'you', "you're", "you've", "you'll", "you'd", 'y
['I', 'New', 'York']
```

〈그림 3.34〉 NLTK 자원으로 영어 불용어 제외

불용어는 대부분이 관사, 전치사, 대명사, 의문사, 조동사, 부정어 축약형이다. 이런 단어들도 텍스트 분석 필요에 따라 불용어가 아니라 처리 대상이 되어야 하는 때도 있기 때문에 불용어 목록에서 어떤 불용어는 삭제하거나 필요에 따라 불용어를 추가하는 편집이 필요할 수 있다. 불용어는 파이썬 리스트(list) 자료형이기 때문에 〈그림 3.35〉와 같이 리스트 함수인 삭제(remove)와 추가(append) 함수를 써서 편집한다.

```
#when you want not to filter out certain stopwords
stop_words.remove('above')
stop_words.remove('after')
print(stop_words)
```

```
['a', 'about', 'again', 'against', 'ain', 'all', 'am', 'an', 'and', 'any', 'are', 'aren', "aren't", 'as',
```

〈그림 3.35〉 NLTK 불용어 목록 편집

〈표 3.3〉 NLTK의 영어 불용어

'a', 'about', 'above', 'after', 'again', 'against', 'ain', 'all', 'am', 'an', 'and', 'any', 'are', 'aren', "aren't", 'as', 'at', 'be', 'because', 'been', 'before', 'being', 'below', 'between', 'both', 'but', 'by', 'can', 'couldn', "couldn't", 'd', 'did', 'didn', "didn't", 'do', 'does', 'doesn', "doesn't", 'doing', 'don', "don't", 'down', 'during', 'each', 'few', 'for', 'from', 'further', 'had', 'hadn', "hadn't", 'has', 'hasn', "hasn't", 'have', 'haven', "haven't", 'having', 'he', 'her', 'here', 'hers', 'herself', 'him', 'himself', 'his', 'how', 'i', 'if', 'in', 'into', 'is', 'isn', "isn't", 'it', "it's", 'its', 'itself', 'just', 'll', 'm', 'ma', 'me', 'mightn', "mightn't", 'more', 'most', 'mustn', "mustn't", 'my', 'myself', 'needn', "needn't", 'no', 'nor', 'not', 'now', 'o', 'of', 'off', 'on', 'once', 'only', 'or', 'other', 'our', 'ours', 'ourselves', 'out', 'over', 'own', 're', 's', 'same', 'shan', "shan't", 'she', "she's", 'should', "should've", 'shouldn', "shouldn't", 'so', 'some', 'such', 't', 'than', 'that', "that'll", 'the', 'their', 'theirs', 'them', 'themselves', 'then', 'there', 'these', 'they', 'this', 'those', 'through', 'to', 'too', 'under', 'until', 'up', 've', 'very', 'was', 'wasn', "wasn't", 'we', 'were', 'weren', "weren't", 'what', 'when', 'where', 'which', 'while', 'who', 'whom', 'why', 'will', 'with', 'won', "won't", 'wouldn', "wouldn't", 'y', 'you', "you'd", "you'll", "you're", "you've", 'your', 'yours', 'yourself', 'yourselves'

4) 단어조각과 바이트페어인코딩

바이트페어인코딩(BPE: Byte Pair Encoding)이나 단어조각(Subword) 토큰화는 전통적인 방식의 어휘형태 분석을 하지 않고 말뭉치에서 빈도가 높은 연속 문자열 패턴을 토큰 단위로 추정하는 것이다. 비피이(BPE) 혹은 바이트페어인코딩은 Gage(1994)가 문자열 패턴을 압축하는 알고리즘으로 제안한 것이었고 Sennrich et al.(2016)이 기계 번역에서 어휘부에 없는 단어(out-of vocabulary)인 희소 단어(rare words)의 단어조각(subword)을 BPE에 기반하여 추출하고 트랜스포머(transformer) 방식 언어 모델의 토큰화 방법으로 제안하면서 딥러닝 기반의 언어 처리에 널리 알려지게 되었다.

〈그림 3.36〉은 Sennrich et al.(2016)의 Figure–1에 실린 알고리즘과 코드를 그대로 가져온 것이다. 여기서 19째 줄의 vocab은 말뭉치에서 구한 예시 어절 빈도이다. 이 어절들에서 공통 패턴을 추출하는 과정을 10번 반복하여(num_merges=10), 'est', 'new'와 'est', 'low' 등의 단어조각 토큰(token)을 추정할 수 있음을 보인다.

〈그림 3.37〉은 이것을 한국어 어절에 적용한 것이다. 여기에서 1번째 줄 vocab에 말뭉치에서 구한 어절과 그 빈도를 주고 앞에서와 같은 방식으로 공통 패턴을 추출하는 과정을 10번 반복하면 '에서', '집'과 '에서', '대학교', '거실'과 '에서' 등을 토큰으로 추정한다. 이때 실제로 말뭉치를 가지고 실험을 한다고 하면 vocab에 들어가는 어절과 빈도는 말뭉치에서 구한 실측 어절과 빈도가 될 것이고 공통 패턴을 추출하는 과정의 반복 횟수도 최적의 다른 숫자인 다소 큰 반복 횟수가 되어야 할 것이다.

단어조각 토큰화는 엄밀한 언어 사전(linguistic dictionary)이 없이 토큰 단위로 텍스트 문자열을 분리할 수 있다는 점에서 사전 관리와 언어 규칙으로부터 자유롭지만 말뭉치에 학습할 좋은 패턴의 단어와 문자열이 있어야 한다는 점에서 데이터 즉 말뭉치에 의존하는 방식이다.

이러한 토큰화 방법은 특히 트랜스포머 언어 모델의 훈련에 주로 쓰였다. 근래의 초거대 언어 모델(LLM: Large Language Model)이 트랜스포머 방식으로 학습하기에 이에 기반한 다른 응용 언어 모델도 이러한 토큰화 방식을 따르고 있다.

```python
import re, collections
def get_stats(vocab) :
    pairs = collections.defaultdict(int)
    for word, freq in vocab.items():
        symbols = word.split()
        for i in range(len(symbols) -1) :
            pairs[symbols[i], symbols[i+1]] += freq
    return pairs

def merge_vocab(pair, v_in):
    v_out = {}
    bigram = re.escape(' '.join(pair))
    p =re.compile(r'(?<!\S)' + bigram + r'(?!\S)' )
    for word in v_in :
        w_out = p.sub(''.join(pair), word)
        v_out[w_out] = v_in[word]
    return v_out

vocab = {'l o w </w>':5, 'l o w e r </w>':2, 'n e w e s t </w>':6, 'w i d e s t </w>':3}
num_merges = 10
for i in range(num_merges ):
    pairs = get_stats(vocab)
    best = max(pairs, key=pairs.get)
    vocab = merge_vocab(best, vocab)
    print(best)
```

```
('e', 's')
('es', 't')
('est', '</w>')
('l', 'o')
('lo', 'w')
('n', 'e')
('ne', 'w')
('new', 'est</w>')
('low', '</w>')
('w', 'i')
```

〈그림 3.36〉 BPE에 기반한 단어조각 토큰 추정

```python
vocab = {'대 학 교 </w>':5, '대 학 교 에 </w>':2, '집 에 서 </w>':6, '거 실 에 서 </w>':3}
num_merges = 10
for i in range(num_merges ):
    pairs = get_stats(vocab)
    best = max(pairs, key=pairs.get)
    vocab = merge_vocab(best, vocab)
    print(best)
```

```
('에', '서')
('에서', '</w>')
('대', '학')
('대학', '교')
('집', '에서</w>')
('대학교', '</w>')
('거', '실')
('거실', '에서</w>')
('대학교', '에')
('대학교에', '</w>')
```

〈그림 3.37〉 한국어 어절에 단어조각 토큰화 적용

단어조각 토큰화 방식은 트랜스포머 방식에 의한 거대 언어 모델이 훈련에 주로 쓰였기 때문에 해당 거대 언어 모델을 사전 언어 모델로 하여 정밀 학습을 한 결과로서 응용 언어 모델을 만들려고 할 때에도 대개 따라가는 방식이다. 사전 학습 언어 모델의 토큰 정합성을 잘 맞추어 그 어휘부의 임베딩 표상을 더 잘 활용할 수 있는 방향이기 때문이다. 따라서 언어학적 혹은 언어 지식에 기반한 방식이 아니지만 실용성은 크다.

4장

언어 분석을 위한 기계 학습 및 딥러닝

기계 학습(Machine Learning)이 컴퓨터로 자료를 분석하는 방법론의 대세가 되었고 이에 기반한 인공 신경망(Artificial Neural Networks) 특히 다층 신경망으로 구성한 기계 학습 방법인 딥러닝(Deep Learning)이 대세가 되었다. 최근에는 인문사회 분야 연구에서도 이러한 방법론을 활용하는 연구가 많아지고 있다.

1. 지도 학습, 비지도 학습, 자기 지도 학습

지도 학습(supervised learning)과 비지도 학습(unsupervised learning)은 데이터에 학습 목표 레이블이 달려 있느냐 레이블이 달려 있지 않느냐에 따라 나뉜다. 지도 학습은 정답 범주를 나타내는 레이블이 달린 데이터를 가지고 그 정답 범주를 구성하는 데이터 패턴을 학습하는 것이고 비지도 학습은 레이블이 없는 데이터 즉, 특정 범주 값을 정하지 않고 어떤 패턴을 학습하여 유사한 묶음을 만드는 것이다. 자기 지도 학습(self-supervised learning)은 정답 범주 레이블이 없는 데이터를 학습한다는 면에서는 비지도 학습에 속한다. 그런데 데이터 안에서 답에 해당하거나 답을 추정하는 데이터 패턴을 참조로 하여 학습한다는 면에서는 지도 학습과 유사한 면이 있다.

이어지는 장에서 소개될 나이브베이즈 분류는 정답 범주에 해당하는 레이블이 달린 데이터를 학습하여 분류하는 것이므로 지도 학습에 속하고, LDA 토픽모델링이나 K-평균 군집 분석은 정답 범주가 없이 유사한 패턴의 묶음을 만드는 것이므로 비지도 학습에 속하며, 딥러닝 방법으로 소개될 단어 임베딩이나 문맥 임베딩은 대부분 큰 말뭉치에서 언어적 당위성을 띠는 현상을 토대로 학습하는 일이 많으므로 자기 지도 학습에 속하는 경우가 많다.

2. 텍스트 분류와 기계 학습

사람은 분류 본능을 가지고 있다고 한다. 어떤 것을 인지하고 지각한다는 것은 그것의 범주 개념을 가지는 것이고 곧 분류이다. 사람의 학습을 모방하는 것을 목적으로 하는 기계 학습은 사람의 분류 과정을 모방하는 것이다. 이는 텍스트 분류에서 기계 학습의 기초를 잘 드러낸다.

1) 나이브 베이즈 분류

나이브 베이즈 분류(Naive Bayes classification)는 기계 학습을 이용한 지도 학습의 출발점이 되는 방법의 하나이다. 베이지언 확률에 기반하여 텍스트를 구성하는 단어와 범주 간의 의존성을 고려하여 어떤 텍스트의 최대 범주 확률값을 구하여 분류하는 것이다.

베이즈 분류(Bayesian classification)는 베이즈 공리(Bayes' Theorem)에 기반하여 이미 알고 있는 조건부 확률의 값을 활용하여 미지의 조건부 확률 값을 구하는 것이다. 많은 데이터과학과 기계 학습의 기초적 알고리즘이 베이즈 조건부 확률에 의존한다.

베이즈 공리는 〈수식 3.10〉과 같다. 조건부 확률 P(A|B), 즉 B가 주어진 조건일 때 A의 확률은 그것의 역 조건부 확률인 P(B|A)와 일정한 관계에 있다는 것이다.

$$P(A|B) = \frac{P(B|A)P(A)}{P(B)}$$

〈수식 3.10〉 베이즈 공리

위의 수식에 대한 언어적 언명과 '공리'라는 말은 공허할 수 있으므로, 이를 밴다이어그램으로 표현해 보면 〈그림 3.38〉과 같다.

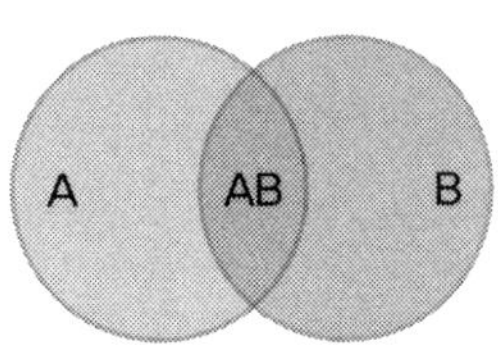

〈그림 3.38〉 베이지언 공리의 밴다이어그램

즉, P(A|B)는 P(B)가 주어졌을 때 A와 B가 공기하는 확률인 P(A∩B)이므로 〈수식 3.11〉이고, 역으로 P(B|A)는 P(A)가 주어졌을 때 B와 A가 공기하는 확률 P(B∩A)이므로 〈수식 3.12〉이다.

$$P(A|B) = \frac{P(A \cap B)}{P(B)} \qquad \text{〈수식 3.11〉}$$

$$P(B|A) = \frac{P(B \cap A)}{P(A)} \qquad \text{〈수식 3.12〉}$$

〈수식 3.11〉에서 분모를 왼쪽으로 옮길 수 있고, 〈수식 3.12〉에서도 분모를 왼쪽으로 옮길 수 있다. P(A∩B)와 P(B∩A)는 본질적으로 같으므로 〈수식 3.11〉과 〈수식 3.12〉는 〈수식 3.13〉과 같이 전개되고 여기서 왼항에 P(A)를 오른항으로 옮기거나 오른항의 P(B)를 왼항으로 옮기면 그것이 바로 베이지언 공리이다. 즉 〈수식 3.14〉가 되고 〈수식 3.14〉는 〈수식 3.10〉과 변수 기호만 다를 뿐이다.

$$P(A \cap B) \equiv P(B \cap A), \quad P(B|A)P(A) \equiv P(A|B)P(B) \qquad \text{〈수식 3.13〉}$$

$$P(B|A) = \frac{P(A|B)P(B)}{P(A)} \qquad \text{〈수식 3.14〉}$$

이러한 공리에 기반하여 언어적 문제의 예를 들면, 어떤 메시지에 '안녕'(A)이라는 단어가 쓰였을 때 그 메시지가 스팸 범주(B)일지 아닐지를 분류한다고 하자. 즉, '안녕'이 쓰였을 때 스팸일 확률 P(B|A)

를 구하려고 한다. 그리고 이 확률은 미지의 값이다. 그런데 우리가 모은 메시지 데이터에 '안녕'이라는 단어가 쓰인 메시지에 스팸인지 아닌지를 레이블링해 두었다고 하면, 이 데이터로부터 스팸(B) 메시지일 때 '안녕'(A)이 쓰인 조건부 확률 P(A|B)은 구할 수가 있다. 그리고 스팸의 확률 P(B), '안녕'의 확률 P(A)도 구할 수가 있다. 따라서 범주에 대한 미지의 확률값을 범주 레이블링된 데이터가 있다면 베이즈 공리를 통해 역 조건부 확률값을 이용하여 구할 수가 있게 된다.

그런데 자연어 텍스트는 한 개 단어만으로 구성되기보다는 여러 단어로 구성이 된다. 즉, P(A)에서 A 메시지는 여러 단어로 구성이 되며 $P(A=a_1, a_2, ..., a_n)$ 그 여러 단어 간에는 어느 정도 의존성이 있다. 그런데 단어 간의 순서나 공기 범위의 엄밀한 의존성을 B라는 범주 조건이 주어졌을 때의 확률 $P(A=a_1, a_2, ..., a_n|B)$을 계산하기란 복잡할 뿐만 아니라 구한다 하더라도 그 확률값은 희소한(sparse) 자연어 현상을 표현할 뿐이며 새로운 메시지의 단어 배열이나 사용은 또 달라질 수 있기 때문에 희소 문제는 온전히 해결되지 않는다. 이를 해결하기 위해 B라는 범주가 주어진 조건에서 여러 단어의 발생 확률은 독립이라는 조건부 독립 가정(conditional independence assumption)을 하게 된다. 이것이 베이즈 분류를 나이브(Naive)라는 수식어가 붙게 한 것이다. 즉 텍스트를 구성하는 단어들의 발생 확률은 주어진 범주 조건 하에서 독립이다. 조건부 확률값이 독립을 이루는 즉 각 확률값의 곱인 〈수식 3.15〉와 같다.

$$P(A=a_1, a_2, ..., a_n|B) = P(a_1|B)P(a_2|B)....P(a_n|B)$$

〈수식 3.15〉 조건부 독립 가정에 의한 단어들의 범주 조건부 확률

이러한 단어들의 독립성은 텍스트나 문장 내 단어들 간의 의존성이나 어순이 무시되기에 이를 흔히 단어 꾸러미(bag of words)라고 한다. 가방 안에 온갖 단어를 별도의 주머니나 묶음 없이 넣으면 특정 단어 간의 상관성이든 어순이든 다 무시되기 때문이다. 다른 방식의 텍스트 분류나 군집 분석에서도 단어가 연속된 데이터를 대상으로 하더라도 어순이나 맥락적 의존성을 고려하지 않으면 단어 꾸러미라 불린다.

조건부 독립 가정 덕분에 나이브베이즈 텍스트 분류기는 간단한 기계 학습 방법이다. 빈도와 이에 기반한 확률에 의존하여 학습하고 이 확률 모델을 저장해 두었다가 새로운 데이터가 들어오면 가장 높은(argmax) 조건부 확률의 범주를 최적의 범주로 분류한다.

2) 기계 학습 절차의 이해

나이브 베이즈 분류의 절차는 텍스트 분류를 위해 텍스트 데이터를 일정 구조를 갖추게 하고 빈도와 범주 확률 값을 데이터로부터 계산하여 만드는 훈련 절차를 거치고, 이렇게 만들어진 확률 모델에 새로운 데이터를 넣어서 추정을 하고 평가를 하는 일련의 과정이기에 기계학습이나 데이터과학적 응용을 이해하는 데에 매우 유익하다. 따라서 지금부터 나이브 베이즈 텍스트 분류 모듈을 만들어 보기로 한다.

〈표 3.4〉는 이전 절에서 정리한 나이브베이즈 텍스트 분류를 직접 모듈을 만들어 수행하기 위한 절차일 뿐만 아니라 기계 학습 방식을 적용해 가는 절차적인 단계를 담고 있다. 데이터 마련에서부터 훈련과 테스트를 위한 데이터 나누기, 훈련 모듈을 만들고 쓰는 방식, 테스트

하기, 모델을 평가하는 방식 등의 전 과정을 담고 있다.

〈표 3.4〉 나이브베이즈 텍스트 분류를 통한 기계 학습의 절차 이해

1. 범주가 레이블링된 텍스트 데이터를 마련한다.
2. 1) 레이블링된 범주와 텍스트 내용을 담을 데이터 구조(Message)를 만든다.
   2) 이 구조에 베이즈 분류 모듈에서 쓰도록 마련된 텍스트 데이터를 담는다.
3. 훈련과 테스트를 위한 데이터 분할 함수를 만든다.
4. 텍스트 토큰화를 위한 함수를 만든다.(*형태 분석기 사용)
5. 베이즈 분류를 위한 훈련, 테스트, 평가 모듈을 만든다.
   * 훈련 데이터에 없는 단어가 테스트 및 분류 대상 텍스트에서 나올 때를 위해 smoothing parameter를 둔다.
6. 작은 샘플로 모듈 단위 테스트를 한다.
7. 베이즈 분류 모듈에 마련한 훈련 데이터를 넣고 훈련한다.
8. 훈련된 베이즈 확률 모델에 테스트 데이터를 넣고 양적 질적 평가를 한다.

처리할 데이터가 없이 기계 학습 모듈을 만든다는 것은 다소 공허할 수 있다. 베이즈 텍스트 분류는 정해진 범주를 분류하는 것이므로 여기서 다룰 예시 데이터로 조선시대 한글 편지인 숙명 공주의 편지로 시작한다. 이 데이터는 편지를 보내는 사람과 받는 사람으로 범주가 마련되어 있기 때문이다. 따라서 범주 레이블링을 하지 않고 데이터를 수집하기만 하면 된다. 또, 베이즈 텍스트 분류 과정을 실행해 감에 있어서 텍스트 데이터를 다룰 때 실제적으로 고려해야 할 사전에 없는 단어(OOV: out of vocabulary) 문제도 다룰 것이며, 확률 값을 다룰 때 작은 값의 곱으로 인한 소멸(vanish)에 이르지 않게 하는 선형 로그 함수(log), 그리고 이를 원래대로 돌리는 지수(exp) 함수 등을 활용하는

텝도 보게 될 것이다. 데이터는 이미 수집해 왔다고 가정한다. 〈그림 3.39〉는 수집된 데이터 디렉토리 Joseon_letters 안에 sender, receiver라는 범주 디렉토리가 있고 이 안에 편지 텍스트가 있으며, 1개 텍스트가 1개 파일임을 보인다.

```
!ls Joseon_letters
receiver  sender

!ls 'Joseon_letters/sender'
G002+LET+KSM-XF.0000.0000-20140430.A0001_05_1

!head 'Joseon_letters/sender/G002+LET+KSM-XF.0000.0000-20140430.A0001_05_1'
문안 여쭙고, 밤사이 아바마마께서는 안녕하신지 알고자 바라오며, 뵙지 못한 채 날이 거듭 지나니 더욱 섭섭함

!ls 'Joseon_letters/receiver'
G002+LET+KSM-XF.0000.0000-20140430.A0001_01
G002+LET+KSM-XF.0000.0000-20140430.A0001_02
G002+LET+KSM-XF.0000.0000-20140430.A0001_03
```

〈그림 3.39〉 단계 1: 범주가 있는 텍스트 데이터 마련

〈그림 3.40〉의 코드는 범주적 데이터의 특성과 구조를 살린 파이썬의 클래스 구조이다. 텍스트 데이터 한 건마다 이 구조로 넣어서 처리함으로써 베이즈 분류기 모듈 안의 함수들에서 데이터 항목의 구조를 살려서 처리할 수 있도록 한다. 클래스 정의 아래의 a_msg, b_msg는 일종의 클래스 테스트 사용법을 보이는 것이다. a_msg의 텍스트 '안녕? 한국'과 보낸이 범주 값이 True로 표현되고 b_msg의 텍스트 '너도 안녕! 데이터'와 보낸이 범주 값이 False로 표현되었다.

```python
#create a Message class structur to have labelled messages
class Message:
    def __init__(self, text='', is_sender = True): #constructor
        self.text = text
        self.is_sender = is_sender

    #this returns the object as str value
    def __repr__(self):
        return  str(self.is_sender) + ':' + self.text

a_msg = Message('안녕? 한국', is_sender = True)
b_msg = Message('너도 안녕! 데이터', is_sender = False)
print(a_msg)
print(b_msg)
```

```
True:안녕? 한국
False:너도 안녕! 데이터
```

〈그림 3.40〉 단계 2: 1) 텍스트와 해당 레이블을 담을 데이터 구조를 만듦.

〈그림 3.41〉의 코드는 모아둔 편지 텍스트 데이터를 현재 디렉토리와 파일 정보를 가지고 앞에서 정의한 범주 텍스트 구조 클래스 Message로 만드는 과정이다.

```python
#load all the dataset into the message structure in memory
import glob
path = 'Joseon_letters/*/*' #all files under all directories

import tqdm
data = [] # initialize
for fn in tqdm.tqdm(glob.glob(path)): #we can see the progress
    is_sender = "sender" in fn # True, if fn is like 'Joseon_letters/sender/...'
    #print(is_sender, fn)          # False, if fn is like 'Joseon_letters/receiver/.....
    with open(fn, errors = 'ignore') as a_file:
        for l in a_file:
            data.append(Message(l, is_sender))
```

```
100%|████████████████| 68/68 [00:00<00:00, 350.34it/s]
```

〈그림 3.41〉 단계 2: 2) 마련된 텍스트를 (범주, 텍스트) 구조에 탑재함.

* sender에 1개 파일, receiver에 67개 파일이 있고 총 68개를 data로 로딩함.

〈그림 3.42〉의 코드는 대부분의 기계 학습 과정에서 전체 레이블링된 데이터를 훈련용으로 일정 비율(75%), 테스트/평가용으로 그 나

머지로 나누어서 데이터가 분리되도록 하는 것이다. 이를테면 답안 누출이 없도록 학습 자료와 시험지 자료를 분리하는 것이다. 훈련 데이터의 편지 수는 50개이고 그중 보낸 편지 개수는 1개이다. 테스트 데이터의 편지 수는 17개인데 보낸 편지 개수는 0이다. 이 데이터 정보 요약은 데이터에 다소 한계가 있음을 보인다. 베이즈 분류에서 범주별 데이터는 사실 균형을 이루는 것이 좋지만 현실적으로 그렇지 못할 때도 있다. 〈그림 3.39〉의 데이터 조회에서 보았듯이 안타깝게도 이 데이터는 숙명 공주가 보낸 편지는 1건이고 받은 편지는 여러 개였다.

```python
import random
def split_data(data, percent) :
    cdata = data[:] # deep copy; not to change original data
    random.shuffle(cdata)
    cut_idx = int(len(cdata)*percent)
    return cdata[:cut_idx], cdata[cut_idx:]
```

```python
random.seed(0) # shuffle time-fixed randomly (not so random) in split_data()
train_msgs, test_msgs = split_data(data, 0.75) #call

senders_train = [ msg for msg in train_msgs if msg.is_sender ]
print(f'# of train, {len(train_msgs)}, {len(senders_train)}')
senders_test =  [ msg for msg in test_msgs if msg.is_sender ]
print(f'# of test, {len(test_msgs)}, {len(senders_test)}')
print('train[0]', train_msgs[0])
print('test[last]', test_msgs[len(test_msgs)-1])
```

```
# of train, 50, 1
# of test, 17, 0
train[0] False:어제 아침에 글씨 보고 보는 듯 못내 반가우며 든든하다. 배천(장선징)은 초시를 하니
test[last] False:글월 보고 무사히 있으니 기뻐하며 보는 듯 든든하고 반긴다. 숙경이는 저리 도수가
```

〈그림 3.42〉 단계3: 데이터셋 분할 함수를 정의하고 수집한 데이터를 분할함.

〈그림 3.43〉의 코드는 형태소 분석기를 쓰는 대신 간략한 토큰화 함수를 만들어 쓸 수도 있음을 보이는 것이다. 한글이나 숫자, 영문의 문자열 연속을 토큰으로 추출하되 구두점 같은 기호 문자는 토큰으로

추출하지 않게 한다. 〈그림 3.43〉의 결과 첫줄을 보면 '아홉 가지 왜능화 무늬 있는 종이 55장을 보내니,'에서 쉼표 없이 '보내니'만 추출되었다. 여기서 형태소 분석기 KoNLPy를 쓰는 부분을 넣으면 후술할 나이브베이즈 분류 모듈이 상당히 길어지고 토큰 하나하나에 대해 설명할 일이 많아지므로 분류 단계에 집중하기 위해서 간략한 토큰화를 쓰기로 한다.

```
# tokenise long text into word by word.
import re
def tokenize(text):
    text = text.lower()
    all_words = re.findall("[가-힣A-Za-z0-9']+", text)
    return all_words #set(all_words)  # returns a set

#call it.
print(tokenize("아홉 가지 왜능화 무늬 있는 종이 55장을 보내니, "))
for msg in test_msgs[:3]: print(msg.is_sender, tokenize(msg.text))
```

```
['아홉', '가지', '왜능화', '무늬', '있는', '종이', '55장을', '보내니']
False ['조자의', '편지', '보고', '보는', '듯', '든든하고', '반기며', '어제', '봉상에서', '부채'
False ['글월', '보고', '무양히', '있으니', '기뻐하며', '친히', '보는', '듯', '든든하고', '반갑(
False ['편지', '받아', '보고', '무사하니', '기뻐하며', '보는', '듯', '든든히', '여기며', '반긴(
```

〈그림 3.43〉 단계 4: 형태분석기 대신 쓰는 간략한 토큰화

이제 〈그림 3.44〉는 본격적으로 베이즈 텍스트 분류를 하기 위한 모듈 클래스이다. 이는 분류 대상 데이터의 범주 통계 값을 초기화하는 모듈 생성자 함수로 시작하며, 훈련(학습) 단계의 train 함수와 분류 추정을 위한 predict 함수, predict 함수가 확률값을 계산할 때 쓰는 _prob 함수, 평가를 위한 evaluate 함수를 갖추고 있다. 클래스 생성자 __init__ 함수 안에 모든 데이터 항목에 대해 적용될 속성 변수가 있음을 보인다. 텍스트 데이터로부터 토큰을 저장하는 사전 tokens는

유일 토큰 목록이 되도록 set() 형의 자료이다. 그리고 토큰별 범주 조건부 출현 수가 저장될 수 있도록 하는 것도 유일 토큰별 처리가 되고 숫자가 저장되는 것이므로 Counter 모듈을 활용하는데 이것이 저장하는 형식은 유일 토큰에 대해 빈도 수를 저장하는 dictionary 형 자료이다. 그리고 이때 k는 훈련 데이터에 없는 어떤 토큰이 테스트나 평가에 출현했을 때의 작은 가상의 빈도 수를 주기 위한 것이며 이는 모든 경우에 고정된 값이다.

```python
# create a Naive Bayes class
import math
from collections import Counter

class NaiveBayesClassifier:
    def __init__(self, k = 0.5) :
        self.k = k # smoothing parameter
        self.tokens = set()
        self.token_sender_counts = Counter()
        self.token_receiver_counts = Counter()
        self.sender_messages = self.receiver_messages = 0 # numbers of sender/receiver

    def train(self, messages) : # train set ···

    def _prob(self, token, logon=0) : #logon is to see OOV token ···

    def predict(self, text, logon=0) : #new text or test set ···

    def evaluate(self, msgs, threshold=0.9): #test set ···
```

〈그림 3.44〉 단계 5: 베이스 텍스트 분류 모듈

*훈련, 확률 계산, 추정, 평가 함수로 구성됨.

〈그림 3.45〉는 〈그림 3.44〉의 NaiveBayesClassifier의 코드가 제법 길기 때문에 접어둔 함수들 중 train, _prob를 펼친 것이다. train 함수는 매 편지마다 보낸 편지(sender)이냐 받은 편지(receiver)이냐에 따라 해당 범주 편지 수를 증가시키고, 메시지 텍스트를 토큰화한 다음 매 토

큰마다 속한 메시지 범주에 따라 해당 범주 조건부 토큰 수를 증가시킨다. _prob 함수는 1개 토큰 파라미터에 대해 sender 범주의 출현 수와 receiver 범주의 출현 수를 가져와서 각각 전체 범주 편지 수 대비 갖는 값 즉, 확률 값을 계산한다. 이때 k는 어떤 토큰이 새로 등장했거나 한 범주에 출현한 적이 없어서 0인 경우 확률 값이 0이 되는 일이 없도록 하기 위해 가상의 작은 출현 빈도로 주는 스무딩 수(smoothing number)이다. 이 값은 모든 경우에 동일하게 주어지는 것이기에 생성자 함수에서 할당된다.

```
    def train(self, messages) : # train set
        for m in messages:
            if m.is_sender:
                self.sender_messages += 1
            else:
                self.receiver_messages += 1

            for token in tokenize(m.text):
                self.tokens.add(token)
                if m.is_sender:
                    self.token_sender_counts[token] += 1
                else:
                    self.token_receiver_counts[token] += 1

    def _prob(self, token, logon=0) : #logon is to see OOV token
        sender = self.token_sender_counts[token]
        receiver = self.token_receiver_counts[token]
        p_token_sender = (sender + self.k)/(self.sender_messages + 2*self.k)
        p_token_receiver = (receiver + self.k)/(self.receiver_messages + 2*self.k)
        if logon: print(f'OOV {token}, {sender},{receiver}, {p_token_receiver}, {p_token_sender}')
        return p_token_sender, p_token_receiver
```

〈그림 3.45〉 단계 5의 훈련, 조건부 확률 계산 함수

〈그림 3.46〉은 〈그림 3.44〉의 NaiveBayesClassifier에서 접어둔 함수 중 predict를 펼친 것이다. 이 함수는 입력으로 들어온 text를 토큰화하여 매 토큰마다 보낸 범주 조건의 확률과 받은 범주 조건의 확률

을 _prob 함수로부터 구해온다. 그런 다음 그 확률 값을 모든 토큰에 대한 범주 확률 값에 더한다. 이때 확률값에 로그(log)를 취하는 이유는 매우 작은 확률값인 경우에 베이지언 분류를 위한 조건부 확률 값의 곱 〈수식 3.15〉처럼 계속 곱하면 그 값이 너무 작아져서 거의 0에 가까워지고 소멸되기(vanishing) 때문에 로그를 취하여 그 이전 값에 더해준다. 그리고 최종적으로 〈그림 3.46〉의 줄 50, 51에서 숫자를 원래대로 돌릴 수 있도록 지수(exponential)을 취한다.

```
35  def predict(self, text, logon=0) : #new text or test set
36      text_tokens = tokenize(text)
37      log_prob_if_sender = log_prob_if_receiver = 0.0
38      try:
39          for token in self.tokens:
40              prob_if_sender, prob_if_receiver = self._prob(token, logon)
41              if token in text_tokens: # add the prob of seeing it
42                  log_prob_if_sender += math.log(prob_if_sender)
43                  log_prob_if_receiver += math.log(prob_if_receiver)
44              else: #Otherwise add the log prob of not seeing it,
45                  log_prob_if_sender += math.log(1.0 - prob_if_sender)
46                  log_prob_if_receiver += math.log(1.0 - prob_if_receiver)
47      except Exception as e:
48          print(e)
49      #exp is for backing bigger, log is for smaller not vanishing
50      prob_if_sender = math.exp(log_prob_if_sender)
51      prob_if_receiver = math.exp(log_prob_if_receiver)
52      return (prob_if_sender)/(prob_if_sender + prob_if_receiver)
```

〈그림 3.46〉 단계 5의 추정 및 테스트 함수

〈그림 3.47〉의 코드는 〈그림 3.44〉의 NaiveBayesClassifier에서 접어두었던 evaluate(평가) 함수를 펼친 것이다. 이는 predict 함수를 써서 평가를 하는데 이 함수는 추정결과로 보낸 범주에 속할 확률값을 줄 뿐 정답을 주는 것이 아니기 때문에 어느 정도까지 확률값을 기준

으로 맞았다고 판단할지를 결정하는 것이 threshold이다. 여기서 평가 함수의 평가 척도인 정확도(accuracy), 정밀도(precision), 재현율(recall), f-measure(정밀도와 재현율의 조화 평균)은 지면을 다소 할애하는 내용이므로 베이즈 텍스트 분류의 과정을 마치고 다루기로 한다.

```
def evaluate(self, msgs, threshold=0.9): #test set
    tp, fp, tn, fn = 0,0,0,0  #initialize
    for msg in msgs:
        if self.predict(msg.text) > threshold : # predict() returns prob of sender.
            if msg.is_sender: tp += 1
            else: fp += 1
        else:
            if msg.is_sender: fn += 1
            else: tn += 1
    print(f'# of msg: {len(msgs)}, # of tot eval: {tp + fp + tn + fn} = {tp}, {fp}, {tn}, {fn}')
    try:
        acc = (tp+tn)/(tp+tn+fp+fn)
        precision = tp/(tp+fp)
        recall = tp/(tp+fn)
        fmeasure = 2*(precision+recall)/(precision+recall)
        return {'accuracy': acc, 'precision':precision, 'recall':recall, 'f1-measure':fmeasure}
    except Exception as e:
        print(e)
        return {'accuracy': acc}
```

〈그림 3.47〉 단계 5의 평가 함수

다음 단계로는 〈그림 3.48〉과 같은 작은 샘플 데이터를 구성하여 기대하였던 정상 동작을 하는지 살펴본다. 샘플 데이터의 훈련용 데이터에는 '인사를 드립니다', '먹고 다니니?'와 같은 표현이 없지만, 스무딩 수 k에 의해 아주 작은 값을 할당 받기에 어떤 범주에 대해 작은 수준의 확률값을 얻는다. 〈그림 3.48〉의 유닛 테스트 단계 6의 결과가 모두 정확하므로, 〈그림 3.49〉와 같이 앞에서 훈련과 테스트/평가용으로 만들어둔 데이터셋 중 훈련용 데이터 train_msgs를 가지고 모델을 훈련시킨다. 이때 훈련 데이터는 앞선 샘플보다는 단어 항목 수가 많기 때문에 이를 감안하여 k도 더 작은 수를 설정한다.

```
# Do unit test with a small sample data set.
messages = [Message("문안 여쭙고 rules", is_sender=True),
            Message('편지 받아 보고, 무사하니 ', is_sender=False),
            Message('밥은 먹었니?', is_sender=False)]

model = NaiveBayesClassifier(k=0.05)  # smooting for unseen token
model.train(messages)   # learn the model with sample data

print('all tokens', model.tokens)
print('# of sender', model.sender_messages)
print('# of receiver', model.receiver_messages)
print('# of tokens in sender', model.token_sender_counts)
print('# of tokens in receiver', model.token_receiver_counts)
print(model.predict('문안 인사를 드립니다')) #predicted as receiver
print(model.predict('밥은 먹고 다니니?'))  #'먹고, 다니니' are OOV. 'k'
model.evaluate(messages)
```

```
all tokens {'밥은', 'rules', '문안', '보고', '여쭙고', '무사하니', '편지', '먹었니', '받아'}
# of sender 1
# of receiver 2
# of tokens in sender Counter({'문안': 1, '여쭙고': 1, 'rules': 1})
# of tokens in receiver Counter({'편지': 1, '받아': 1, '보고': 1, '무사하니': 1, '밥은': 1, '먹었니': 1})
0.8079931897705955
0.00023268455447196437
# of msg: 3, # of tot eval: 3 = 1, 0, 2, 0
{'accuracy': 1.0, 'precision': 1.0, 'recall': 1.0, 'f1-measure': 1.0}
```

〈그림 3.48〉 단계 6: 단위 테스트

```
#Now, train NB module with letter dataset
letter_model = NaiveBayesClassifier(k=1e-5)
print(letter_model)
letter_model.train(train_msgs)
print(letter_model.receiver_messages)
print(letter_model.sender_messages)
print(letter_model.token_receiver_counts)
print(letter_model.token_sender_counts)
```

```
<__main__.NaiveBayesClassifier object at 0x7b8c64731f90>
49
1
Counter({'보고': 50, '보는': 41, '듯': 41, '기뻐하며': 35, '한다': 28, '하니': 27, '반긴다': 24,
Counter({'문안': 1, '여쭙고': 1, '밤사이': 1, '아바마마께서는': 1, '안녕하신지': 1, '알고자':
```

〈그림 3.49〉 단계 7: 편지 데이터로 모델 학습

이제 훈련된 모델 letter_model을 가지고 별도로 분리해 두었던 테스트용 test_msgs를 넣고 〈그림 3.50〉, 〈그림 3.51〉과 같이 테스트와 평가를 한다.

```
predictions = [(letter_model.predict(msg.text), msg) for msg in test_msgs]
for i, pred in enumerate(predictions): print(i, pred)
```

```
0 (7.259862969633837e-159, False:조자의 편지 보고 보는 듯 든든하고 반기며 어제
1 (3.892845763298135e-236, False:글월 보고 무양히 있으니 기뻐하며 친히 보는 듯
2 (2.773238836541 1625e-195, False:편지 받아 보고, 무사하니 기뻐하며 보는 듯 든든
3 (1.4925966934734905e-168, False:글월 보고 무탈하게들 있으니 기뻐하며 친히 보는
4 (1.516690595041 8527e-23, False:아홉 가지 왜능화 무늬 있는 종이 55장을 보내니,
5 (8.95723238316468e-207, False:글월 보고 무사하니 기뻐하며 보는 듯 든든하고 반
```

〈그림 3.50〉 단계 8: 눈으로 보는 테스트

```
print(letter_model.evaluate(test_msgs))
```

```
# of msg: 17, # of tot eval: 17 = 0, 0, 17, 0
division by zero
{'accuracy': 1.0}
```

〈그림 3.51〉 단계 8: 양적 평가 테스트

〈그림 3.51〉의 양적 평가 개요는 〈그림 3.42〉에서 보았던 데이터셋의 한계를 보이는데, 테스트(평가용) 데이터에는 받은 범주 편지만 17개였고 보낸 범주 편지 수는 0이었다. 따라서 tp, tn, fp, fn를 합한 분모가 0이 아닌 정확도만 구해지고 나머지 척도인 재현율, 정확률, F1 척도에 대해서는 결과가 없다. 반면, 샘플 데이터로 유닛 테스트를 한 〈그림 3.48〉에서는 모든 척도 정확도, 재현율, 정확률, F1 척도에 대한 평가 점수가 있었다.

3) 분류 모델의 평가 척도

이제 기계 학습에서 분류 모델을 평가하는 척도인 정확도(accuracy), 정밀도(precision), 재현율(recall), f-척도(f-measure)를 보자. 이 네 척도는 오래전부터 정보 검색(Information Retrieval)에서 검색의 품질을 평가하는 것으로 사용되어 왔으며 분류 시스템이나 패턴 인식(Pattern Recognition) 등 기계 학습을 하는 대부분의 훈련 모델 평가에 쓰인다. 이 네 가지 척도는 다음의 〈그림 3.52〉로 설명된다.[10] 이 그림이 보이는 것은 레이블된 데이터의 범주와 분류 모델의 결과이다. 전체 데이터 네모 안에 왼쪽 반에 해당하는 관련 항목(relevant element)은 분류 모델이 목표 범주로 분류해야 하는 대상이고 오른쪽은 그 외의 범주 데이터이다. 한편 분류기가 찾아낸 것은 둥근 원으로 표시된 부분이다. 이 중에는 맞는 분류도 있고 틀린 분류도 있다. 맞게 분류된 것은 원 안에 왼쪽 부분인 참 양성(true positive; tp)이고 잘못 분류된 것은 원 안에 오른쪽 부분인 거짓 양성(false positive; fp)이다. 그러면 분류기가 찾아내지 못한 남은 것들, 즉 원 밖에 있는 것들은 분류기가 판별을 못한 음성(negative)인데, 왼쪽 원 밖은 찾아내야 하는데 못찾았으니

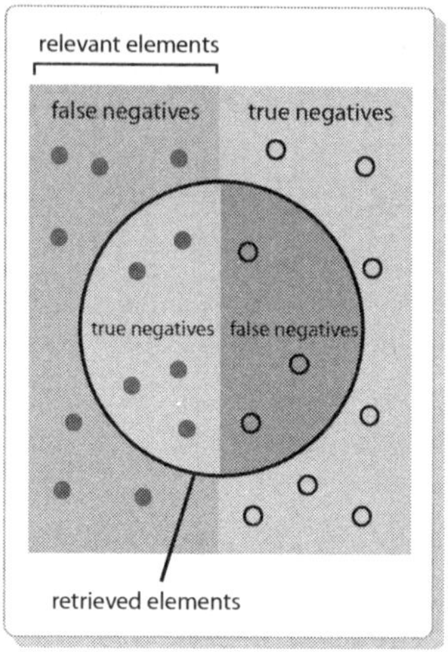

〈그림 3.52〉 범주 분류 결과

10 출처: https://en.wikipedia.org/wiki/Precision_and_recall

거짓 음성(false negative; fn)이고, 오른쪽 원 밖은 찾아내지 말아야 하는 것을 찾지 않은 것이니까 참 음성(true negative; tn)이다. 가만히 생각해 보면 참(true)은 좋은 것이다. 참으로 잘 찾았거나(tp) 참으로 찾지 않은 것(tn)은 정확한 것이다. 이것이 전체에서 차지하는 비율이 정확도(accuracy)이다. 정밀도(precision)는 분류 모델이 찾아낸 양성(positive) 결과만 두고 보았을 때 얼마나 정밀하게 맞느냐이다. 재현율(recall)은 찾아야 하는 관련 항목(relevant elements) 중에 얼마나 찾았느냐(positive)이다. f-척도는 정밀도와 재현율의 조화 평균이다. 이를 참양성(tp: true positive), 참음성(tn: true negative), 거짓음성(fn: false negative), 거짓양성(fp: false positive)의 식을 만들면 〈수식 3.16〉과 같다.

$$Accuracy = \frac{(tp + tn)}{(fn + tp + fp + tn)}$$

$$\mathrm{Precision} = \frac{tp}{(tp + fp)}$$

$$Recall = \frac{tp}{(fn + tp)}$$

$$F-measure = \left(\frac{\mathrm{Precision} + Recall}{2}\right)$$

〈수식 3.16〉 분류 모델의 평가 척도

〈그림 3.47〉의 평가 함수 evaluate의 코드는 위의 〈수식 3.16〉이 구현된 것이다. 다양한 기계 학습 모델의 평가에 쓰이는 것들이며 데이터의 측면과 분류 결과의 측면에서 평가함을 볼 수 있다.

3. 클러스터링: 비지도 학습

클러스터링(clustering)은 전형적인 비지도 학습이다. 레이블이 없는 데이터에서 시작하여 데이터간의 유사점과 인접성을 계산하여 비슷하고 가까운 것들끼리 묶음(cluster)을 만들어 내는 것이기 때문이다. 어떤 주어진 범주 값이나 정해진 특징을 지도하지 않는 것이 원칙이다. 비지도 학습은 기정의해 둔 범주에 영향을 받지 않을 수 있고 기정의해 둔 범주에 할당하기 위한 노력이 없어도 된다는 장점이 있지만 그 결과 해석에 어려운 점이 있다. 결과를 평가하기 위한 기준점으로서의 레이블 범주가 없기 때문에 결과만을 두고 평가해야 하기 때문이다. 그래서 군집 결과 평가에 있어 군집 간에 얼마나 차이가 큰가, 군집 간에 중복은 얼마나 없는가 등이 계산적인 평가 척도이고, 군집 결과를 그림으로 시각화하거나 군집 결과를 표현하는 대표 단어를 목록화하여 눈으로 보는 것으로 평가한다. 텍스트 분석에 자주 활용되는 K-평균 군집과 토픽 모델링은 학습 결과로 어떤 의미 묶음의 군집을 드러낸다.

1) K-평균 군집

K-평균 군집화(K-Means Clustering)[11]는 데이터를 구성하는 모든

11 비지도 학습의 하나인 K-평균 군집 알고리즘은 그 이름 때문에 지도 학습의 하나인 K-최근접이웃 분류(K-nearest neighbor classification)와 종종 혼동된다. 방법론적으로 유사한 점이 있긴 하다. K개를 범주 개수로 설정한다는 점에서 그렇고 개체 점들 사이의 거리를 계산할 때에 대개 유클리드 거리를 쓴다는 점에서 그렇다. 그러나 K-평균 군집화는 데이터에 군집화를 위한 목

항목 n개를 K개의 군집(cluster)으로 분할하며 각 항목을 가장 가까운 거리의 군집 중심 평균값이 최소가 되도록 하는 것이다. K-평균 군집은 MacQueen(1967)이 제안한 것으로 〈수식 3.17〉로 요약된다.

$$\text{WCSS}_2 := \underset{\text{Cluster}}{\sum_{c_i \in C}} \; \underset{\text{Dimension}}{\sum_{j=1..d}} 2|c_i| \underset{\text{Object}}{\sum_{x \in c_i}} (x_{ij} - \mu_{ij})^2$$

〈수식 3.17〉 MacQueen(1967: 352) 수식(2)

*이때 μ_{ij}는 군집 i와 항목 j 간의 거리 평균값.

*텍스트 말뭉치를 다룰 때 차원 항목은 토큰 단어이다.

K-평균 군집은 텍스트를 구성하는 모든 단어의 집합에서 K개의 의미 묶음을 만들어 내는 것으로 어떤 미리 결정된 의미 범주를 주는 것이 아니라, K개라는 특정한 수만 설정한다. 이 학습 방법의 핵심은 각 개체 단어로부터 해당 군집 중심까지 거리의 평균이 K개 군집 모두에서 최적의 작은 값이 되도록 구성하는 데에 있기 때문에 한 군집 내 요소와 다른 요소 간의 거리가 얼마나 가까운가와 한 군집 내 요소와 다른 군집에 속한 요소 간의 거리는 얼마나 더 먼가를 가지고 평가할 수 있다. 여기서 요소 간 거리가 가깝다는 뜻은 언어 응용 연구에서는 두 단어가 같이 잘 쓰인다는 뜻이다. 주어진 데이터 공간에서 K개 군집 배치와 그 안의 요소 간의 거리를 계산한다는 점에서 K-평균 군집은 데이터 공간을 최적의 분할 공간으로 나누는 것이다. 이를

표 (정답) 범주값이 없고 K-최근접 이웃 분류는 데이터에 분류를 위한 목표 (정답) 범주값이 있다는 점에서 차이가 나고 각각 비지도 학습과 지도 학습에 해당한다.

흔히 보로노이 셀(Voronoi cell)[12]로 분할한다고 한다. K-평균 군집화는 군집 영역을 뜻하는 최적의 보로노이 셀들을 구성하는 것이다. 이를 위한 알고리즘은 기대-최대 가능도(EM: Expectation maximization)에 기반한 반복적 학습으로 만들어진다.

K-평균 군집에서 학습된 군집 결과를 평가함에 있어서, 데이터에 정답 범주 레이블이 있는데 없다고 가정하고 군집 분석을 하는 경우의 평가 척도로는 동질성(Homogeneity)과 완전성(Completeness)이 있고, 정답 범주 레이블이 없는 데이터로 군집 결과를 평가하는 척도로는 실루엣 계수(silhouette coefficient)가 있다.[13] 실루엣 계수는 〈수식 3.18〉과 같다.

$$silhouette\,coefficient = \frac{(b-a)}{\max(a,b)} \qquad \text{〈수식 3.18〉}$$

〈수식 3.18〉에서 a는 군집내 요소와 다른 요소의 평균 거리, b는 군집내 요소와 다른 군집에 속한 요소의 평균 거리이다. 분모 max(a,b)는 둘 중에 큰 값을 취한다는 뜻이다. 군집 내 거리 a는 가까워야 하고 가장 가까운 다른 군집과는 거리 b는 멀어야 좋다. 여기에 큰 값을 취하는 분모로 나누게 되면 최종적으로 실루엣 계수 값의 최대와 최소

12 보로노이 셀은 데이터의 어떤 점이 분포하는 영역을 말하며 이 셀들 간의 거리에 기반하여 최적의 평면 공간을 나눈 도면을 보로노이 다이어그램(Voronoi diagram:https://en.wikipedia.org/wiki/Voronoi_diagram)이라 한다.

13 https://en.wikipedia.org/wiki/Silhouette_(clustering)
https://scikit-learn.org/stable/modules/generated/sklearn.metrics.silhouette_score.html#sklearn.metrics.silhouette_score

범위가 1~-1이 되게 한다. 따라서 적어도 0 이상의 값이 나와야 군집 내 요소가 현재 군집 안에서 잘 묶였다는 뜻이 된다. 작은 값이 나온다면 다른 군집에 속한 경우와 현재 군집에 속한 경우의 차이가 작다는 것이므로 군집의 중복성이 크고 최적이 아니라는 뜻이다. 예를 들어 1은 '가', '나', '다'라는 자질로 구성된 데이터의 의미 군집을 3개로 만들 때 나오는 숫자이다. 최솟값은 -1인데, 이는 '가', '나', '다'가 한 군집과 다른 군집에 모두 들어가 있을 때라고 볼 수 있다. 큰 점수가 좋고 작은 점수가 나쁜 것이긴 하지만, 군집 분석이 다른 개체들을 묶어서 공통 집단을 만드는 것인데 1개 묶음으로 모두 묶어버려서 계수 점수가 1이 나왔다거나 개체 수만큼의 묶음을 만든다면 쓸데없는 잘못된 결과이다.

K-평균 군집 방법을 활용하여 파이썬으로 구현할 수 있도록 만들어진 라이브러리는 사이킷런(Scikit-learn)[14]이 자주 활용된다. K-평균 군집을 할 때에 모든 토큰을 같은 중요도로 다루기보다는 TF-IDF 가중치를 고려하여 전처리를 한다. 그리고 자연어 토큰을 숫자로 변환하는 벡터화(vectorization) 단계를 거친다. 이런 절차를 포함한 K-평균 군집의 구체적인 실행 과정은 〈표 3.5〉와 같다.

〈표 3.5〉의 절차를 따라 예시 데이터를 가지고 군집 분석을 하

---

14 K평균 군집화를 위한 API 문서는
https://scikit-learn.org/stable/modules/generated/sklearn.cluster.KMeans.html
이지만, 예시 데이터를 가지고 클러스터링 결과를 보여 주는 것은 다음 유알엘이 더 실용적이다.
https://scikit-learn.org/stable/auto_examples/text/plot_document_clustering.html

는 과정을 보일 것이다. 다만, 〈표 3.5〉의 단계 8에서 최종 결과가 만족스럽지 않다면 단계 2에서부터 더 좋아질 수 있는 전처리 과정의 개선을 한 이후에 단계 4에서부터 동일한 방식으로 학습하고 평가를 할 수도 있고, 단계 4부터 다른 벡터화 방법들 HashingVectorizer, DictVectorizer으로 바꾸어서 수행하거나 이후 단계에서 문서 출현 수 관련한 파라미터를 바꾸는 등의 튜업을 해볼 수 있다. 여기서 기술한 절차는 한국어 텍스트 군집 분석에서 가장 전형적인 방법이며 고정된 방식은 아님을 말해 둔다.

〈표 3.5〉 K-Means 군집 분석의 절차

1. 본문 텍스트만으로 구성된 데이터를 준비한다. 한 문서는 하나의 줄이다.
2. 한자를 한글로 변환하고 KoNLPy의 어휘형태분석기를 써서 명사만 추출한다.
3. 한 음절어 특히 의존명사류는 불용어에 가깝기 때문에 삭제한 데이터를 구성한다.

   *여기까지가 텍스트 전처리 단계이다.
4. 한 줄이 하나의 문서인 말뭉치 파일을 sklearn.Tfidfvectorizer의 입력 형식인 한 줄이 한 항목인 리스트형으로 읽어들인다.
5. 읽어들인 텍스트 말뭉치(docs_list)를 Tfidfvector로 만든다. 이때 문서의 반 이상에서 출현한 단어는 고려하지 않는다거나(max_df=0.5) 단어의 최소 문서 출현 수를 준다(min_df=5).
6. K-Means 학습을 위한 군집 수 n_cluster, 임의 시작 지점 random seed, 최대 반복 학습 수 max_iter, 개선된 중심 시작 알고리즘인 kmeans++을 사용하도록 init=1로 설정한다.
7. K-Means 학습 과정에서 군집 수와 군집 결과를 silhouette 계수로 써서 양적으로 평가하는 함수를 정의하고 이 함수를 써서 점수를 출력한다.
8. 좋은 점수의 군집별 대표 단어를 출력해 보고 해석한다.

〈표 3.5〉의 단계 1부터 단계 3까지는 2.2의 데이터의 저장과 가공,

3.3.2의 한자 변환, 3.3.3의 어휘형태 단위 토큰화에서 설명한 절차이므로 생략하고 단계 4부터 보이기로 한다. 예시는 4부 3장에서 다루는 근현대 잡지 『삼천리』를 단계 3까지의 전처리를 마친 데이터 파일을 쓴다.

```
!head 'samcholli_cleaned_inputs.txt'
```

```
사고 기일 사신 선의 반도 팔경 문단 거성 백제 절경 장려 산수 소개 잡기 내월 본지 일
사고 기이 신선 반도 팔경 산하 장거 촉진 기연 본사 경마 숭단 산악 정복 주최 실시 추
사고 삼복 의미 계명산 경험 명사 초빙 산악 강연회 문예 강연회 개최 여름 위선 이만
표어 권동진 홍명희 일치 협력 신석우 민족 노력 송진우 기초 공사 이상협 한곳 안재홍
설문 누가 만원 제공 본부 회관 건축 사업 자금 권동진 만원 신간회 본부 회관 건축 회
진서 원서 동경 의식 조선 한문 글자 진서 라고 일본 구문 책자 원서 현해 사이 미상 홍
세계 조선 과학자 세계 진출 안재홍 조선 세계 선진 제국 문화 교섭 세계 요구 실현 홍
세계일주 기행 허헌 조선 아세아 대륙 삼복 까닭 오늘밤 5월 31일 춘복 금년 내리 쪼이
명문장 동무 송사 실명씨 3월 14일 현존 최대 사상가 생각 혼자 안락의자 구라파 아메
자서전 홍명희 서언 자서전 자부심 사람 자부심 자서전 대답 한가지 약점 자백 고집 약
```

```
f = open('samcholli_cleaned_inputs.txt', 'r')
docs_list = f.readlines()
print('# of documents', len(docs_list))
```

```
# of documents 4093
```

〈그림 3.53〉 단계 4: 말뭉치 파일을 줄(문서) 단위로 읽어들임.

*head 명령어는 파일의 상단 10줄만 보여줌.

*readlines()는 한 줄을 하나의 항목이 되도록 리스트형으로 저장함.

단계 4에서 파일로부터 하나의 줄이 하나의 문서 단위인 데이터를 읽어오고 나면 문서 전체에서 나온 토큰을 계산이 용이한 상태의 숫자로 변환하고 문서 전체에서의 분포를 고려한 중요 토큰과 그렇지 않은 것을 빼는 벡터화 5 단계로 간다. 〈그림 3.54〉의 코드는 0.5(50%)이상의 많은 문서에서 쓰인 특정성이 떨어지는 단어와 5개 이하의 문서에 쓰인 저빈도의 단어를 빼고 벡터화하는 것을 보여 준다. 한국어 불용어 목록은 sklearn에 없기 때문에 전처리에서 불용어가 삭제 처리되었어야 한다.

```
from sklearn.feature_extraction.text import TfidfVectorizer
from time import time

vectorizer = TfidfVectorizer(analyzer='word', # other options: char, char_word
    max_df=0.5, #ignore occuring terms in 50% of documents
    min_df=5, #occurred at least in 5 documents
    #stop_words="english", # No stop words for Korean language
)
t0 = time() #current starting time.
X_tfidf = vectorizer.fit_transform(docs_list) # for input feature vectors

print(f"vectorization done in {time() - t0:.3f} s") #to get spent time
print(f"n_samples: {X_tfidf.shape[0]}, n_features: {X_tfidf.shape[1]}")
```

```
vectorization done in 2.670 s
n_samples: 4093, n_features: 20235
```

〈그림 3.54〉 단계 5: 토큰 단어를 숫자로 바꾸는 벡터화

```
vectorizer.vocabulary_
```

```
{'사고': 7888,
 '기일': 2784,
 '사신': 8036,
 '선의': 8941,
 '반도': 6305,
 '팔경': 18342,
```

단계 5의 벡터화 과정을 수행하고 나면 토큰 단어가 고유 숫자가 할당됨을 볼 수 있다. 이는 컴퓨터가 계산을 하기 용이한 형태로 만들고 또 빠르게 계산하기 위한 것이다. 거의 모든 기계학습 방식이 이런 숫자화를 한다.

```
from sklearn.cluster import KMeans
import numpy as np

kmeans = KMeans(
    n_clusters=10,
    max_iter=100,
    n_init=1, ) #kmeans++
```

〈그림 3.55〉 단계 6: K-평균 군집 설정

단계 6 〈그림 3.55〉는 실행이라기보다 단계 7의 평가와 같이 수행하기 위한 학습 설정을 하는 것이다. 단계 7에서 학습 시도별 평가 결

과를 저장해야 하기 때문이다. 〈그림 3.56〉은 단계 7을 수행하기 위한 함수를 정의하는 단계이다.

```python
from collections import defaultdict
from sklearn import metrics
from time import time

evaluations = [] # evaluation score for every iteration
evaluations_std = [] # standard deviation of the evaluation scores.

def fit_and_evaluate(km, X, name=None, labels=None, n_runs=5):
    name = km.__class__.__name__ if name is None else name
    print(name)
    train_times = []
    scores = defaultdict(list)
    for seed in range(n_runs): # for every run of iteration
        km.set_params(random_state=seed) # set random_seed differently at every iteration
        t0 = time() #current time to catch starting time
        km.fit(X) #train input X
        cluster_ids, cluster_sizes = np.unique(km.labels_, return_counts=True)
        print(f"# of elements asigned to each cluster: {cluster_sizes}")
        train_times.append(time() - t0) #saving every run's spent time = current time - starting time.
        #saving metrics' values at iteration
        if labels is not None: scores["Homogeneity"].append(metrics.homogeneity_score(labels, km.labels_))
        if labels is not None: scores["Completeness"].append(metrics.completeness_score(labels, km.labels_))
        scores["Silhouette Coefficient"].append(metrics.silhouette_score(X, km.labels_, sample_size=2000))

    train_times = np.asarray(train_times) # to use mean() and std() of numpy array

    print(f"clustering done in {train_times.mean():.2f} ± {train_times.std():.2f} s" )
    evaluation = { "estimator": name, "train_time": train_times.mean() } #
    evaluation_std = { "estimator": name, "train_time": train_times.std() } #

    for score_name, score_values in scores.items():
        mean_score, std_score = np.mean(score_values), np.std(score_values) #
        print(f"{score_name}: {mean_score:.3f} ± {std_score:.3f}")
        evaluation[score_name] = mean_score
        evaluation_std[score_name] = std_score
    evaluations.append(evaluation)
    evaluations_std.append(evaluation_std)
```

〈그림 3.56〉 단계 7: 학습과 평가 수행 함수 정의

```python
fit_and_evaluate(kmeans, X_tfidf, name="KMeans on tf-idf vectors", labels=None) # since no labels
```

```
KMeans on tf-idf vectors
# of elements asigned to each cluster: [ 226  631  220  185  141   90  345  323  400 1532]
# of elements asigned to each cluster: [  90 1185  862   93  211  317  266  190  687  192]
# of elements asigned to each cluster: [  85  674  329  170  100 1633  235  142  163  474]
# of elements asigned to each cluster: [ 953  424   94  220 1399  231  193   90  249  240]
# of elements asigned to each cluster: [ 183  250  163  143  370   91  185 1637  356  715]
clustering done in 3.65 ± 0.37 s
Silhouette Coefficient: 0.006 ± 0.000
```

〈그림 3.57〉 단계 6과 단계 7을 실행하는 함수를 호출

```
centroids = kmeans.cluster_centers_
order_centroids  = centroids.argsort()[:, ::-1]
terms = vectorizer.get_feature_names_out()
for i in range(10):
    print(f"cluster[{i}] ", end='')
    for ind in order_centroids[i, :10]: #in every center, take top 10 terms
        print(f"{terms[ind]} ", end='')
    print()
```

```
cluster[0] 운동 농민 조직 계급 사회 민족 문제 단체 신간회 종교
cluster[1] 여자 결혼 남편 연애 여성 부인 남자 이혼 사랑 가정
cluster[2] 중국 상해 일본 장개석 남경 정부 미국 광동 국민당 지나
cluster[3] 삼천리 사고 지사 리사 삼천 편집국 본사 설치 내규 잡지
cluster[4] 만원 신문 은행 사업 동아일보 회사 학교 대학 사장 동경
cluster[5] 영화 작품 배우 제작 감독 연극 출연 영화인 촬영 예술
cluster[6] 문학 작품 소설 작가 문단 문예 춘원 예술 독자 작자
cluster[7] 동경 일본 서울 생활 가지 반도 가치 미국 지금 가트
cluster[8] 일본 국민 민족 국가 조선인 독일 문제 세계 전쟁 영국
cluster[9] 소리 마음 노래 얼골 어머니 사랑 선생 가슴 세상 머리
```

〈그림 3.58〉 단계 8: 군집별 대표 단어 출력

단계 6에서 군집 수 n_clusters를 10으로 설정했기 때문에 〈그림 3.57〉에서 매 시행마다 10개씩의 군집 묶음별 항목 수를 볼 수 있다. 여기서 군집을 구성하는 토큰은 숫자화된 값들로 출력되기 때문에 가독성이 없다. 군집을 표현하는 단어의 가독성을 위해 〈그림 3.58〉에서 토큰을 숫자로 만드는 역벡터화인 get_feature_names을 써서 숫자를 단어로 바꾸고 군집별 상위 10개 단어를 출력한다. 단계 8에서 『삼천리』라는 종합 잡지가 가진 다양한 주제적 성격을 보여 주는 단어로 표상되는 군집 결과를 볼 수 있다.

2) LDA 토픽 모델링

LDA 토픽 모델링은 잠재 디리슐레 할당(LDA: Latent Dirichlet Allocation)이라는 통계적 가정에 기반하여 텍스트 집합의 숨겨진 토픽

(topic, 주제) 구조[15]를 발견하기 위해 사용되는 통계적 언어 모델의 일종이다. 토픽 모델링에서도 K-평균 군집과 유사하게 토픽의 범주를 정하는 것이 아니라 토픽의 개수만 설정하여 학습한다.

토픽 모델링에 활용할 수 있는 라이브러리는 젠심(gensim)[16]과 사이킷런(sklearn)[17]이 있는데 여기서는 gensim을 쓰기로 한다. 잠재 디리슐레 할당에 기반한 토픽 모델링의 핵심은 모든 단어가 잠재된(latent) 어떤 주제 토픽(topic)에 속하고, 한 문서는 여러 개의 토픽을 가질 수 있는데 단어가 토픽을 이루는 확률 분포 값의 합이 1이 되는 즉, 디리슐레 분포(dirichlet distribution)를 따른다고 가정한다는 것이다. 이 때문에 어떤 단어의 토픽 범주 값을 지정하지 않고도 학습에 의해 여러 단어들을 확률 분포와 함께 디리슐레 분포를 따르는 최적의 확률값을 갖는 토픽 범주에 할당(allocation)하게 된다. 토픽 모델링에서도 K-평균 군집과 유사하게 토픽의 범주를 정하는 것이 아니라 토픽의 개수만 설정하여 학습하기 때문에 다른 토픽과 비교했을 때 단어들의 응집도(coherence)가 좋은지와 한 토픽 안에서 단어들의 혼잡도(perplexity)나 높지 않은지가 평가 척도가 될 수 있다. 그런데 토픽 모델링의 가정으로 단어가 여러 토픽에 속할 수 있다는 분포 모델 가정으로 인해 양적 척도는 한계가 있고 결국에는 눈으로 보고 질적인 평가를 하는 경

15 이때의 구조는 언어학적 개념의 통사나 형태 구조가 아니라, 많은 문서 집합이 통계적 분포 가정에 기반하여 어떤 주제들(topics)로 구성된 집합체 구성이라는 뜻이다.

16 https://radimrehurek.com/gensim/models/ldamodel.html

17 https://scikit-learn.org/stable/modules/generated/sklearn.decomposition.LatentDirichletAllocation.html

향이 있다. 따라서 시각화 결과로 토픽 간의 덜 겹침이나 토픽 키워드를 본다.

잠재 디리슐레 할당 토픽모델링은 Blei et al(2003)에서 많은 양의 문서 집합의 주제를 통계적으로 모델링하는 방법으로 제안된 것이며 말뭉치(M), 주제(Θ), 단어(N) 등에 대해 〈그림 3.59〉의 도식과 〈수식 3.19〉로 표현했다.

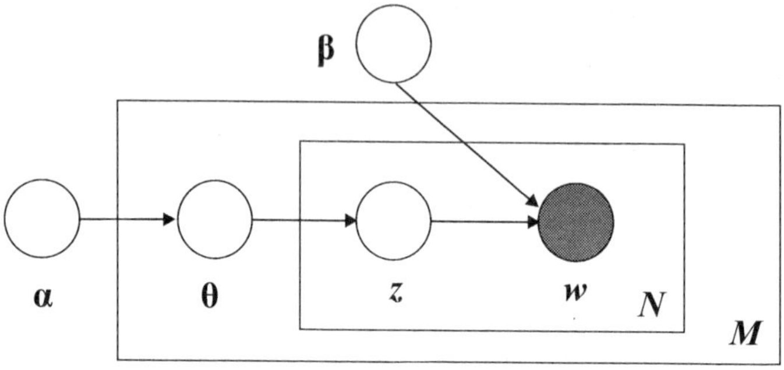

〈그림 3.59〉 LDA 토픽 모델링의 도식화

* w는 단어가 주제에 속할 확률, z는 문서 속 단어가 주제에 속할 확률, θ는 문서가 주제에 속할 확률이다. α는 θ의 파라미터, β는 w의 파라미터이다. N는 단어 수이고 이를 둘러싼 박스는 주제를 표현한다. M은 문서 수, M을 둘러싼 박스는 말뭉치 전체를 표현한다.

$$p(\theta, \mathbf{z}, \mathbf{w} \mid \alpha, \beta) = p(\theta \mid \alpha) \prod_{n=1}^{N} p(z_n \mid \theta) p(w_n \mid z_n, \beta),$$

〈수식 3.19〉 LDA 토픽 모델링의 대표 수식

*파라미터 α, β가 주어졌을 때, θ, z, w의 결합 확률을 표현한다.

토픽 모델링의 구체적인 실행 절차는 〈표 3.6〉과 같다.

〈표 3.6〉 LDA 토픽 모델링의 절차

1. 본문 텍스트만으로 구성된 문서 단위가 하나의 줄이 되도록 만든다. 2. 한자를 한글로 변환하고 KoNLPy의 어휘형태분석기를 써서 명사만 추출한다. 3. 한 음절어 특히 의존명사류는 불용어에 가깝기 때문에 삭제한 데이터를 구성한다. *여기까지가 텍스트 전처리 단계이다. 4. 말뭉치 파일을 gensim lda의 입력 형식인 하나의 문서가 한 항목이고 하나의 문서는 문서를 구성하는 토큰 단어 리스트로 읽어들인다. 5. 읽어들인 텍스트 말뭉치 docs_list를 gensim의 doc_term matrix로 만든다. 6. LDA 토픽 모델링을 위한 토픽 수 num_topics, alpha, betha, 반복 학습 수 iterations 등을 설정하여 함수를 실행하고, 결과를 출력한다. 토픽 수나 파라미터에 따른 모델 이름을 지정하여 저장한다. 7. 저장된 모델을 불러와서 시각화한다.

K-평균 군집과 마찬가지로 단계 1부터 단계 3까지는 텍스트 전처리에 해당하고 동일한 처리이다. 단계 4부터 LDA 토픽 모델링에서 달라지는 과정이다. 이 단계부터의 처리 과정을 보이기로 한다.

〈그림 3.60〉은 단계 4에 해당하는 것으로 입력 파일은 4부 2장에서 다루는 근대 언어학 잡지인『한글』의 모든 기사 2,917건의 본문을 전처리한 파일이다.

```
f = open('clean_inputs.txt', 'r', encoding='utf-8') #after preprocessing of short terms
docs_list = f.readlines()
print('# of documents', len(docs_list))
doc_term = [doc.split() for doc in docs_list]
print(doc_term[:2])
print(len(doc_term))
```

```
# of documents 2917
[['한글', '화구', '일월', '매월', '발행', '소화', '오월', '삼종', '우편', '인가', '한글', '십호', '한글마춤법'
2917
```

〈그림 3.60〉 단계 4: 1개 문서를 구성하는 토큰들로 구성된 여러 문서 리스트의 입력형

```python
from gensim import corpora
import gensim

''' Document-Term Matrix '''
# Turn our tokenized docs into a id-term dictionary.
dictionary = corpora.Dictionary(doc_term)
# Converting list of docs (corpus) into Document Term Matrix using dictionary
doc_term_matrix = [dictionary.doc2bow(doc) for doc in doc_term]
```

〈그림 3.61〉 단계 5: 단어 x 문서 매트릭스 벡터를 만듬

〈그림 3.61〉이 보여 주는 단계 5는 LDA 토픽 모델링을 위해 gensim corpora는 한 문서(z)가 가진 단어(w)의 정보를 유지하는 매트릭스 구조로 처리함을 보여 준다. 여기에는 Tfidfvectorizer 같은 것이 없기 때문에 전처리 단계에서 불용어 처리가 더 잘 되어야 한다.

단계 5에서 토큰 문서 매트릭스화 과정을 수행하고 나면 K-평균 군집에서와 유사하게 단어마다 할당되는 유일 숫자 목록을 볼 수 있다. 유일 단어에 유일 숫자가 할당된 것이다. 이 역시 컴퓨터가 계산하기 용이한 형태로 만들고 또 빠르게 계산하기 위한 것이다.

```python
dictionary.__dict__
```

```
{'token2id': {'매월': 0,
  '문헌': 1,
  '발포': 2,
  '발행': 3,
  '삼종': 4,
```

〈그림 3.62〉의 단계 6이 실제로 토픽 모델링을 실행하는 단계이고 여기서 토픽의 개수나 다른 파라미터를 조정하여 다른 모델을 만들 수 있다. 여기서는 토픽의 개수 n_topics을 10으로 설정하여 학습하였고 이 결과 모델을 저장한다. 주제 토픽별 결과 출력은 아래로 길어지는 내용이라 이 그림에서 토픽 번호 4부터 9까지는 잘렸지만, '발음,

단어, 언어, 연구, 본말' 등 근대 언어학 잡지로서의 키워드나 '조선어, 한글' 등의 키워드로 일제강점기 한글 운동을 펼쳤던 잡지로서 『한글』의 특징을 다소나마 볼 수 있다.

```python
n_topics= 10 # number of topic clusters : 4,5,6,7,8,9,10,12,15
n_iterations=1000 # how many times to run iterate through all doc data to get better clusters
lda_model = gensim.models.ldamodel.LdaModel(doc_term_matrix, id2word=dictionary,
                                            num_topics = n_topics, iterations=n_iterations,
                                            alpha='auto', eta='auto', random_state=1000,
                                            per_word_topics=True)
print('*** results ***')
import pprint
n_words=15
pprint.pprint(lda_model.print_topics(num_topics=n_topics, num_words=n_words))
pprint.pprint(lda_model.get_topics())

# Save model, corpus, and dictionary in gensim lda formats to visualise
model_dir = f'hangul_lda_{n_topics}'
print(model_dir)
if not os.path.exists(model_dir):
    os.mkdir(model_dir)

dictionary.save(model_dir +'/dictionary.dict')
corpora.MmCorpus.serialize(model_dir +'/corpus.mm',doc_term_matrix)
lda_model.save(model_dir +'/model.lda')
```

```
*** results ***
[(0,
  '0.010*"한글" + 0.008*"강릉" + 0.005*"시골" + 0.005*"소리" + 0.005*"가지" + 0.004*"다리" '
  '+ 0.004*"단어" + 0.004*"지방" + 0.004*"구멍" + 0.004*"아래" + 0.003*"사람" + '
  '0.003*"발음" + 0.003*"머리" + 0.003*"나무" + 0.003*"조선"'),
 (1,
  '0.036*"소리" + 0.009*"한글" + 0.007*"사람" + 0.006*"리다" + 0.005*"사이" + 0.005*"발음" '
  '+ 0.004*"물건" + 0.004*"가지" + 0.004*"나무" + 0.003*"자리" + 0.003*"생각" + '
  '0.003*"웃음" + 0.003*"본말" + 0.003*"시호" + 0.003*"조선"'),
 (2,
  '0.014*"한글" + 0.009*"언어" + 0.008*"조선" + 0.008*"사람" + 0.006*"문자" + 0.005*"발음" '
  '+ 0.005*"한자" + 0.004*"조선어" + 0.004*"생각" + 0.004*"다음" + 0.003*"연구" + '
  '0.003*"뒤호" + 0.003*"소리" + 0.003*"백호" + 0.003*"뒤유"'),
 (3,
```

〈그림 3.62〉 단계 6; LDA 토픽 모델링

〈그림 3.63〉의 단계 7은 단계 6에서 저장한 토픽 10개의 모델(hangul_lda-10)을 가져와서 시각화한 것이지만, 저장된 다른 모델을 가져와서

시각화하여 볼 수 있다. 이 시각화로 토픽별 대표 키워드나 토픽별 겹침의 정도를 눈으로 볼 수 있다.

```
import gensim
import pyLDAvis.gensim_models #updated
import bs4

model_dir = 'hangul_lda_10'
pyLDAvis.enable_notebook()
print(model_dir)
dictionary = gensim.corpora.Dictionary.load(model_dir + '/dictionary.dict')
corpus = gensim.corpora.MmCorpus(model_dir + '/corpus.mm')
lda = gensim.models.LdaModel.load(model_dir + '/model.lda')
vis = pyLDAvis.gensim_models.prepare(lda, corpus, dictionary) #updated.
pyLDAvis.save_html(vis, model_dir + '/lda_vis.html')
vis
```

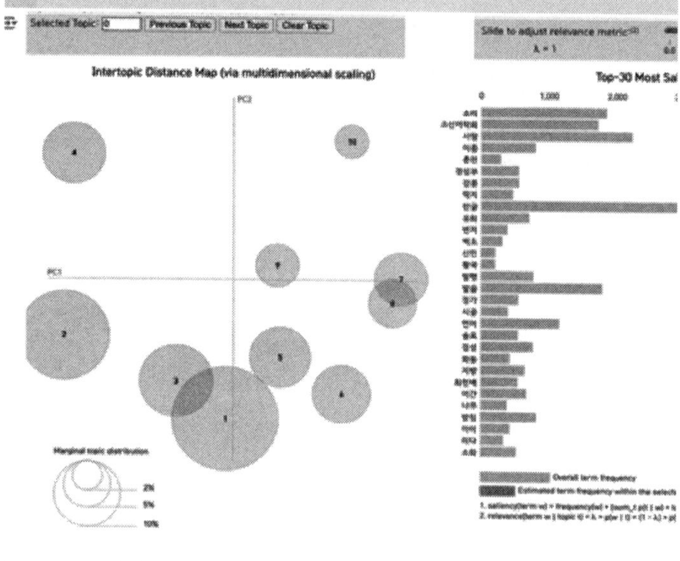

〈그림 3.63〉 단계 7: 저장된 모델을 불러와서 시각화

토픽 모델링의 잠재 디리슐레 할당의 가정은 문서 간 주제의 중복을 허용하지만 주제의 중복이 심한 것은 좋은 결과가 아니다. K-평균 군집에서도 군집 간 중복이 잘 되지 않도록 하는 것과 유사하다.

4. 신경망 학습

딥러닝의 근본 기제는 인공 신경망(artificial neural networks)이다. 이는 꽤 오래된 방법인데 2010년대 중반부터 급속하게 기계학습이나 데이터과학적 접근법에 큰 변화를 일으키게 된 것은 큰 데이터 규모와 고성능 컴퓨팅이 가능한 하드웨어 덕분이다. 큰 데이터와 고성능 컴퓨팅이 거의 불가능했던 과거의 인공 신경망에 의한 특정 문제 해결의 수준은 규칙이나 특정 통계적 방법에 의한 것과 크게 차이 나지 않았고 오히려 고성능의 사양을 요구함에 비해 성과가 좋지 않아서 인공지능의 겨울이라는 오명의 시기를 겪기도 했었다.

1) 기울기 하강과 비용 함수

고성능 하드웨어에 의해 많은 데이터를 일정 시간 안에 학습할 수 있게 된 덕분에 우리는 데이터에 담긴 문제 해결에 집중할 수 있게 되었다. 그것은 많은 데이터에서 답이 있는 방향으로 잘 찾아가느냐이다. 딥러닝에 관한 공부를 시작하면 교과서들은 대개 선형 수학(linear algebra)에서 시작하여 벡터 계산(vector calculus), 편미분(partial derivative) 그리고 이 개념들에 토대한 기울기 하강(gradient descent)과 비용 함수(cost function) 혹은 손실 함수(loss function) 등의 개념으로 이어진다. 기울기 하강과 비용 함수는 데이터로부터 답을 구해 가는 과정의 해결법에 관한 폭넓은 개념이다. 여기서는 인문학 연구자 혹은 인문학도에게 이해가 쉽도록 또 쉬울 것이라는 믿음을 가지고 이 개념들을 컴퓨터로 계산되는 방식을 설명하기로 한다.

위에 나열한 용어들 중 기울기 하강을 제외한 다른 용어들은 수학적으로 그 의미가 매우 투명하다. 기울기 하강이란 용어는 우리가 해결할 문제를 산비탈을 짧은 길로 내려가는 일에 비유한 것이다. 즉 산비탈(gradient)을 최적의 길로 내려가는(descent) 것이다. 이는 문제를 수학적으로 접근함에 있어 큰 문제를 잘게 쪼개서 풀어가는 것이며 여기에 선형 수학이니 편미분이니 하는 개념이 쓰인다.

산비탈을 내려가는 이동 과정은 수학적으로 표현하면 포물선을 따라 이동하는 것이다. 이제 포물선 수식은 y=f(x)이고 여기서 y는 목표를, x는 입력 즉 이동값을 뜻한다. 그리고 포물선 상에서 이동하는 순간의 이동량은 이동(x)에 대한 목표(y)의 편미분이다(the partial derivative of y with respect to x). 그리고 이것은 탄젠트 선이다. 이에 관한 그림 〈그림 3.64〉의 왼쪽은 그 포물선이고 오른쪽은 그 순간 이동량인 탄젠트 선이며 기울기(slope; gradient)이다.

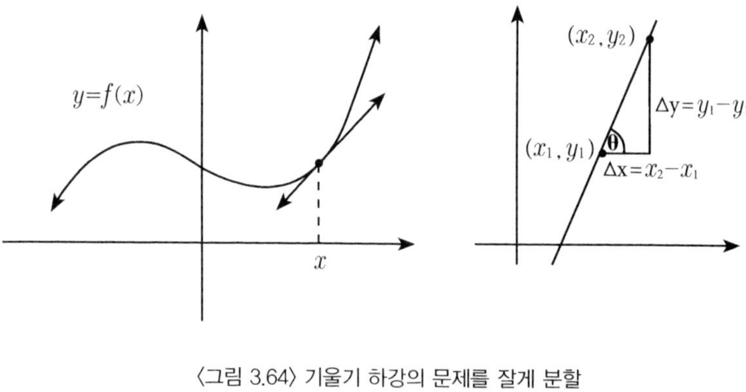

〈그림 3.64〉 기울기 하강의 문제를 잘게 분할

〈그림 3.65〉는 기울기 하강에서 문제 분할 즉 미분의 개념을 보이기 위한 코드 예시이다. 포물선 함수가 x^2이라면 이것의 미분 함수는 2x이고, 이 함수의 입력 값을 −10에서 11로 1씩 변화시키면서 이동 결과를 보면 −20, −18, −16, −14, …, 20이다. 포물선 함수 x^2 즉 square의 입력 값을 −10에서 11까지 0.001씩 변화시키는 different_quotient 함수의 결과를 보면 −19.99, −17.99, −15.99, −13.99,…으로 미분 함수 2x의 이동 결과에 매우 근사하다. 따라서 원 함수를 더 작은 문제로 푸는 미분 함수는 근사한 접근을 한다는 것이다.

```
def square(x):
    return x*x

def derivatives(x):
    return 2*x
```

```
xs = range(-10, 11)
actuals = [derivatives(x) for x in xs]
print(actuals)
```

```
[-20, -18, -16, -14, -12, -10, -8, -6, -4, -2, 0, 2, 4, 6, 8, 10, 12, 14, 16, 18, 20]
```

```
def different_quotient(f, x, h): #f:function, x:input, h:small change
    return (f(x+h) - f(x)) / h
```

```
#estimate by the above derivative
estimates = [different_quotient(square, x, h=0.001) for x in xs]
print(estimates)
```

```
[-19.998999999984335, -17.998999999988996, -15.999000000007868, -13.999000000005424, -11.99900(
```

〈그림 3.65〉 문제 분할과 미분 예시 (탄젠트 선의 기울기)

그리고 이 이동 과정을 최적의 길인지 즉 짧은 길인지 평가하면서 진행한다고 할 때, 추정된 목표와 실제 목표와의 차이가 작은 방향인지 평가하며 진행할 것이다. 즉 손실 혹은 비용이 적게 드는 쪽을 택한다. 이것을 손실 함수 혹은 비용 함수라고 한다. 다른 말로 하면,

추정과 실제의 차이 즉 오차가 작도록 학습해야 한다.

〈그림 3.66〉의 linear_gradient가 하는 일을 예로 들어 보자. 입력 x와 목표 y 간의 관계를 'y=slope*x + intercept'의 선형 함수로 추정한다 하자. 이 추정 함수와 실제 목표 y의 차이는 error이고 이것을 제곱하고 미분하면[18] 2*error이다. 이 값을 7줄에서 기울기(slope)와 절편(intercept)을 구성하는 함수 벡터로 만들어서 돌려준다.

```
1  # a function to determine the gradient based on the error
2  def linear_gradient(x, y, theta):
3      slope, intercept = theta
4      predicted = slope * x + intercept
5      error = (predicted - y)
6      #squared_error (even larger error) is error**2
7      grad = [2*error *x, 2*error] # use its gradient which is the derivative.
8      return grad
```

〈그림 3.66〉 비용/손실/오류 측정 선형 기울기 함수

그리고 이 손실을 계산하는 함수는 실제 입력 데이터에 대해 수많은 반복 학습을 하여 기울기와 절편을 갱신해 간다. 〈그림 3.67〉은 이 과정을 담은 것이다. 입력 데이터는 앞 코드 셀에서 x가 −50에서 50까지 1씩 증가하는 데이터이고 목표 y는 20*x+5로 입력값의 20배에 5를 더한 것이다. 뒤 코드 셀에서 학습의 시작은 임의의 기울기와 절편을 만드는 theta로 시작하여 실제 목표 값이 있는 입력 데이터를 가지고 오류 손실을 계산한(linear_gradient) 다음 일정 비율로 이동을 한(gradient_step) 결과를 가지고 다시 실제 목표 값 대비 오류 손실을 반

18 제곱하여(squarred) 즉 에러를 더 크게 만들었다가 다시 작게 만드는 과정이다.

복적으로 계산하여 개선된 기울기와 절편을 구해내는 것이다. 여기서 gradient_step(〈그림 3.68〉)은 앞서 살핀 문제 분할 미분의 일을 데이터 형식인 벡터를 계산하도록 구성한 것일 뿐 본질적 내용은 같다. 줄 2에 (−1,1) 범위에 있는 임의의 시작 theta에서 출발한 처음 기울기와 절편은 [33.94, 0.3038]이었으나 5000번 반복 학습한 결과 최종 기울기와 절편은 [19.99, 4.99]로 실제 목표 값의 기울기와 절편인 [20, 5]에 매우 가까운 값에 도달하였다.

```
1  #x, y=20*x+5
2  inputs = [( x, 20*x+5) for x in range(-50, 50)]
3  print(inputs)
```

```
[(-50, -995), (-49, -975), (-48, -955), (-47, -935), (-46, -915), (-45, -895), (-44, -875), (-43, -
```

```
1  import random
2  theta = [random.uniform(-1, 1), random.uniform(-1, 1)]
3  learning_rate = 0.001
4  for epoch in range(5000):
5      # compute the mean of the gradients to update gradient
6      grad = vector_mean([linear_gradient(x, y, theta) for x, y in inputs])
7      theta = gradient_step(theta, grad, -learning_rate) #
8      print(epoch, theta)
```

```
0 [33.940943730805, 0.303896517490609]
1 [10.696694428070565, 0.3272296681864328]
2 [26.200632046145124, 0.3272719032781306]

        ......

4997 [19.999999890035554, 4.999816909130092]
4998 [19.999999890255417, 4.999817275201868]
4999 [19.99999989047484, 4.999817640541719]
```

〈그림 3.67〉 기울기 하강 값 갱신 과정

〈그림 3.67〉의 코드가 호출하는 vector_mean과 gradient_step을 포함한 〈그림 3.68〉의 코드는 앞서 살핀 변수 1개의 미분을 벡터 데이터

형식을 미분하도록 만든 것이다. 따라서 아래 〈그림 3.68〉의 코드는 〈그림 3.67〉의 코드를 실행하기 전에 먼저 실행되어야 한다.

```
#dealing with vectors, linear algebra
def add(v, w) :
    assert len(v) == len(w), "vectors must be the same length"
    return [v_i + w_i for v_i, w_i in zip(v, w)]

def scalar_multiply(c, v): # multiplication by a scalar
    return [c*v_i for v_i in v]

#componentwise sum of vectors
def vector_sum(vectors):
    num_elements = len(vectors[0])
    return [sum(vector[i] for vector in vectors) for i in range(num_elements)]

def vector_mean(vectors):
    n = len(vectors)
    return scalar_multiply(1/n, vector_sum(vectors)) #uses vector_sum

def gradient_step(v, gradient, step_size):
    assert len(v ) == len(gradient)
    step = scalar_multiply(step_size, gradient)
    return add(v, step) #move vector with the step of gradient
```

〈그림 3.68〉 〈그림 3.67〉 실행 이전에 실행되어야 하는 의존 코드

여기서 쓰인 코드인 〈그림 3.65〉~〈그림 3.68〉은 조엘(Joel)의 『Data Science from scratch』(데이터과학 밑바닥부터)라는 책의 8장 Gradient Descent에서 가져와서 조금 쉽게 수정한 것이다. 딥러닝에서 기울기 하강과 비용 함수는 데이터로부터 답으로까지 가는 데 있어 기계 학습의 메커니즘 및 최적화의 근간이 된다.

2) 단어 임베딩과 표현 학습

딥러닝은 표상 학습(representation learning) 혹은 자질 학습(feature

learning)과 함께 인공 신경망 방법에 기반한 넓은 의미의 기계 학습 방법론의 한 부분이다(LeCun, Yann; Bengio, Yoshua; Hinton, Geoffrey (2015)). 인공 신경망이 인간이 인지하는 어떤 대상을 표상 학습하기 위해 훈련(fit training)이라는 과정을 거친다는 점에서 표상 학습에 대해서 알아둘 필요가 있다. 또, 비정형 데이터로서 텍스트 언어를 다룬다는 것은 그 자질을 학습하는 것 즉, 자질을 컴퓨터로 잘 연산할 수 있도록 표상 혹은 변환 학습하는 일이기 때문에 세상에 관한 정보를 텍스트로부터 이해하는 방식에 익숙한 인문학 연구자에게 표상 학습은 딥러닝을 이해하기 위한 필수적인 토대가 된다.

정보 처리 과제는 정보를 어떻게 '표현'(representation) 혹은 '표상'하느냐에 따라 쉬울 수도 있고 어려울 수도 있다. 예를 들어, 아라비아 숫자 210를 6으로 나누는 것은 사람에게도 컴퓨터에서도 쉽고 직접적이지만, 로마 숫자 표현 형식인 CCX를 VI으로 나누는 것은 로마 숫자 표현을 아라비아 숫자 표현으로 바꾸는 것부터 시작해야 한다 (Goodfellow et al. 2016: 524). 마찬가지로 인간 언어의 의미를 '계산'하려면 대개 최소 의미 단위에 해당하는 단어나 토큰을 숫자로 바꾸는 것부터 시작한다. 이를테면, 한 단어를 어휘부 전체 단어를 고려한 차원의 유일 숫자로 바꾸고(인코딩: encoding), 그 단어의 의미를 어휘부의 숫자화(인코딩)된 단어를 고려하거나 문맥 범위의 숫자화(인코딩)된 단어를 고려한 숫자값의 나열인 일정 크기의 벡터로 표현한다. 이를 벡터화(vectorization)라고 한다. 이런 식의 단어의 벡터 표현 값을 다른 단어의 의미와 변별 표현/표상될 수 있도록 기계 학습시킨다. 그 결과를 임베딩(embedding)이라 한다. 요컨대, 표현 학습(representation learning)은 인간 언어를 신경망으로 계산하기 위한 방식으로 표현하는 것이며 목표 과제를 달성하기 위한 최적의 표현을 구해가는 학습이다.

3) 자기 지도 학습: 스킵그램과 부정 대조 추정

단어 임베딩(word embeddings)은 딥러닝의 대유행 이래 비교적 작은 데이터 집합으로 실험하는 많은 언어 연구자들에 의해 활용되고 있다. 단어 임베딩은 한 단어에 대해 일정한 요소 차원의 1개 벡터의 숫자로만 표상 값을 갖는 정적 벡터(static vector representation) 학습 방식이다.[19] 이때의 임베딩은 자기 지도 학습(Self-Supervised Learning)이라 불리는데 그 핵심은 스킵 그램(skip-gram)[20]이라 불리는 것으로 기준 단어의 인접 범위(통상 좌우 2개 단어; window가 ±2) 내에서 있는 단어와 이 범위 안에서 한 단어 정도 건너 띈 범위에 있는 단어를 기준 단어에 관한 긍정 부류 사례로 뽑고, 이 인접 범위를 넘어선 단어를 부정 부류 사례로 뽑는 '긍정 부정 대조 샘플링(negative contrastive sampling)' 방식으로 학습 집합을 구성한다는 데에 있다. 인접 범위 안에 있는 스킵 그램은 긍정(positive) 범주 값을 갖고, 인접 범위 밖에 있

19 매우 많은 양의 데이터를 가지고 학습을 한 BERT나 GPT 같은 언어 모델의 임베딩은 단어의 벡터 표상 값이 문맥에 따라 다른 값을 갖기에 문맥 임베딩(contextual embeddings) 혹은 동적 임베딩(dynamic embedding)이라 불린다.

20 이와 함께 씨보우(CBOW: Continous bag of words)도 있는데 말그대로 skip이 없는데, 필자의 경험으로는 좋은 단어 벡터를 만들지 못했다.

는 단어 그램은 부정(negative) 범주 값을 갖는 데이터 구성을 갖추고 임베딩 벡터 모델을 학습하는 것이다. 명시적인 답 범주를 주기보다는 부류를 대조하여 자가 학습하게 하는 자기 지도 학습이다.

한 단어는 일정 길이의 벡터로 표현되며 그 벡터의 내용은 데이터 학습을 통해 어휘부의 단어 인덱스를 참조로 하는 최적의 숫자값으로 채워져 있다. 따라서 한 단어의 벡터 요소 숫자 값과 다른 단어 벡터의 요소 숫자 값이 더 작은 차이가 날수록 유사한 맥락에서 쓰인 단어이므로 관련되거나 유사한 의미를 갖는 것이라 할 수 있고 이를 공간적으로 시각화할 때 가까이 표현하게 한다. 이때 벡터 간 거리를 계산하는 데에 흔히 활용되는 척도가 코사인 유사도이다. 코사인 유사도는 3부 2장에서 텍스트를 벡터로 표현한 다음 벡터간 거리를 측정함으로써 유사성을 계산하는 방법임을 보았다.

단어임베딩 알고리즘으로 알려진 대표적인 세 가지는 워드투벡(Wor2Vec), 패스텍스트(fastText), 글로브/글로벌벡터(GloVe) 등이다. wor2vec의 표상 기준 벡터는 기본으로 설정된 차원 값인 128을 바꾸지 않는 한 128개 차원의 실수 숫자값의 나열이다. 이 숫자값 나열 벡터는 현재 단어가 128개 차원 단어에 대해 갖는 연관도를 뜻한다. 한 단어의 벡터가 갖는 각각의 숫자 값이 다른 단어 벡터의 숫자 값과 유사하다면 코사인 유사도로 두 단어는 의미 거리가 가까운 것으로 측정될 것이다. 〈표 3.7〉은 wor2vec의 단어 임베딩 벡터와 해당 단어의 어휘 목록을 보여 주는 예시이다.

〈표 3.7〉 왼쪽은 단어 임베딩 벡터(vect.tsv), 오른쪽은 단어 목록(meta.tsv)

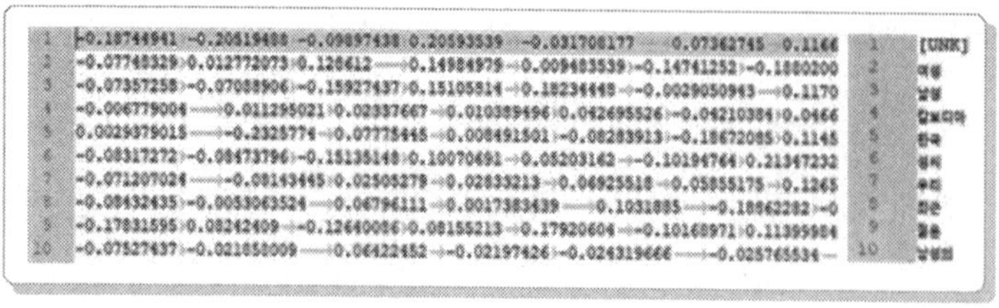

	vect.tsv								meta.tsv
1	-0.18744941	-0.20519488	-0.09897438	0.20593539	-0.031708177	0.07362745	0.1166	1	[UNK]
2	-0.07748329	0.012772073	0.128612	0.14984979	0.009483539	-0.14741252	-0.1880200	2	[illegible]
3	-0.07357258	-0.07088906	-0.15927437	0.15105814	0.18234449	-0.0029050943	0.1170	3	[illegible]
4	-0.006779004	0.011295021	0.02337667	0.010389496	0.042695526	-0.04210384	0.0466	4	[illegible]
5	0.0029379015	-0.2325774	0.07775445	0.008491501	-0.08283913	-0.18672085	0.1145	5	[illegible]
6	-0.08317272	-0.08473796	-0.15135148	0.10070691	0.05203162	-0.10194764	0.21347232	6	[illegible]
7	-0.071207024	-0.08143445	0.02505279	0.02833213	0.06925518	0.05855175	0.1265	7	[illegible]
8	-0.08432435	-0.0053063524	0.06796111	0.0017383439	0.1031885	-0.18862282	-0	8	[illegible]
9	-0.17831595	0.08242409	-0.12640086	0.08155213	0.17920604	-0.10168971	0.11399984	9	[illegible]
10	-0.07527437	-0.021858009	0.06422452	-0.02197426	-0.024319666	-0.025765534		10	[illegible]

〈표 3.7〉과 같은 숫자 벡터와 어휘 목록은 빈도가 높은 단어라는 것 외에 그 정보성을 읽어내기가 어렵기 때문에 〈그림 3.69〉, 〈그림 3.70〉처럼 시각화로 제시된다. 시각화에 있어서도 모든 단어를 한 그림 안에 담아낸다면 작은 점들이 모든 공간을 차지할 것이므로 최적의 시각화를 위해 보통 대표 단어 100개 정도를 출력하는 것으로 설정하고, 100개 단어 각각의 128개 차원의 벡터를 벡터 간 유사한 정도를 고려하여 2차원 지면에 잘 표현하기 위해 대개 티스니(t-SNE)라는 방법을 쓴다. 〈그림 3.69〉는 2008년에 '남성'과 '여성'이라는 단어가 쓰인 신문 기사의 6개월분 데이터에 대한 단어 임베딩 시각화 예시이다.

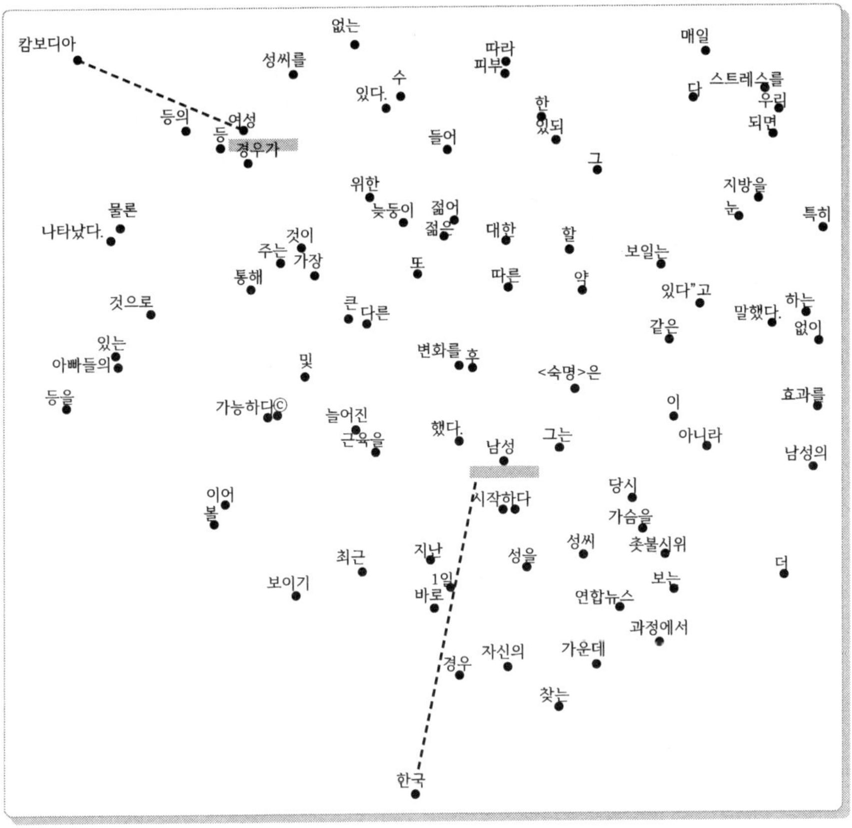

〈그림 3.69〉 2008년 여성과 남성의 임베딩 시각화. 조은경(2019)의 〈그림 6〉

〈그림 3.69〉에는 〈표 3.7〉에서 보인 10개 단어 '여성, 남성, 캄보디아, 한국, 성씨, 우리, 최근, 젊은, 남성의' 등이 있다. 여기서 흥미로운 것은 이때의 '여성'과 '남성'은 상대적으로 먼 거리에 있는데 이는 문맥적 패턴이 많이 달랐다는 뜻이다. 그리고 '여성'은 '캄보디아'와 비교적 가깝고, '남성'은 '한국'과 비교적 가까이 있다.

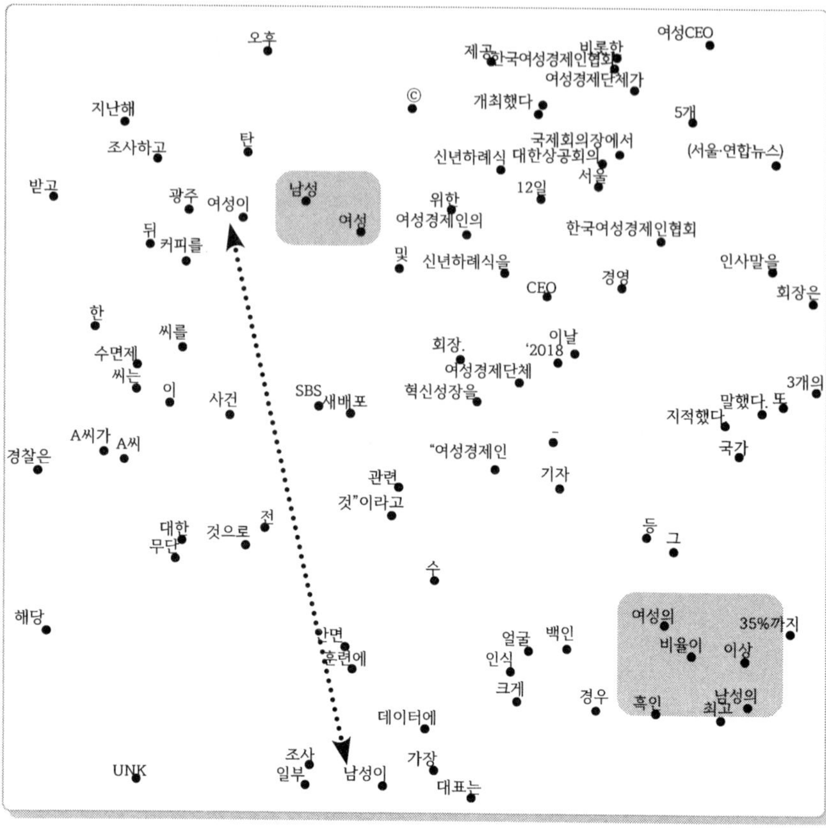

〈그림 3.70〉 2018년 여성과 남성의 임베딩 시각화: 조은경(2019)의 〈그림 7〉

〈그림 3.70〉은 2018년에 '남성'과 '여성'이라는 단어가 쓰인 신문 기사의 6개월분 데이터에 대한 단어 임베딩 시각화 예시이다. 여기서는 2008년의 시각화인 〈그림 3.69〉와 달리 '여성'과 '남성'의 거리가 매우 가까워졌다. 이는 여성에 관한 기사나 남성에 관한 기사의 언어적 패턴이 10년 후의 신문 기사에서는 유사해졌음을 뜻한다.

다만 위의 두 임베딩은 텍스트 데이터에서 불용어 삭제를 많이 하지 않았기 때문에 별 의미없는 일반적인 어절들 '경우, 수, 있다, 없는' 등도 들어가 있다. 또 텍스트 데이터를 어휘형태 분석을 하지 않고 어절 단위로만 분석한 데이터를 임베딩하였기 때문에 볼 수 있는 언어적 패턴도 있다. 특히 '여성'과 '남성'이 가까워졌음에 비해 '여성이'와 '남성이'는 아직 멀리 있음을 보이는데 이는 주어로 쓰이는 여성과 남성이 다른 패턴을 보인다는 것으로 해석할 수 있다. 이런 양상은 언어학적 질적 분석 방법으로 더 살펴볼 필요가 있는 근거를 주는 것이라 할 수도 있다. 정적 단어 임베딩이 최신의 인공지능 언어 모델에서는 다소 유행에 뒤떨어진 감이 있지만 닫힌 정적 데이터 집합을 다룬다는 점에서 언어학적으로나 인문학적으로는 여전히 살펴볼 여지가 많은 방식임을 말한다.

4) 정적 임베딩과 어휘 형태와 의미의 연관성

이 절에서는 정적 단어 임베딩 세 가지 중 비교적 활용도가 적었던 fastText(패스텍스트)를 살펴본다. 정적 단어 임베딩으로서 워드투벡은 앞에서 알고리즘이나 예시 연구 결과를 보였고, 글로브(GloVe: Global Vectors for word representation)[21]는 두 단어 간의 공기 비율을 고려하여 임베딩 표현을 더 개선한 것인데 이 책에서 다루기에는 지면 할애 대비 보여 줄 것이 많지 않다. 단어조각(subword)이 트랜스포머 방식의 문맥 임베딩 언어 모델에서 그 활용도가 널리 알려지고[22] 주

---

21 Pennington, J., Socher, R. & Manning, C. D. (2014). Glove: Global Vectors for Word Representation. EMNLP (p./pp. 1532-1543)
데모를 위한 참고가 되는 깃허브: https://github.com/stanfordnlp/GloVe

22 Sennrich, R., Haddow, B., & Birch, A. (2015). Neural machine translation of

로 쓰이는 토큰화 방식이 되자 정적 단어 임베딩으로서 fastText[23]에도 그 개념이 적용되었다. fastText 단어 표현[24]은 단어조각 개념을 단어의 글자 연속 구성(char n-gram)을 짧은 것에서 긴 것으로 추가하는 식으로 도입함으로써 wor2vec의 온전한 단어나 어절 형태의 임베딩과는 차별화되는 특징을 보여 줄 수 있다. fastText은 wor2vec를 고안한 Mikolov(2014)가 주축이 되어 고안한 것이다. 임베딩 훈련을 위해 인접 어절을 포함하는 방식인 wor2vec에서 쓰였던 스킵그램(skip-gram)과 씨보우(CBOW)을 선택해서 쓸 수 있으면서 단어 내에서 글자 연속 구성 형태의 토큰을 만드는 파라미터로 최소 길이를 설정하는 minn과 최대 길이를 설정하는 maxn을 두고 있다. 이는 단어의 내적 어휘형태 구성을 고려한 토큰 임베딩을 볼 수 있다는 것이다.

〈그림 3.71〉은 fastText 단어 임베딩의 훈련 파라미터와 사용법이다. 이를 보여 주기 위해 한글 맞춤법 표준화 이전 시기인 근현대 잡지 『개벽』 텍스트 데이터를 〈그림 3.72〉의 설정으로 훈련하였고 그 결과를 시각화한 것은 〈그림 3.73〉이다.

---

rare words with subword units. arXiv preprint arXiv:1508.07909.

23 Bojanowski, P., Grave, E., Joulin, A., & Mikolov, T. (2017). Enriching word vectors with subword information. Transactions of the association for computational linguistics, 5, 135–146.

24 https://fasttext.cc/docs/en/unsupervised-tutorial.html

train_unsupervised parameters

```
input           # training file path (required)
model           # unsupervised fasttext model {cbow, skipgram} [skipgram]
lr              # learning rate [0.05]
dim             # size of word vectors [100]
ws              # size of the context window [5]
epoch           # number of epochs [5]
minCount        # minimal number of word occurences [5]
minn            # min length of char ngram [3]
maxn            # max length of char ngram [6]
neg             # number of negatives sampled [5]
wordNgrams      # max length of word ngram [1]
loss            # loss function {ns, hs, softmax, ova} [ns]
bucket          # number of buckets [2000000]
thread          # number of threads [number of cpus]
lrUpdateRate    # change the rate of updates for the learning rate [100]
t               # sampling threshold [0.0001]
verbose         # verbose [2]
```

〈그림 3.71〉 fastText 임베딩 훈련 파라미터

* 출처: https://fasttext.cc/docs/en/python-module.html#installation

〈그림 3.72〉에서 텍스트 데이터의 임베딩 훈련을 위해 한 단어 표현 벡터 크기를 128로 잡고, skip-gram 방식의 인접 범위 단어를 긍정 부류로 잡게 하고, learning_rate를 0.001[25]로 잡았다. 훈련 파라미터는 특정한 값을 설정하지 않으면 〈그림 3.71〉의 오른쪽에 기술된 기본 값을 따르게 된다. 따라서 단어조각을 만드는 minn은 3이고 maxn은 6이다. 이는 한 어절 단어의 내적 길이를 3 글자에서 6 글자까지 변화시켜가며 인접 단어의 긍정 부류로 잡는다는 뜻이다.

25 근현대 잡지 1종의 데이터를 비교적 작은 데이터이기 때문에 조심스럽게 학습하기 위함이다.

```
model = fasttext.train_unsupervised('gaebyeok/' + fn, model='skipgram', dim=128, lr=0.001)
model.save_model("fasttext_result/013.fasttext.skpg.128.bin")
```

〈그림 3.72〉 잡지 『개벽』을 fastText로 임베딩 훈련을 하는 코드

시각화 결과인 〈그림 3.73〉을 보면 오른쪽에 '하는'과 '하고'가 거의 겹쳐 있고, '대하여', '위하야', '의하야'가 매우 가까이 분포해 있음을 볼 수 있다. 이들은 형태적으로 유사함이 있으면서도 어휘와 의미가 각각이 다른 것들인데 임베딩 시각화에 매우 가까이 표현되었다는 것은 이들의 사용 패턴이 매우 유사했음을 뜻한다.

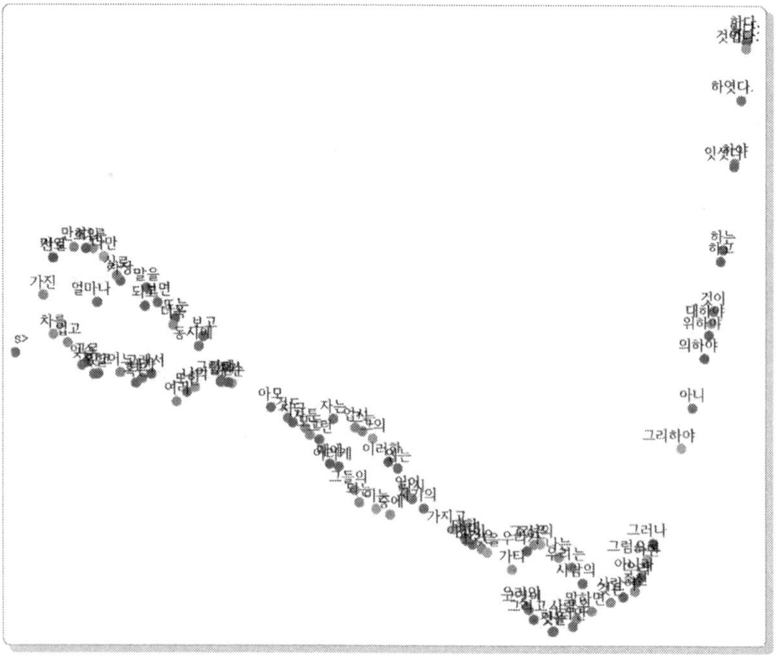

〈그림 3.73〉 fastText의 임베딩이 보이는 형태 유사 어휘와 의미 연관 어휘

fastText 홈페이지에는 한국어를 포함한 157개 언어의 데이터를 수

집하여 임베딩 훈련된 모델이 공개되어 있기도 하고[26] 이 모델을 활용하여 텍스트 분류에 응용하거나 비교 분석을 해볼 수도 있다.

5. 문맥 임베딩

과거에 언어 정보 처리 방법론으로는 구조주의 언어학(structural linguistics)이나 촘스키 문법 위계 모델(Chomsky's hierarchy of grammars)에 기반한 언어학적 형식 규칙에 크게 의존하였으며, 대개는 형태론적 처리, 어휘 의미론적 처리, 담화 화용론적 층위 등을 두어 파이프라인(pipeline) 구성을 두었다. 오늘날의 언어 정보 처리 방법론의 대세는 대용량의 자료로부터 신경망 학습으로 구한 언어 모델(language models)에 기반한 일종의 양적 접근으로 단어, 문장 구조, 의미, 화용 정보를 구분된 층위에서 처리하기보다는 목표 레이블이 있는 말뭉치 혹은 없는 말뭉치에 기반하여 딥러닝의 의미 표현 학습(representation learning)에 의해 입력의 시작 끝부터 목표로 하는 출력의 끝까지(end to end)를 임베딩 모델로 학습하는 방식이다.

단어 임베딩이 한 단어를 어휘부 기준의 고정 참조를 하는 숫자값의 정적 벡터로 표현한다면, 문맥 임베딩(contextual embeddings)은 단어의 주변 문맥에 따라 벡터 값이 변하는 동적 벡터(dynamic vector)로 표현한다. 트랜스포머 언어 모델의 주된 토큰화 방식인 단어조각(wordpiece, subword)이 쓰이기 전에는 단어 연속 맥락을 고려하는 재현

26 https://fasttext.cc/docs/en/crawl-vectors.html

신경망으로 훈련한 언어 모델도 단어와 유사한 토큰으로 표현되었기 때문에 둘다 단어 임베딩이라 불리기도 했으나, 이제는 정적 단어 임베딩이 아니고는 단어 임베딩이라 잘 불리지 않고 그냥 임베딩이라 불리는 일이 많다. 표현 단위가 단어가 아니고 문맥에 따라 동적으로 변하기 때문이다.

1) 트랜스포머 언어 모델

정적 단어 임베딩이 단어 수준의 언어 모델이라면 재현신경망(RNN: recurrent neural networks)에 기반한 언어 모델이나 트랜스포머(Transformer) 방식에 기반한 언어 모델은 연속 단어 열 즉 문맥 수준의 언어 모델이다.

트랜스포머 이전에 주로 쓰이던 재현신경망이 언어 사용의 연속적인 속성을 충실히 모델링하도록 고안된 것이긴 하지만 다층의 심층 신경망 구조 안에서 훈련된 임베딩은 사람이 하는 것과 같이 덜 중요한 정보는 잊고 중요 정보는 유지하는 식의 정보 처리를 못하는 한계가 지적되었다. 이를 해결하기 위해 LSTM(Long Short Term Memory)[27]이나 GRU(Gated Recurrent Unit)[28] 같은 신경망 기제가 재현신경망의 틀 안에서 고안되어 사용되기도 하였으나 중간 심층의 누적 정보량의 가중(bottleneck)이나 기울기 소실(Vanishing gradient) 문제는 고질적이었다(〈그림 3.74〉).

---

27 Hochreiter and Schmidhuber (1997)

28 Cho et al. (2014)

트랜스포머란 이름은 전기 장치의 에너지 변환기[29](transformer)와 같은 뜻을 가지고 있으며 다층 신경망 간의 정보 변환을 뜻하면서도 후술할 셀프어텐션의 혁신성을 담고 있다.

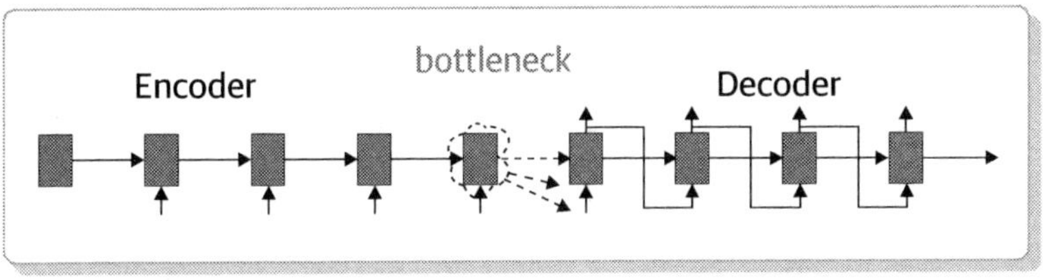

〈그림 3.74〉 재현신경망의 고질병

출처: Jurafsky & Martin (2023)의 9장 Figure 9.20

트랜스포머 모델은 다층 신경망 안에 쿼리(Query), 키(Key), 값(Value) 벡터라는 가중치를 주는 별도의 층을 추가함으로써 입력 데이터 그 자체가 아닌 정보 가중치를 두었는데 이것이 매우 혁신적인 성과를 보였다. 이 방식은 검색 엔진에서 입력 쿼리와 매칭되는 좋은 문서가 상위에 노출될 수 있도록 하는 가중치를 조정하는 알고리즘으로부터 영향을 받은 것이다. 여기서 이러한 입력에 대한 쿼리, 키, 값 벡터를 유지하는 전략이 바로 셀프 어텐션(self-attention)[30]이다.

〈그림 3.75〉에서 입력 X_1, X_2, X_3은 각각 자신(self)을 참조하는 쿼리 벡터, 키 벡터, 값 벡터를 갖는다. 그리고 이러한 셀프 어텐션 층을 여러 개 두는 것을 멀티헤드 어텐션(multi-head attention)이라 하고 〈그

29 우리에겐 전기 에너지 변압기인 일본식 명칭 도란스로 익숙하다.

30 셀프어텐션의 Vaswani et al.(2017) 팀은 검색의 메커니즘을 아는 구글 브레인 소속이다.

림 3.76〉이 보여 주는 것처럼 한 입력 X에 대해 여러 층위로 구성된 헤드를 가지고 있다. 트랜스포머 모델은 쿼리, 키, 값 벡터와 이를 여러 층위로 하는 멀티헤드 어텐션으로써 언어의 다면적 속성을 모델링할 수 있게 되었다. 언어학이 의미론, 어휘론, 통사론, 화용론 등에서 언어적 속성을 다면적으로 살피듯이 말이다. 언어학은 각각의 이론적 틀로 둘러싸여 있어 그 접면(interface)에 대한 연구를 하였으나 전통적 언어 정보 처리의 방식이 파이프라인식 구성이어서 통합적으로 적용이 어려웠으나 트랜스포머 모델의 신경망은 이러한 통합과 소통의 문제를 언어 모델 학습 메커니즘 안에 담아내고 있다.

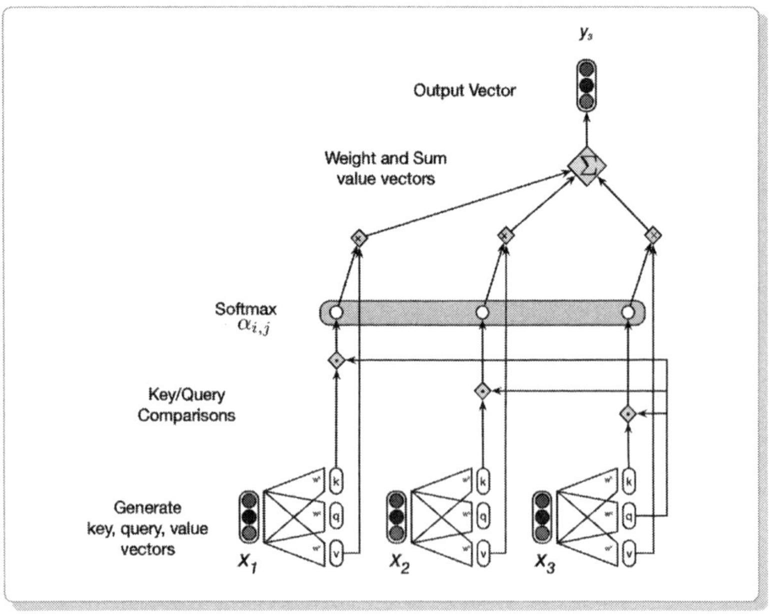

〈그림 3.75〉 입력 X에 대한 Query, Key, Value 벡터를 두는 셀프 어텐션

출처: Jurafsky & Martin (2023)의 10장 Figure 10.2

또 트랜스포머 모델의 하나인 버트(BERT: bidirectional encoder representations from transformers)는 재현신경망이 고수했던 왼쪽에서 오른쪽으로 진행하는 어순의 속성 즉 언어의 연속적인 속성을 살리는 모델링보다는 현재 입력 단어의 일정 범위의 양 방향을 보는 방식이 더 성공적인 결과를 내었다. 이렇게 보면 트랜스포머 모델이 재현신경망이 살린 어순의 속성을 버린 것 같지만 셀프 어텐션을 선보인 Vaswani et al(2017)은 RNN보다 더 개선된 어순 정보를 살리는 입력 토큰의 순서 임베딩(positional embedding)하는 기제를 가지고 있었다. 따라서 어순 속성을 버린 것이라기보다 해당 속성을 학습하는 방식이 달라진 것이라고 보아야 하겠다.

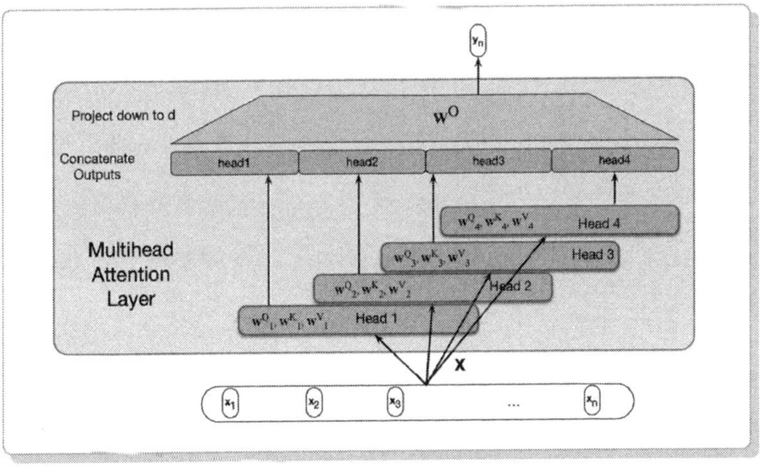

〈그림 3.76〉 멀티헤드 어텐션

출처: Jurafsky & Martin (2023)의 10장 Figure 10.5

2) 자기 지도 학습: 단어 가림 모델, 다음 문장 추정, 다음 단어 추정

인공지능 언어 모델의 개발이 가속화되고 자기 지도 학습(self-supervised learning)의 당위성이 더 커짐에 따라 이제는 말뭉치에 레이블링을 모두 한 다음에 학습을 시작하기보다 거대 규모의 말뭉치에 상식적이고 인식적 당연함을 갖는 기제를 활용하는 것이 혁신적인 성과로 이어졌다. 언어 모델 BERT(Devlin et al. 2018)에서 활용한 단어 가림 모델(MLM: Masked Language Model), 다음 문장 추정(NSP: Next Sentence Prediction), 언어 모델 GPT-2(Generative Pre-trained Transformer 2, Radford et al. 2019)가 활용한 다음 단어 추정(NTP: Next Token Prediction)과 같은 기제들이 그것이다.

BERT의 단어 가림 모델(MLM)은 독해력 테스트의 빈칸 채우기(cloze procedure)[31]에서 가져온 개념이라 한다. 단어 가림 모델은 텍스트에서 15% 정도의 단어를 임의로 뺀 것을 입력 X로 하고 그대로 둔 것을 목표 Y가 되게 하여 훈련함으로써 자기 지도 학습이 되게 한 것이다. 다음 문장 추정(NSP)은 현재 문장과 다음 문장 쌍을 긍정 범주로 하고 현재 문장과 다음 외의 문장 쌍을 부정 범주로 하여 훈련함으로써 일종의 부정대조학습(negative contrastive learning)으로 자기 지도 학습이 되게 한 것이다. 단어 가림 모델이 문장(연속 단어열)의 가운데 단어를 기준으로 좌우 문맥을 추정하는 방식이라면 GPT-2에서부터 보인 생

31 Wilson L Taylor. 1953. Cloze procedure: A new tool for measuring readability. *Journalism Bulletin*, 30(4): 415-433.

성형 모델의 다음 단어 추정(NTP)은 다음 단어를 빈칸으로 하고 왼쪽 문맥만 참조하는 방식으로 오른쪽으로 생성해 가는 방식이다.

이러한 방법들은 좋은 품질의 텍스트로부터 얻는 언어적 개연성이며 인지적 공리에 기반해 있다. 필자도 말뭉치 기반의 접속사 추정 연구(조은경 2017)에서 말뭉치에 레이블링을 하지 않고 (1~4)의 예를 들어 언어적 개연성을 가정했다.

(1) 책을 읽는다. (그리고/그러나/그래서/그러면) 잠이 든다.: 문장 순서가 있다. 연속/역접/인과를 표현한다.
(2) 발을 다쳤다. (*그러나/*그래도/그래서/?그리고) 병원을 갔다.: '그래서'가 선호됨.
(3) 배가 고프다. (*그러나/*그래도/그래서/?그리고) 밥을 먹는다.: '그래서'가 선호됨.
(4) 머리가 아프다. (?그러나/그래도/?그래서/?그리고) 밥을 먹는다.: '그래도'가 선호됨.

다음의 (5~6)은 Jurafsky & Martin(2023)에서 MLM(단어 가림 모델)과 NTP(다음 단어 추정)의 예로 보인 예문이다.

(5) Please, turn ______ homework in.
(6) Please, turn your homework _____.

사람이 (5)에서 your, my, our, the, .. 여러 가능 단어 중 선호도가 가장 큰 your를 택하듯이, (5)에서 in, off, on, down, the 등 여러 가능 단어 중 turn과 공기할 가능성이 큰 전치사 in을 택하듯이 언어 모델이 우선 순위를 택하는 가중치를 학습한다.

자기 지도 학습은 기본적으로 이러한 자연스러운 언어적 개연성에 기반함으로써 별도의 레이블링을 위한 큰 노력과 시간 소모없이 많은 양의 데이터를 자기 지도 학습 방식으로 훈련할 수 있게 된 것이다. 연속된 언어 표현이 아주 많은 데이터에서 자연스러운 언어 현상과 일반 의미를 학습하게 되었고 큰 규모의 언어 모델을 만들 수 있게 되었다.

6. 언어 모델과 전이 학습

딥러닝 언어 모델은 단어 임베딩의 정적 단어 벡터 모델(Goldberg & Hirst 2017)부터 다른 응용 목적을 위해 응용 영역의 말뭉치로 다시 학습하여 이전에 학습한 언어 모델의 유용함과 범용성을 검증하는 식으로 발전시켜 왔다. fastText가 다국어 모델을 공개하고,[32] GloVe가 단어(토큰) 수가 다른 실험용 모델들[33]을 공개했던 이유이다. 트랜스포머 언어 모델이 대세가 되기 전에는 정적 단어 임베딩 모델이 사전 학습 언어 모델(pre-trained language models)이었다. 전이 학습(transfer learning)이란 이전에 만들어 놓은 사전 학습 언어 모델에 기반하여 어떤 응용 목적에 따라 추가 학습을 하게 함으로써 사전 학습 언어 모델의 범용 의미 표현(meaning representation)이 응용 목적 언어 모델로도 전이(transfer)되는 것을 말한다.

32 https://fasttext.cc/docs/en/crawl-vectors.html

33 https://nlp.stanford.edu/projects/glove/

1) 사전 학습 언어 모델과 정밀 학습

사전 학습 언어 모델(PLMs: pre-trained language models)이란 적정 규모의 큰 데이터로 학습하여 공개함으로써 다른 응용 목적으로 쓸 수 있게 만들어 둔 언어 모델이다. 정밀 학습(fine-tune training)이란 통상 범용성을 가진 큰 사전 학습 언어 모델에 기반하여 특정 목적의 레이블링된 데이터를 특정 목적의 의미 표현을 잘 하도록 훈련하는 것을 말한다. 즉 어떤 특정 목적에 맞게 정밀 학습시킴으로써 응용 주제 범주의 분류에 적용할 수 있게 하는 것이다. GPT-3 이후 거대 언어 모델의 성장과 응용이 활발해짐에 따라 사전 학습 언어 모델이라고 하면 초거대 언어 모델(LLMs: Large Language Models)을 가리키는 일이 많아졌다.

〈그림 3.77〉은 전이 학습이라는 개념, 정밀 학습이라는 개념, 다른 응용 연구를 위해 사전 학습 언어 모델을 활용하는 흐름을 표현한다. 사전 학습 언어 모델은 큰 규모의 데이터를 학습한 언어 모델이므로 일반 의미를 표상하는 기능을 하고 이를 기반으로 특정 목적 분야의 데이터를 정밀 학습하여 만들어지는 언어 모델은 그 특정 분야의 의미를 표상한다.

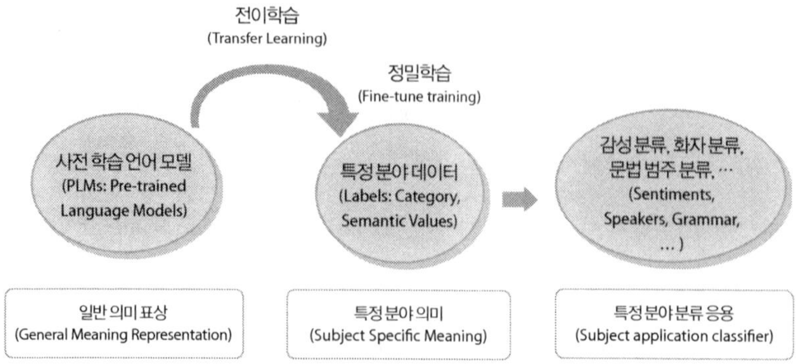

〈그림 3.77〉 전이학습 과정: 사전학습 언어 모델의 활용

기학습한[34] 언어 모델에 기반하여 특정 목적이나 새로운 과제 목적을 위해 레이블링된 데이터를 정밀 학습하는 것은 사전 학습 언어 모델의 활용성을 더 늘리는 일이기도 하다. 사전 학습 언어 모델은 당연히 더 많은 데이터를 학습했을 때 더 큰 커버리지를 가진다. 또 사전 학습 언어 모델은 대규모 말뭉치와 고성능 컴퓨팅 자원과 최적의 파라미터로 학습됨으로써 어휘 표현력이 아주 좋은 언어 자원일 가능성이 크다는 점에서 개인 연구자나 소규모 특정 목적 언어 모델 응용에 토대가 된다.

〈그림 3.78〉은 〈그림 3.77〉의 과정을 보이는 코드 일부이다. 사전 학습 언어모델로 bert_model_name에 small_bert/...를 설정하고 이 모델의 학습에 사용된 토크나이저를 정밀 학습에도 사용하도록 자동 지

34 사전(pre)이라는 표현이 사전(dictionary)과 동음이의어이기 때문이기도 하고, 전통적인 형태분석기가 실시간 어휘 분석에 오류가 많이 나지 않기 위해 분석이 어려운 어절이나 많이 쓰이는 어절은 미리 분석해 놓고 참조해서 쓰는 기분석(pre–analyzed) 사전을 활용하였다는 점에서 필자는 기학습이란 용어를 쓰기를 선호하지만 이미 널리 퍼진 용어를 따르기로 한다.

정하기 위해 map_model_to_preprocessd의 호출에 그 모델을 파라미터로 넣은 다음, 분류기 학습 함수 fit의 호출에 학습할 데이터인 train_ds, val_ds와 반복학습 횟수인 epochs를 파라미터로 한다. 보다 상세한 내용은 〈그림 3.78〉의 출처에서 볼 수 있다.

```
bert_model_name = 'small_bert/bert_en_uncased_L-4_H-512_A-8'

tfhub_handle_encoder = map_name_to_handle[bert_model_name]
tfhub_handle_preprocess = map_model_to_preprocess[bert_model_name]

print(f'Training model with {tfhub_handle_encoder}')
history = classifier_model.fit(x=train_ds,
                               validation_data=val_ds,
                               epochs=epochs)

Training model with https://tfhub.dev/tensorflow/small_bert/bert_en_uncased_L-4_H-512_A-8/1
Epoch 1/5
625/625 [==============================] - 695s 1s/step - loss: 0.4986 - binary_accuracy: 0.7390
Epoch 2/5
625/625 [==============================] - 677s 1s/step - loss: 0.3318 - binary_accuracy: 0.8508
Epoch 3/5
625/625 [==============================] - 674s 1s/step - loss: 0.2568 - binary_accuracy: 0.8929
```

〈그림 3.78〉 정밀 학습 과정의 핵심 절차 코드

출처: https://www.tensorflow.org/text/tutorials/classify_text_with_bert

4부 4장의 한국전쟁 휴전회담록을 가지고 발화 양측을 분류하는 시범 연구도 이러한 방식의 언어 모델 활용의 예에 해당한다. 사전 학습 언어 모델인 bert_en_uncased_L-4-512_A-8/1을 기반으로 휴전회담 참여자인 유엔군과 공산군을 발화자 범주로 레이블링된 회담록을 정밀 학습하여 휴전회담에 관련된 사실성 발화를 누가 말한 것인지의 범주를 분류하는 것이다.

2) 초거대 언어 모델과 프롬프트 엔지니어링

언어 모델의 학습은 트랜스포머 언어 모델부터 급격한 대규모 데이터와 이를 고려한 어휘 파라미터 설정으로 고성능 하드웨어로 훈련되기 시작했다. 이미 우리에게 익숙한 매우 큰 규모의 언어 자료와 다층 신경망의 학습에 의한 초거대 언어 모델(LLMs: large language models)인 지피티(GPT), 라마(LLAMA), 제미나이(Gemini), 네이버 하이퍼클로바(HyperClova) 등이 있다. Brown et al.(2020)의 "Language models are few-shot learners"라는 논문으로 실험 결과가 공개된 GPT-3부터의 초거대 언어 모델은 다양한 맥락에서 동적으로 의미를 표현할 수 있기 때문에 일정 규모 이상의 레이블링된 데이터를 정밀 학습하는 단계를 두기보다는 과제 제시문(prompt)[35]과 예시 몇 개를 학습시킴으로써 해당 과제에 적합한 맥락 의미를 표현할 수 있게 되었다. 이를 프롬프트 엔지니어링(prompt engineering)이라 하고, 초거대 언어 모델이 나오고부터는 레이블링된 데이터를 학습시키는 정밀 학습보다는 프롬프트 엔지니어링의 활용성이 커지게 된 것이다.

프롬프트 엔지니어링은 생성형 인공지능 언어 모델이 해석하고 표현할 수 있도록 텍스트를 구조화하여 학습시키는 프로세스이다. 프롬프트 엔지니어링은 챗지피티[36]의 성공에 따른 사전 학습 언어 모델 활

---

35 프롬프트란 사용자가 인공지능에게 수행을 요구하는 작업을 설명하는 자연어 텍스트이다.

36 chatGPT는 GPT-3라는 대용량의 기학습 언어 모델(pre-trained language model)을 내부적으로 언어 모델 활용 전문가에게 쓰게 하면서 그들의 사용자 피드백을 받아 대화형으로 강화 학습한(RLHF: Reinforcement Learning from

용의 한 방식으로, 프로그래밍 없이 혹은 매우 단순한 정도의 프로그래밍만으로도 사전 학습된 대용량 언어 지식 모델을 원하는 목적으로 활용할 수 있는 다양한 가능성이 모색되고 있다. 일반적인 지식 탐색뿐만 아니라 쓰기 학습에 활용하는 식으로 언어 학습에 활용하거나 언어 학습 평가 도구로의 활용하는 등이 그러하다.[37] 이러한 방식의 급성장은 프로그래밍을 많이 하지 않고도 언어 자원으로서 거대 언어 모델의 표현력을 활용할 수 있다는 장점이 있기 때문이다. 또 이런 식으로 대규모 언어 모델의 활용이 커지면서 프롬프트 엔지니어(Promt engineer)라는 직업 전문가 명칭도 생겼다.

특히 초거대 언어 모델을 새로운 지식 생성을 위해 프롬프트 엔지니어링의 방식으로 제안된 생각고리(CoT: Chain of Thought) 프롬프팅(prompting)은 새로운 지식을 단계적으로 제시하여 질문에 대한 정답을 도출하게 하는 학습 방식이다. 이는 인간의 학습 및 교육 방식과 매우 유사하다는 점에서 시사하는 바가 크다. 〈그림 3.79〉가 보이듯이 생각고리 프롬프팅은 질문과 답을 학습시킬 때 유사한 문제라도 왼쪽과 같이 간략한 정답('The answer is 11')으로만 제시하면 풀이에 실패했지만 오른쪽과 같이 정답에 이르는 풀이 과정을 가르쳐주듯이 단계적 문장으로 제시하여('Roger started with 5 balls. 2 cans of 3 tennis balls each is 6. 5+6–11. So the answer is 11') 학습시켰을 때는 잘 풀어내고 있음을

Human Feedback) 언어 모델을 기반으로 하는 대화형 서비스이다. 여기에도 전이 학습과 정밀학습 과정이 들어간 것이다.

37 Han, J., Yoo, H., Kim, Y., Myung, J., Kim, M., Lim, H., … & Oh, A. (2023). RECIPE: How to Integrate ChatGPT into EFL Writing Education. arXiv preprint arXiv:2305.11583.

보여 준다. 이는 사람에게 새로운 정보를 말할 때 충분한 맥락 정보를 주면 더 잘 이해하는 것과 같이 언어 모델의 학습에도 단계적이고 충분한 텍스트 정보를 제시하는 것이 더 좋은 결과를 얻게 됨을 보이는 것이다.

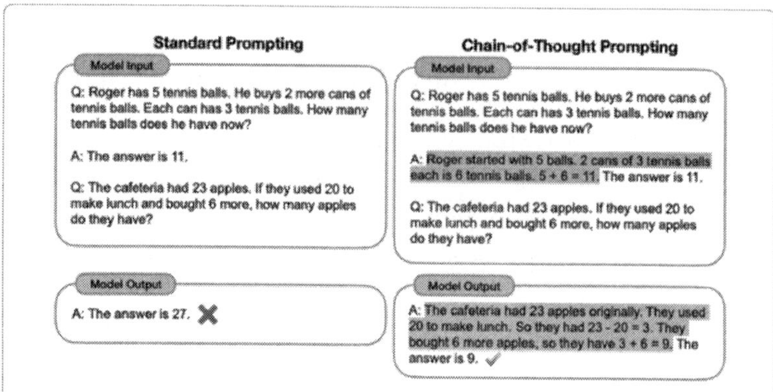

Figure 1: Chain-of-thought prompting enables large language models to tackle complex arithmetic, commonsense, and symbolic reasoning tasks. Chain-of-thought reasoning processes are highlighted.

〈그림 3.79〉 일반 프롬프트와 생각고리 프롬프트

출처: Wei et al. 2022

과제제시문을 적절하게 줌으로써 거대 언어 모델로부터 더 나은 결과를 얻게 하는 방식으로, 생각고리 프롬프팅 외에도 상호작용형 언어 모델을 개선하는 Yao et al.(2022)의 리액트(ReACT)나 언어 모델을 활용한 요약문 생성을 개선하는 디에스피(DSP: direct stimulus prompting) 등이 있고 이들은 자연어 제시문을 적정 형식으로 만드는 것에 중점을 둔다.

3) 생성형 언어 모델과 상호작용형 학습

생성형 언어 모델 서비스인 chatGPT가 나오고부터 질의 응답 형식으로 활용하는 일이 늘고 있다. 〈그림 3.80〉과 같이 간단하게 질의 응답 서비스로 활용하여 답을 곧바로 얻는다. 검색 서비스와 같이 원하는 문서를 찾아다니는 등의 추가 노력이 없다.

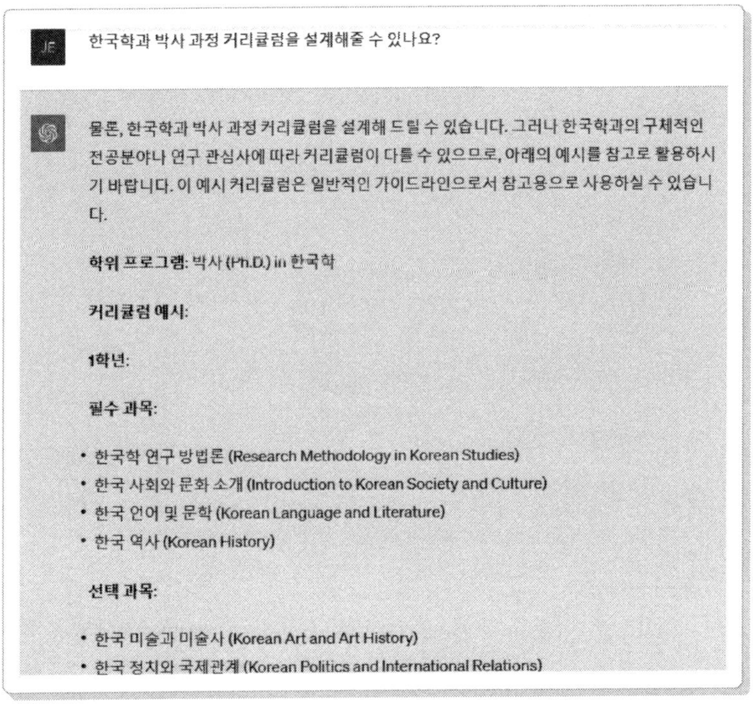

〈그림 3.80〉 chatGPT 웹 서비스에서 질의를 하여 답을 얻는 방법.
*2023년 10월

프롬프트 엔지니어링은 〈그림 3.80〉과 같이 단순히 활용하는 단계에서 나아가, 1) chatGPT에게 얻은 답에 이어서 대화 맥락 내 학습

(In-context learning)을 하여 개선된 답을 도출하는 식으로 활용하거나, 2) chatGPT의 언어 모델 API 함수를 활용하여 여러 질의를 보내어 답을 도출하는 간단한 프로그래밍 방식을 말한다.

〈그림 3.81〉은 1)의 예시로 이 맥락에서 나아가 보완 답변을 받기 위해 맥락 내 학습을 시킨 것이다.

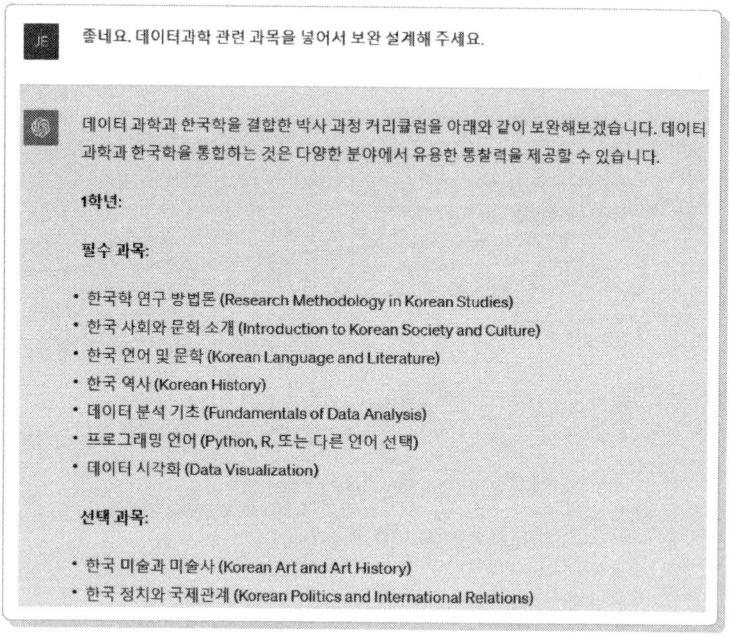

〈그림 3.81〉 chatGPT 웹 서비스에서 맥락 내 학습으로 개선된 답을 도출. 2023년 10월

〈그림 3.82〉는 2)의 예시로 맥락 정보 및 프롬프트 내용을 {utterance}, {prompt} 같은 변수로 잡아서 다양한 내용으로 바꿔 쓸 수 있음을 보인다. 2)의 방식은 프로그래밍 언어로 언어 모델에 직접

접근할 수 있는 API key[38]를 써야 하지만, 대화자 역할 설정을 변항으로 하여 바꾸거나 질의를 다양한 방식으로 줄 수 있으며 대화 흐름과 내용을 파일로 저장할 수도 있다.

```
!pip -q install openai
import openai
# get API key from top-right dropdown on OpenAI website
openai.api_key = OPENAI_API_KEY #something like 'sk-.....'
```

```
utterance = '부라부랴 왔는데 아무도 안왔네. 시간개념들이 없네'
prompt = f"""약속 시간에 도착해서 다음과 같이 말합니다.
{utterance}
어떤 대답을 해야 할까요?
"""
```

```
# now query gpt-4
res = openai.Completion.create(
    engine= 'text-davinci-003', #lm_name,
    prompt=prompt,
    max_tokens=256
)

print(res['choices'][0]['text'].strip())
```

```
미안해요. 기다리시는 데 불편했겠어요. 용서해 주세요.
```

〈그림 3.82〉 chatGPT의 API 함수를 쓴 언어 모델 활용.
2023년 10월

〈그림 3.80〉부터 〈그림 3.82〉까지의 사용 예시는 모두 2023년 가을 무렵의 결과이고 지금은 더 편리한 사용성을 갖추었다.

38 OpenAI의 가이드(https://platform.openai.com/docs/guides/gpt)에 보면 API (application programming interface)를 활용할 수 있는 방법이 상세하게 안내되어 있다.
API 참고(https://platform.openai.com/docs/api-reference)에는 사용자별 암호 같은 Key를 발급받는 방법이 상세하게 안내되어 있다.

GPT-4부터의 chatGPT는 멀티모달 서비스로 텍스트 응답과 함께 그림도 같이 생성해 준다(4부 4장의 〈그림 4.4.6〉 참조). 언어모델을 활용해서 어떤 유용한 지식을 이끌어낼 것인지 그 과정과 결과를 어떻게 평가하고 활용할지는 우리의 과제이다.

4) 초거대 언어 모델의 한계와 분류형 작은 언어 모델

생성형 언어 모델이면서 초거대 언어 모델의 대성공은 일상 생활 및 여러 학문 분야에도 큰 영향을 미쳤다. 단어의 연속열인 텍스트를 학습한 여러 언어 모델들 RNN, LSTMs, BERT, RoBERta, GPT 중 특히 GPT(generative pre-trained transformer)는 범주 분류나 문맥 내 적합 단어 추정 같은 판별 모형(discriminative models)과는 달리 다음 단어 생성(generation)에 집중하여 새로운 연속 단어에 대한 가능성(likelihood)을 학습한 생성형 모델이다. 이를테면, 무에서 유를 창조하는 것이 아니라 관측된 데이터로부터 학습한 모델에 기반하여 학습 데이터에 실재하지는 않지만 실제에 가까운 것을 생성(generate)하는 것이다(Foster, D. 2023). 이 때문에 생성형 언어 모델이 가지는 본질적 한계가 있고 학습 시점을 기준으로 미래의 일에 대해서는 사실이 아닌 일을 사실인 것처럼 생성하거나 불가능한 일을 자연스러운 언어로 표현하기도 한다. 이를 착오(hallucination)라고 부르기도 하는데, 비판하는 이들은 엉터리, 헛소리(bullshit)를 만들어낸다고 한다. 실제에 가까운 새로운 것을 생성하려면 아주 많은 데이터를 학습해야 한다. 마치 사람이 새로운 것을 창조하여 그 성과가 다른 이에게도 유의미하게 여겨

지려면 수많은 경험을 해야 하고 실재하는 의미있는 것과도 흡사해야 더 유의미하게 여겨질 것이다.

그러나 초거대 언어 모델을 인공지능 언어 모델 개발을 주로 하지 않는 연구자가 사용하기에는 여러 한계가 따른다. 큰 비용이 아니더라도 토큰 당 비용을 지불해야 하고 chatGPT나 Gemini 같은 모델은 이미 서비스에 적용된 것이기 때문에 이 언어 모델들을 개발한 회사의 정책이 바뀌거나 예고없는 갱신이 있을 수 있기 때문이다. 그들의 언어 모델을 좋은 서비스로만 보는 것이 아니고 연구용의 언어 자원으로 본다면 한계점이나 명시적인 정보 유지가 필요하다. 또 학생들이 쓰기 과제에 챗지피티의 결과를 그대로 활용함으로써 생기는 교육적 부작용의 문제가 논의되어서 최근에는 거대 언어 모델에 의한 글쓰기이냐 사람이 직접 쓴 글이냐를 판별하는 연구도 활발하게 진행되고 있다. 또 하나는 수많은 데이터 학습의 결과로 혹은 우리 사회에 녹아있는 현상의 문제를 드러내는 것이기도 한, 비윤리적인 언어 표현이나 차별이나 고정관념의 사회적 문제를 그대로 드러내는 편향이 지적되어 왔다.

초거대 언어 모델을 웹 API를 활용한 프롬프트 엔지니어링 방식으로 활용하기보다 사전 학습 언어 모델로 쓰면서 정밀 학습을 하려면 초거대 언어 모델을 운용하기 위한 컴퓨팅 인프라를 갖추고 있어야 한다. 그리고 생성형 언어 모델은 다음 단어 추정(next token prediction)에 기반한 훈련이기 때문에 비사실 문장을 생성하는 착오나 문화 민감성이 떨어지는 표현을 생성하는 것은 피할 수 없는 한계이고 예측 불가능하다고 할 수 있다. 이를 극복하기 위해 검색 확장 생성(RAG: Retrieval Augmented Generation)이라 하여 생성 직전에 검색 엔진을 활용하거나 정적인 지식 베이스에서 검색 단계를 거쳐 사실성이나 신뢰성 검증을 거친 다음에 생성하는 방식이 개발되었고 많은 인공지능 응용 서비스에 활용되고 있다.

한편, 초거대 언어 모델이 아니어도 대규모 데이터를 학습한 언어 모델로 활용할 수 있는 자원들도 많다. 구글의 텐써플로우 허브(tensorflow hub)[39]나 트랜스포머 언어 모델의 대성공 이후 다양한 모델 및 해결안 공유를 목표로 만들어진 허깅페이스(huggingface)[40]에서 그리 크지 않은 실용적인 언어 모델과 데이터셋을 구할 수 있다. 따라서 비용이나 운용 부담 면에서 경제적이고 예측 불가능에 대한 어려움이 덜한 작은 분류형 언어 모델이 여전히 필요하고 개발이 가능하다. 왜냐하면 연구자는 필요한 지식의 범위와 한계가 명확한 것을 선호하기 때문이다. 이에 대한 시도와 연구 주제를 4부 4장의 한국전쟁 휴전 회담록 분석에서 회담 양측의 발화 사실 분류 모델에 적용하는 것으로 보일 것이다.

상호작용형(대화형) 언어 모델로서 chatGPT가 큰 성공을 하긴 했지만 이외에도 메타(구. 페이스북)에서 개발된 초거대 언어 모델 모델 LLamma-3도 있고 개인 컴퓨터에서 운용할 수 있는 작은 모델 Ollama와 Local llama-3도 사전 학습 언어 모델로 활용할 수 있다.

39 https://www.tensorflow.org/resources/models-datasets

40 https://huggingface.co/models

참고 문헌

Adiwardana, Daniel, Minh-Thang Luong, David R. So, Jamie Hall, Noah Fiedel, Romal Thoppilan, Zi Yang et al. Towards a human-like open-domain chatbot. arXiv preprint arXiv:2001.09977. 2020.

Ashktorab, Z., Jain, M., Liao, Q. V., & Weisz, J. D.Resilient chatbots: Repair strategy preferences for conversational breakdowns. In *Proceedings of the 2019 CHI Conference on Human Factors in Computing Systems*, 254, 2019, 1-12.

Bojanowski, P., Grave, E., Joulin, A., & Mikolov, T. Enriching word vectors with subword information. *Transactions of the association for computational linguistics*, 5, 2017. 135-146.

Bird, S., Klein, E., & Loper, E., *Natural Language Processing with Python* – Analyzing Text with the Natural Language Toolkit. O'Reilly. 2009.

Bishop, Christopher. *Machine Learning and Pattern Recognition*, Springer. 2006.

Bommasani, R. et al. On the Opportunities and Risks of Foundation Models, https://arxiv.org/pdf/2108.07258, 2022.

Brown, Tom, Benjamin Mann, Nick Ryder, Melanie Subbiah, Jared D. Kaplan, Prafulla Dhariwal, Arvind Neelakantan et al. "Language models are few-shot learners." *Advances in neural information processing systems* 33. 2020. 1877-1901.

Chen, S. Y. and E. Matthew Husband. *Event (De) Composition*, The Oxford Handbook of Experimental Semantics and Pragmatics, Cummings, Chris and Katsos, Napolen (ed.), Oxford University Press. 2019.

Cho, Kyunghyun; van Merrienboer, Bart; Bahdanau, DZmitry; Bougares, Fethi; Schwenk, Holger; Bengio, Yoshua. Learning Phrase Representations using RNN Encoder-Decoder for Statistical Machine Translation". Association for Computational Linguistics.

arXiv:1406.1078, 2014.

Chowdhery, Aakanksha, Sharan Narang, Jacob Devlin, Maarten Bosma, Gaurav Mishra, Adam Roberts, Paul Barham et al. "Palm: Scaling language modeling with pathways." *Journal of Machine Learning Research* 24, no. 240. 2023. 1−113.

Croft, W. B., Metzler, D., Strohman, T. *Search engines: Information retrieval in practice.* Addison−Wesley Reading. 2010.

David M. Blei, Andrew Y. Ng, and Michael I. Jordan. Latent dirichlet allocation. J. Mach. Learn. Res. 3, 2003, 993−1022.

Devlin, J., Chang, M. W., Lee, K., & Toutanova, K. Bert: Pre−training of deep bidirectional transformers for language understanding. arXiv preprint arXiv:1810.04805. 2018.

Dickinson, B., Brew C., & Meurers, D. *Dialog systems in Language and Computers.* Wiley−Blackwell. 2013.

Dimo Angelov. Top2vec: Distributed representations of topics. arXiv preprint arXiv:2008.09470, 2020.

Eugene M. Darling, Juris G. Raudseps. Non−parametric unsupervised learning with applications to image classification, *Pattern Recognition*, Volume 2, Issue 4, 1970. 313−335.

Følstad, A., & Taylor, C.. Conversational repair in chatbots for customer service: The effect of expressing uncertainty and suggesting alternatives. In A. Følstad et al. (Eds.), *Chatbot research and design.* Conversations. Lecture notes in computer science, Springer. 2019.

Foster, David. *Generative Deep Learning.* O'reilly. 2019(1st ed), 2023(2nd ed).

Francois Chollet. *Deep Learning with Python.* Manning publication. 2021 (2nd ed.)

Gage, Philip. *A New Algorithm for Data Compression*. C Users J., 12(2), 1994. 23−38.

Gallagher, Ryan J., Kyle Reing, David Kale, and Greg Ver Steeg. Anchored correlation explanation: Topic modeling with minimal domain knowledge. *Transactions of the Association for Computational Linguistics*

5, 2017. 529–542.

Gao, J. et al.Neural Approaches to Conversational AI Question Answering, https://arxiv.org/abs/1809.08267, 2019.

Géron, Aurélien. *Hands–On Machine Learning with Scikit–Learn, Keras,* tensorflow. O'Reilly. 2019(2nd ed.)

Goldber, Yoav & Grame Hirst. *Neural Network Methods for Natural Language Processing.* Synthesis Lectures on Human Language Technologies. Morgan Clay Pool. 2017.

Goodfellow, Ian., Bengio, Yoshua., & Courville, Aaron. *Deep learning.* MIT press. 2016.

Han, J., Yoo, H., Kim, Y., Myung, J., Kim, M., Lim, H., … & Oh, A. RECIPE: How to Integrate ChatGPT into EFL Writing Education. arXiv preprint arXiv:2305.11583. 2023.

Hinton, G. E. A fast learning algorithm for deep belief nets, *Neural Computation*, 18(7), 2006, 1527-1554.

Hochreiter, Sepp & Schmidhuber, Jürgen. Long Short–Term Memory. *Neural Comput.* 9, 8, (1997), 1735-1780.

Jacob Devlin, Ming–Wei Chang, Kenton Lee, and Kristina Toutanova. 2019. Bert: Pre–training of deep bidirectional transformers for language understanding.

Jacob Eisenstein. *Introduction to Natural Language Processing.* The MIT Press. 2019.

Janet Homes and Nick Wilson, An Introduction to sociolinguistics, Routlegde. 2017(5th).

Joe H. Ward Jr. Hierarchical grouping to optimize an objective function. *Journal of the American Statistical Association*, 58(301), 1963, 236–244.

Joel Grus. *Data Science from scratch*, O'Reilly. 2019(2nd ed.).

José Manuel Montero Guerra, Ignacio Danvila–del–Valle, Mariano Méndez Suárez The impact of digital transformation on talent management, *Technological Forecasting and Social Change*, Volume 188. 2023.

Jurafsky, D. & James H. Martin. *Speech and Language Processing.* https://

web.stanford.edu/~jurafsky/slp3/, 2021~current. (3rd ed.)

Kim, H. Functions of the verbal affix –nuntey in Korean conversation. *Language Research*, 32(4), 1996. 637–664.

Laurie Bauer, Janet Homes and Paul Warren., *Language Matters*, Palgrave macmillan. 2006,

LeCun, Y. Deep Learning Hardware: Past, Present, and Future, IEEE International Solid– State Circuits Conference – (ISSCC), PPA019. 2019. 12–19.

LeCun, Yann; Bengio, Yoshua; Hinton, Geoffrey. Deep Learning. *Nature*. 521 (7553): 2015. 436–444.

Lee, K. D. The pragmatic function of the connective nuntey. *Language*, 5(1), 1980. 119–135.

Lewis Tunstall, Leandro von Werra, Thomas Wolf. Natural Language Processing with Transformers: Building Language Applications with Huggingface. O'Reilley. 2022.

Li, Zekun, Baolin Peng, Pengcheng He, Michel Galley, Jianfeng Gao, and Xifeng Yan. "Guiding large language models via directional stimulus prompting." Advances in *Neural Information Processing Systems* 36. 2024.

Li, T. J., Chen, J., et al. Multi–modal repairs of conversational breakdowns in task–oriented dialogs. In *Proceedings of the 33rd Annual ACM Symposium on User Interface Software and Technology*, 2020. 1094–1107.

Mitchell, Melanie. Why AI is harder than we think. arXiv preprint arXiv:2104.12871 2021.

Maarten Grootendorst. 2022. Bertopic: Neural topic modeling with a class–based tf–idf procedure.

MacQueen, J. B. Some Methods for classification and Analysis of Multivariate Observations. *Proceedings of 5th Berkeley Symposium on Mathematical Statistics and Probability*. Vol. 1. University of California Press. 1967. 281–297.

Magesh, Varun, Faiz Surani, Matthew Dahl, Mirac Suzgun, Christopher

D. Manning, and Daniel E. Ho. Hallucination–Free? Assessing the Reliability of Leading AI Legal Research Tools. arXiv preprint arXiv:2405.20362. 2024.

Manning, C. D., & Schutze, H.. *Foundations of statistical natural language processing*. MIT Press. 1999.

Manning, C. D., Raghavan, P., & Schütze, H. *Introduction to Information Retrieval*. Cambridge: Cambridge University Press. 2008.

María M. Feliciano–Cestero et al. Is digital transformation threatened? A systematic literature review of the factors influencing firms' digital transformation and internationalization. *Journal of Business Research*, Vol. 157. 2023.

Markus Dickinson, Chris Brew, Detmar Meurers. *Language and Computers*. Brill. 2012.

McTear, M. Conversational AI: Dialogue Systems, Conversational Agents, and Chatbots, Morgan publishers. 2021.

Mitchell, T. M. Machine learning. McGraw–hill New York. 1997.

Moore, R. J., & Arar, R. *Conversational UX design: A practitioner's guide to the natural conversation framework*. ACM. 2019.

Oakes, M. P. Statistics for *Corpus Linguistics*. Edinburgh University Press. 1998.

Park, Y–Y. The Korean connective nuntey in conversational discourse. *Journal of Pragmatics*, 31. 1999. 191–218.

Pennington, J., Socher, R. & Manning, C. D. Glove: Global Vectors for Word Representation. In the proceedings of EMNLP. 2014. 1532—1543.

Radford, A., Wu, J., Child, R., Luan, D., Amodei, D., & Sutskever, I. Language Models are Unsupervised Multitask Learners. 2019.

Reeves, S. Some conversational challenges of talking with machines. Workshop at the 20th ACM conference on Computer–Supported Cooperative Work and Social Computing. Oregon, USA: Association for Computing Machinery. 2017. 431–436.

Relieu, M., Sahin, M., & Francillon, A. Lenny the bot as a resource for sequential analysis: Exploring the treatment of next turn repair initiation in the beginnings of unsolicited calls. Proceedings of the Mensch und Computer Association for Computing Machinery. 2019. 348–349.

Schegloff, E. A. Sequence Organization in Interaction: A Primer in conversation analysis, 1. Cambridge University Press. 2007.

Schegloff, E. A., Jefferson, G., & Sacks, H. The preference for self-correction in the organization of repair in conversation. *Language*, 53(2), 1977. 361–382.

Sennrich, R., Haddow, B., & Birch, A. Neural Machine Translation of Rare Words with Subword Units. In *Proceedings of the 54th Annual Meeting of the Association for Computational Linguistics*, 2016. 1715–1725.

Shuster, K. et al. BlenderBot 3: a deployed conversational agent that continually learns to responsibly engage, 2022.

Spärck Jones, K. A Statistical Interpretation of Term Specificity and Its Application in Retrieval. *Journal of Documentation*. 28 (1), 1972.

Szymanski, M. H., & Moore, R. J. Adapting to customer initiative: Insights from human service encounters. In R. J. Moore, M. H. Szymanski, R. Arar, & G-J. Ren (Eds.), *Studies in conversational UX design*. Springer. 2018. 19–32.

Takumitsu Kudo. Mecab : Yet another part-of-speech and morphological analyzer. 2005.

Thoppilan, R. et al. LaMDA: Language Models for Dialog Applications, https://arxiv.org/abs/2201.08239. 2022.

Vaswani, Ashish, Noam Shazeer, Niki Parmar, Jakob Uszkoreit, Llion Jones, Aidan N. Gomez, Łukasz Kaiser, and Illia Polosukhin. Attention is all you need. Advances in neural information processing systems 30. 2017.

Vial, Gregory. Understanding digital transformation: A review and a research agenda. *The Journal of Strategic Information Systems*. 28 (2). 2019. 118–144.

Wei, J., Wang, X., Schuurmans, D., Bosma, M., Xia, F., Chi, E., … & Zhou, D. Chain-of-thought prompting elicits reasoning in large language models. Advances in *Neural Information Processing Systems*, 35. 2022. 24824-24837.

Weizenbaum, J. ELIZA—a computer program for the study of natural language communication between man and machine. *Communications of the ACM* Volume 9 Issue 1, 1966. 36-45.

Yao, Shunyu, Jeffrey Zhao, Dian Yu, Nan Du, Izhak Shafran, Karthik Narasimhan, and Yuan Cao. React: Synergizing reasoning and acting in language models. arXiv preprint arXiv:2210.03629. 2022.

Zhang, Y. et al. DialoGPT: Large-Scale Generative Pre-training for Conversational Response Generation, https://arxiv.org/abs/1911.00536, 2019.

과학기술정보통신부. 제1회 인공지능 최고위 전략대화(AI Strategy Summit), https://www.msit.go.kr/bbs/view.do?sCode=user&mId=113&mPid=112&pageIndex=8&bbsSeqNo=94&nttSeqNo=3180695&searchOpt=NTT_SJ&searchTxt=인공지능, 2021

김학수. 우리말 자연어 처리 기술 – 과거와 현재, ≪새국어생활≫ 특집 4차 산업혁명 시대의 국어 생활. 2017.

서상규, 한영균. (편저). 국어정보학 입문. 태학사. 1999.

신효필. 언어학과 통계모델. 서울대학교출판문화원. 2014.

이기창. BERT와 GPT로 배우는 자연어 처리. 이지스 퍼블리싱. 2021

조은경. 국어 공지시 해석 시스템에 관한 연구. 연세대 박사학위논문. 2007.

조은경. 감성 분석 연구의 현황과 말뭉치에 기반한 사례 분석, 언어과학연구 61, 2012. 259-282.

조은경. 텍스트 말뭉치의 주제와 주제어 분석 –세종 문어 말뭉치를 중심으로. 텍스트언어학 37. 텍스트언어학회. 2014. 201-232.

조은경. 감성 분석에서 함수적 어휘와 대하여성 추출. 한국어 의미학 47. 한국어 의미학회. 2015. 1-26.

조은경. 디지털 사회의 가치와 언어 연구 방법. 언어와 정보 사회 28, 2016.

291-315.
조은경. 말뭉치에 기반한 담화 표지와 응집성 관계 모형 개발. 2017년도 한국어학회, 한국어의미학회, 숙명여대 한국어문화연구소 공동 전국학술대회 발표 자료집. 2017.
조은경. 단어 임베딩으로 보는 한국어 젠더의 의미 변화- 10년 전과 최근의 뉴스 기사를 활용하여 -, 언어와 문화 15(3), 2019. 221-241.
조은경. 인간 기계 상호작용을 위한 대화 처리 연구, 한글 306, 2014. 101-130.
조은경, 서정연. Improving Educational Dialog System for Historical World Affairs, Korean Journal of Applied Linguistics 37, 2021. 161-191
한국과학기술기획평가원. 2020년도 예비타당성조사 보고서 - 사람 중심 AI 강국 실현을 위한 차세대 인공지능 핵심원천기술개발사업, KISTEP. 2021.

[웹자료]

코엔엘피와이(KoNLPy): https://konlpy.org/
엔엘티케이(NLTK): https://www.nltk.org/
젠심(gensim): https://radimrehurek.com/gensim/
사이킷런(sklearn): https://scikit-learn.org/
텐서플로우(Tensorflow): https://www.tensorflow.org/
패스트텍스트(fastText): https://fasttext.cc/docs/en/support.html
글루(GLUE:종합언어이해평가) 벤치마크: https://gluebenchmark.com/tasks
수퍼글루(SuperGLUE) 벤치마크: https://super.gluebenchmark.com/tasks
챗지피티(ChatGPT): https://chat.openai.com/chat
라마(LLama): https://llama.meta.com/
제미나이(Gemini): https://gemini.google.com/
허깅페이스(Huggingface): https://huggingface.co/
랭체인(langchain): https://www.langchain.com/

4부

한국학 연구에 데이터과학적 방법의 적용

4부

한국학 연구에 데이터과학적 방법의 적용

이 장에서는 이전 장에서 소개한 데이터와 분석 방법론을 한국학적 데이터 분석에 적용한 연구 내용을 소개한다. 한글 혹은 조선어라는 남한과 북한의 글자 체계와 그 현실에 대한 분석에서 시작하여 20세기 전반기 및 일제강점기 근대화 과정에 근현대 한국이 있게 한 한글 철자법 및 언어학 잡지 그리고 사회문화적 잡지에 대한 분석, 남한과 북한의 분단 현실과 관련된 한국전쟁 휴전회담록 분석, 현대 한국 및 글로벌 사회에서 쟁점으로 부각되어온 젠더에 관한 소셜 미디어 분석, 그리고 고도 온라인 사회에서의 윤리적 문제로 부각되고 있는 부적절 언어 표현에 관한 분석 과정을 보이고자 한다.

1장
한글과 조선글 사용의 차이와 변화

이 절은 텍스트의 가장 작은 단위인 글자를 소재로 남한과 북한이 각기 다른 배열이나 음운 규칙을 가지고 쓰고 있지만 디지털 고도화 이전의 북한의 글자 통계 분석과 이후의 남한의 적어도 필자의 글자 통계 분석을 살핌으로써 여전히 우리가 가진 공통점을 보고 또 차이점에 대한 원인에 대해 생각해 보기로 한다.

1. 조선글과 한글

한반도가 남한과 북한으로 분단되어 같은 언어를 쓰고 있지만, 어휘적 특성이 많이 달라졌고 각기 다른 맞춤법을 따라 쓰고 있다. 각기 다른 언어 정책을 펼쳐 왔기 때문이다(홍윤표 2001). 비록 남과 북이 공통적으로 세종대왕이 창제한 훈민정음의 글자 체계 기본을 따르고 있고 여전히 국어(남한은 한국어, 북한은 조선어라는 명칭을 쓴다)를 쓰지만, 사전에 배열되는 자모 글자의 순서가 다르다든가 두음법칙에 따라 단어의 첫음절에 오는 글자가 남과 북이 다를 때도 많다. 한글이란 명칭도 대한민국 기준의 글자 체계 명칭이다. 북한에서는 조선글이라 한다. 〈그림 4.1.1〉은 북한의 조선글 자모 배열이고, 〈그림 4.1.2〉는 남한의 한글 자모 배열이다.

① 자음 (19자)

ㄱ ㄴ ㄷ ㄹ ㅁ ㅂ ㅅ ㅇ ㅈ ㅊ ㅋ ㅌ ㅍ ㅎ ㄲ ㄸ ㅃ ㅆ ㅉ

② 모음 (21자)

ㅏ ㅑ ㅓ ㅕ ㅗ ㅛ ㅜ ㅠ ㅡ ㅣ ㅐ ㅒ ㅔ ㅖ ㅚ ㅟ ㅢ ㅘ ㅝ ㅙ ㅞ

③ 받침 자모 (27자)

ㄱ ㄳ ㄴ ㄵ ㄶ ㄷ ㄹ ㄺ ㄻ ㄼ ㄽ ㄾ ㄿ ㅀ ㅁ ㅂ ㅄ ㅅ ㅇ ㅈ ㅊ ㅋ ㅌ ㅍ ㅎ ㄲ ㅆ

〈그림 4.1.1〉 북한의 자모 배열: 조선말규범집(1988)

① 자음

ㄱ ㄲ ㄴ ㄷ ㄸ ㄹ ㅁ ㅂ ㅃ ㅅ ㅆ ㅇ ㅈ ㅉ ㅊ ㅋ ㅌ ㅍ ㅎ

② 모음

ㅏ ㅐ ㅑ ㅒ ㅓ ㅔ ㅕ ㅖ ㅗ ㅘ ㅙ ㅚ ㅛ ㅜ ㅝ ㅞ ㅟ ㅠ ㅡ ㅢ ㅣ

③ 받침 자모

ㄱ ㄲ ㄳ ㄴ ㄵ ㄶ ㄷ ㄹ ㄺ ㄻ ㄼ ㄽ ㄾ ㄿ ㅀ ㅁ ㅂ ㅄ ㅅ ㅆ ㅇ ㅈ ㅊ ㅋ ㅌ ㅍ ㅎ

〈그림 4.1.2〉 남한의 사전 자모 배열: 한글맞춤법 제 4항

〈그림 4.1.1〉과 〈그림 4.1.2〉에서 보이는 것처럼 남한과 북한의 자모 하나하나는 동일하지만, 그 배열 순서는 다르다. 북한의 조선글 자

모 배열에는 복합 자음, 복합 모음이 뒤에 배열되어 있지만, 남한의 자모 배열에는 음운의 유사성에 따라 사이사이 배열되어 있다. 이는 남한과 북한의 사전 표제어 배열 순서가 다르게 만들었고, 컴퓨터로 글자를 표현하는 인코딩 체계의 국제표준을 만들기도 어렵게 했다. 현재 국제통용의 유니코드 내에 한글 글자 코드 순서는 남한의 자모 배열 순서이다. 따라서 한글 키보드가 없다거나 한글 언어로 설정되어 있지 않은 가령 해외의 컴퓨터에서 한글로 된 문서를 다룰 때 남한의 체계가 약간의 유리한 점이 있다.

단어를 표현할 때 남과 북이 다른 대표적인 것은 두음법칙이다. 남한은 단어의 앞글자로 'ㄹ'이 오지 않는 '두음법칙'을 두기 때문에 한자어 '노동(勞動), 낙원(樂園), 역사(歷史), 예절(例節), 이유(理由)' 등으로 발음하고 적지만, 북한은 더 강한 '형태주의'를 따르기 때문에 '로동, 락원, 력사, 례절, 리유'라고 발음하고 적는다. 그 외에도 사이시옷과 사이히읗이 다르다. 남한은 '나룻배, 나뭇가지, 아랫집, 깻잎, 텃세'가 맞지만, 북한은 '나루배, 나무가지, 깨잎, 터세'가 맞다. 남한은 '수캉아지, 수캐, 수탉, 수평아리'가 맞고, 북한은 '수강아지, 수개, 수닭, 수병아리'가 맞다. 이러한 철자법 차이는 자모 글자 사용의 양적 차이를 낳았고 이는 과거와 현재의 글 자료를 자모 단위로 분해하여 각각을 세어 보면 그 양적 차이로 드러난다.

2. 1986년 조선글의 자모 조사

북한은 어문 규범의 제정과 배포에 국가가 더 강한 역할을 해온 것으로 잘 알려져 있다. 과거에 전자계산기로 불리었던 컴퓨터로 언어 자료를 조사하고 분석 응용하는 일에도 더 적극적이었음은 말할 것도 없다. 『조선어 정보 처리』(1994), 『본문언어학』(1995), 『수리언어학』(1997), 『계산기언어학개론』(1997) 등 북한에서 출판된 자체적 단행본만 보아도 알 수 있다. 남한은 이러한 분야의 도서가 해외의 도서를 번역해서 쓴 것들이거나 해외 원서를 참고해 왔다.

자모음글자와 쓰임순위와 쓰임수, 쓰임률

순위	자모	쓰임수	쓰임률	순위	자모	쓰임수	쓰임률
1	ㅇ	133,392	12.161	10	ㅓ	43,468	3.983
2	ㅏ	98,836	8.810	11	ㄷ	43,352	3.952
3	ㄴ	91,896	8.378	12	ㅁ	37,676	3.435
4	ㄱ	78,934	7.201	13	ㅈ	37,616	3.430
5	ㄹ	76,668	6.990	14	ㅜ	31,773	2.897
6	ㅣ	67,820	6.183	15	ㅎ	30,488	2.778
7	ㅡ	69,674	5.531	16	ㅂ	26,286	2.397
8	ㅗ	49,178	4.483	17	ㅕ	28,944	2.183
9	ㅅ	45,798	4.175	18	ㅔ	19,180	1.749

〈그림 4.1.3〉 북한의 1986년 조선어 자모 빈도조사: 『조선어정보처리』

〈그림 4.1.3〉은 1986년에 사회과학원 언어학연구소 응용언어학연구실에서 대형전자계산기를 이용하여 본문자모음글자 1,096,856자를 가지고 자모음글자 40자에 대한 쓰임수와 그 쓰임률을 조사 장악하여 그 확률통계적 특성을 분석한 결과표이다(『조선어 정보 처리』 17쪽). 한글 및 조선글은 초성, 중성, 종성 글자 3개로 하나의 음절 글자를 구성한다. 초성이 없는 음절 글자는 없고 'ㅇ'을 채워 쓰기 때문에 가장 빈도가 큰 자모 글자가 된다. 이는 다음 절의 남한의 한글 자모 조사 결과에서도 동일하다.

3. 2018년 한글의 자모 조사

남한의 어문 규범은 어문 연구자에 의해 정리되어 왔고 예외적으로 허용되어 온 것들은 언중의 영향에 의한 것이다. 한글 글자의 빈도 조사를 국립국어원과 같은 정부의 지원을 받는 기관이 과거에 언젠가 했겠지만 이제는 개인 연구자가 해볼 수 있는 손쉬운 일이 되었다.

〈그림 4.1.4〉는 남한의 자모 빈도 조사를 위해 필자가 2018년에 임의의 뉴스 텍스트를 수집하여 음절 글자 1,797,167자의 자모를 분리하여 빈도를 계산하고 빈도순 상위 20개의 차트를 그린 것이다.

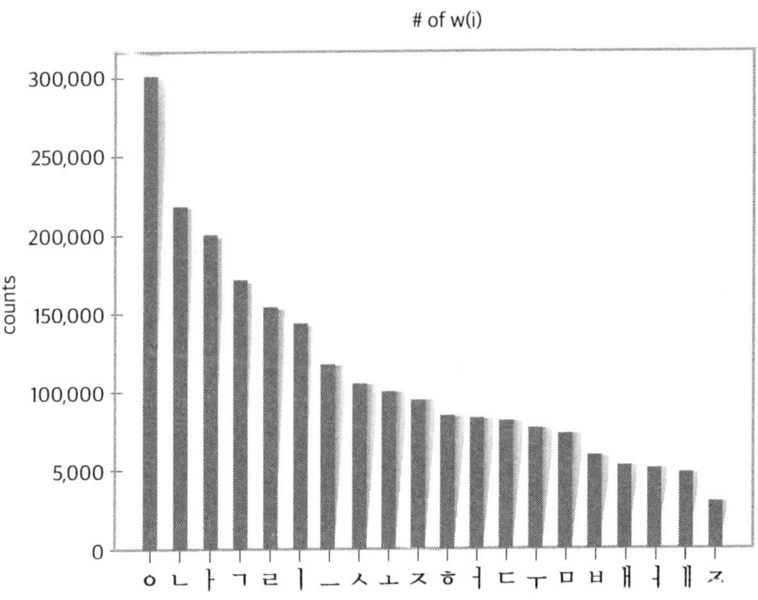

〈그림 4.1.4〉 남한의 한글 자모 빈도 조사

남북한 모두 초성이 없는 음절 글자는 없고 'ㅇ'을 채워 쓰기 때문에 남한의 자모 빈도 조사에도 'ㅇ'은 1위이다. 그런데 'ㄴ'이 남한의 자모 빈도 조사 순위에는 2위에 있고 북한의 빈도 조사 순위에는 3위에 있다. 이는 분명 두음법칙의 유무 때문일 것이다. 한편 'ㄹ'은 북한과 남한이 같은 5순위에 있다. 북한은 두음법칙을 쓰지 않기 때문에 'ㄹ'을 더 많이 쓸 것 같지만, 그 순위가 남북한이 동일하다. 이는 남한은 외래어가 많기 때문인 것으로 추정된다. 북한의 자모 빈도 조사 및 순위에서 'ㅅ'은 9위에 있고, 필자가 수집한 남한의 뉴스 텍스트를 가지고 한 조사는 8위에 있다. 이는 남한의 맞춤법에는 사이시옷을 써야 하는 것과 다소 관련성이 있을 것이고 또 남한의 텍스트에는 '스타트업', '스타' 등의 시옷으로 시작하는 외래어가 많다는 점도 관련성이 있을 것이다. 또 북한의 자모 빈도 조사표는 18위까지만 있는데 'ㅕ', 'ㅔ'가 17위와 18위이다. 남한의 빈도 순위로는 'ㅕ', 'ㅔ'가 18위와 19위이고 'ㅐ'가 17위에 있다. 필자는 이것도 'a' 모음이 많은 외래어의 영향이라고 짐작을 한다. 자모 빈도 조사의 순위 차이에 외래어가 어느 정도 영향을 미치는지에 대해서는 외래어 목록과 함께 추후에 더 분석 및 조사를 해보아야 할 것 같다.

4. 글자의 분석과 한글과 조선글의 차이를 넘어

3부 3장의 '한글 인코딩과 글자 처리'에서 컴퓨터에서 글자 처리의 문제를 다루면서 초성, 중성, 종성의 자모음 글자가 모여서 하나의 음절 글자를 이루는 한글을 어떻게 분석적으로 다룰지를 살폈다. 이러한 처리 방식을 토대로 여기서는 비교적 최근인 2018년 남한의 뉴스 텍스트를 임의 추출하여 글자를 분석함으로써 1986년도에 북한에서 수행한 자모음 글자 빈도 조사와 비교하였다. 자모음 글자 분석의 결과로 남과 북의 언어 정책의 차이를 드러낼 수 있고 남과 북이 외래 문화의 영향에 의한 차이도 있음을 볼 수 있었다.

남과 북이 세종대왕이 창제한 근본적으로 동일한 글자 체계를 쓰기 때문에 아직까지는 큰 차이를 드러내지는 않고 있지만, 문화 차이가 가속화되면 또 모를 일이다. 겨레말큰사전 남북공동편찬사업회가 남북의 다른 어문 규정을 정리하고 아름다운 겨레말을 살리는 운동을 하고 있지만, 실제로 한민족이 통일이 되고 같은 어문 규범을 따르는 날이 오기를 기원한다. 나아가 남북 분단으로 인해 각각이 발달되어 간 언어 정책적 변화와 소리글자로서 한글의 표현과 실제적 쓰임에 대해서도 남과 북으로 나뉘지 않는 언어학자들의 통합 논의와 데이터과학적 계량 보고가 있기를 바라본다.

참고 문헌

국립국어원. 남북한 어문 규범 비교 연구. 2004.

권종성. 조선어정보처리. (과학백과사전종합출판사. 평양종합인쇄공장, 1994). 한국문화사 영인본, 1996.

김용묵. 한글 입력 편집기의 통합적 설계와 구현에 관한 연구, 연세대학교 대학원 언어정보학과 석사논문. 2012.

김준형. (서평) 가족과 학문, 그리고 심원: 『북으로 간 언어학자 김수경』. 민족문학사연구, 84. 2024. 681–714.

문영호. 계산기언어학개론. 사회과학출판사. 평양종합인쇄공장. 1999.

박진호. (서평) 한 언어학자의 삶을 통해 본 남북분단: 『북으로 간 언어학자 김수경』. 2024. 178–190.

안성득. 수리언어학. 조선어학과용. (김일성종합대학. 김일성종합대학인쇄공장. 1997) 도서출판 역락 영인본. 2001.

이타가키 류타 (저자), 고영진 · 임경화(번역). 북으로 간 언어학자 김수경. (北に渡った言語学者: 金壽卿 1918~2000. 人文書院, 2021). 푸른역사, 2024.

전병선. 본문언어학. (과학백과사전종합출판사, 평양종합인쇄공장. 1995) 한국문화사 영인본. 1997.

홍윤표. "남북한 국어정보화 표준화를 위한 과제". 한국정보과학회 제13회 한글 및 한국어정보처리학술대회 발표 논문집, 2001.

Markus Dickinson, Chris Brew, Detmar Meurers. *Language and Computers*. Brill. 2012.

Richard Sproat. *Morphology and Computation*. The MIT Press. 1992.

겨레말큰사전 남북공동편찬사업회: https://www.gyeoremal.or.kr/

2장
근대 언어학 잡지의 주제 분석

'언어학'이라는 분야와 용어는 언어를 하나의 학문적 전문 분야로 설정하고 그 개념화를 이루었다는 점에서 근대적이다. 근대와 근대화는 전통적 봉건사회로부터 산업화 및 자본주의 사회로 이행해 가는 역사적인 시기와 그 변화를 말한다. 그 과정의 제도와 사상의 변화, 문물의 변화를 종합적으로 살펴보는 고찰은 많았고 또 언어사적, 국어사적 관점에서 질적인 고찰을 한 연구로는 김병문(2017, 2019, 2024), 안예리(2016, 2019, 2021), 최경봉(2011, 2012, 2019) 등이 있다.

이 절은 근대화 과정에 있던 한국 사회의 언어학 분야의 잡지 『한글』, 『정음』, 『월간잡지 조선어』 3종[41]의 모든 기사 데이터를 분석함으로써 각각의 글자 사용의 양상으로 드러나는 특성과 토픽 모델링을 통

41 이 3종의 잡지는 국립중앙도서관의 디지털 자료 구축 사업의 일환으로 데이터 지원을 받은 것임을 밝혀둔다.

한 대표 키워드로 각각의 전반적 주제 내용을 살펴보는 것이다. 다음 〈표 4.2.1〉은 이 잡지 3종의 글자 사용 양상을 드러내는 빈도표이다. 3부 3장에서 살핀 한자 변환 처리 이전 단계의 텍스트 데이터로 계산된 것이다.

〈표 4.2.1〉 『한글』, 『정음』, 『월간잡지 조선어』의 글자별 수와 그 비율

	『한글』	비율	『정음』	비율	『월간잡지 조선어』	비율
한글 수	**1458630**	44.53	**757914**	**41.81**	547512	20.61
한자 수	655783	20.02	**600359**	**33.12**	847135	31.89
일자 수	7405	0.23	9872	0.55	**612164**	**23.04**
영자 / 기호 수	1153632	35.22	444442	24.52	650008	24.46
합	3275450	100.00	1812587	100.00	2656819	100.00

이 표는 각 잡지의 분석에 들어가기 전에 『한글』이 얼마나 한글 비중이 높았는지, 『월간 조선어』가 얼마나 낮았는지 잘 보여줌으로써 근대 전환기 및 일제강점기 언어학 잡지의 성격을 잘 나타낸다.

1. 『한글』의 근현대적 한글 운동

『한글』은 1932년 5월 1일에 창간된 조선어학회(현. 한글학회)의 기관지로 이윤재 선생을 편집인으로 하여 출발하였다. 〈표 4.2.2〉는 한글 창간호의 표지와 목차 1쪽, 일러두기 2쪽에 이어지는 3쪽이다.[42]

42 한글 창간호의 표지, 목차, 3쪽의 원본 자료의 사진은 다음 유알엘에서 볼 수 있다. 대한민국역사박물관의 근현대사아카이브의 자료 사진이다.

〈표 4.2.2〉『한글』 창간호의 머리말

ㅊㅓㅅㅅㅈㅐㄱㅜㅓㄴ ㅎㅏㄴㄱㅡㄹ ㅊㅓㅅㅅㅈㅐㅎㅗ

한글을 처음 내면서

李允宰

一

오늘날 이 시대에 날로날로 진보 발달하여가는 온갖 과학, 온갖 학술, 또 사회의 모든 문화로 우리의 일상생활에 이르러, 어느것 한가지 말과 글의 힘을 빌지 아니하고 된 것이 없다。말과 글이 이러틋 우리 인생에게 잠시도 없지 못할 가장 귀중하고 요긴한 것이 된다 함은, 여기에서 새삼스리 떠들 필요가 없을것이다。그러므로, 어느 나라 사람이든지 각기 제 나라의 말과 글이 잇어, 모두 여기에 대하여 끔찍이 사랑을 주는 것이다。

二

우리 조선 민족에게는 좋은 말, 좋은 글이 엇다。더욱이 우리글— 한글은 소리가 갖고, 모양이 곱고, 배우기 쉽고, 쓰기 편한 훌륭한 글이다。우리는 여태까지 도리어 이것을 푸대접하고 짓밟아버렷으므로, 매우 좋아서야 할 한글이 지금에 이대도록 지저분하여, 아주 볼모양 없이 된 것이다。한 사십여년 전에 우리 한힌샘 스승이 바른 길을 열어 주므로부터, 그 뒤를 따르는 이가 적지 않앗고, 또 이를 위하여 꾸준히 일하려는 이가 많이 일어나기에 이른 것은, 우리 한글의 앞 길을 위하여 크게 기뻐하는 바이다。

三

–후략–

위의 글은 한글 한자 변환이나 쓰기 방식 변환없는 그대로를 옮긴 것이다. 편집인 이윤재는 한글 풀어쓰기로 시작하였으며 그의 이름과 단락별 번호를 제외하고는 순 한글로 썼으며 당시로는 매우 혁신적인 '가로쓰기'를 하였다. 매체 글쓰기에서 가로쓰기가 본격 시작된 것

https://www.much.go.kr/L/cK2NoP5gcJ.do (2024년)

은 1980년대 창간한 한겨레 신문의 기사 인쇄 방식이다. 이런 측면에서 『한글』은 이미 현대적이었고 이 잡지의 성격을 잘 드러낸다.

국립중앙도서관의 근대 잡지 디지털화 사업으로 구축된 『한글』 자료는 창간호 1권 1호부터 종간호 9권 9호까지의 총 2,917쪽이다. 이제 이 자료를 가지고 언어학 잡지 『한글』의 토픽 모델링을 통해 주제 개념 시각화를 한 것을 보자. 토픽 모델링은 이전 장에서 살폈듯이 비지도 학습 방식의 하나로 토픽의 개수만 지정을 하고 다른 것은 최적화를 위한 설정만 한다. 『한글』의 모든 데이터로 모델링을 했을 때 토픽 간의 구분이 가장 잘 되어서 토픽 원들 사이에 겹침이 전혀 없는 최대의 토픽 수는 4였고 〈그림 4.2.5〉와 같다. 가장 큰 토픽 원 1을 구성하는 키워드는 역시나 '한글, 조선, 조선어학회, 언어, 조선어, 연구, 발음, 문자, 최현배, 훈민정음, 통일안, 철자, 문법' 등이다.

〈그림 4.2.6〉은 토픽 수를 10으로 한 결과이다. 『한글』이 창간호부터 최종 발간된 호수까지 2,900여 쪽이 되는데 4개 주제로만 보는 것은 지나친 축소이고, LDA 토픽 모델링이 토픽 간의 키워드 공유는 어느 정도 허용되기 때문이다. 다만 토픽 간에 너무 많은 주제 범주 공유가 이루어지면 즉, 토픽을 표현하는 원이 많이 겹치면 주제 구분의 의미가 떨어지기 때문에 여러 번 반복 실험을 하여 10을 적정 수준의 토픽 수와 겹침 정도에서 적합한 모델로 선택한 것이다. 토픽 수가 4이든 10이든 가장 큰 토픽 주제 원 1의 키워드는 '한글, 발음, 조선어, 언어, 연구' 등이다.

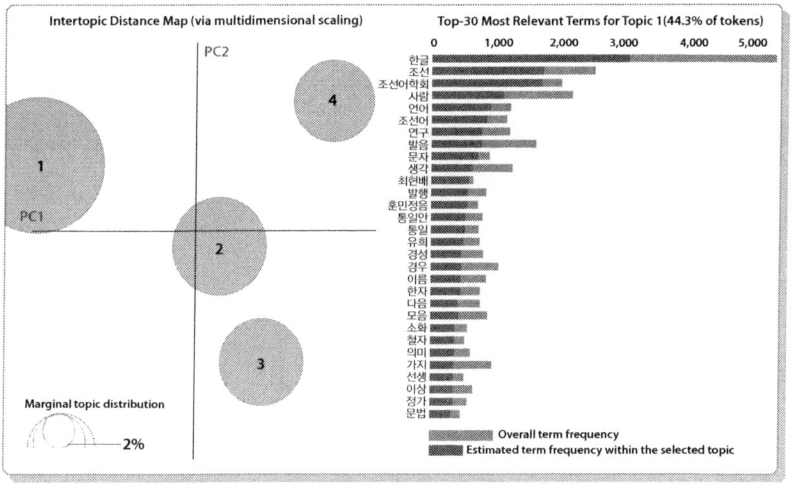

〈그림 4.2.5〉 『한글』의 4개 토픽 모델

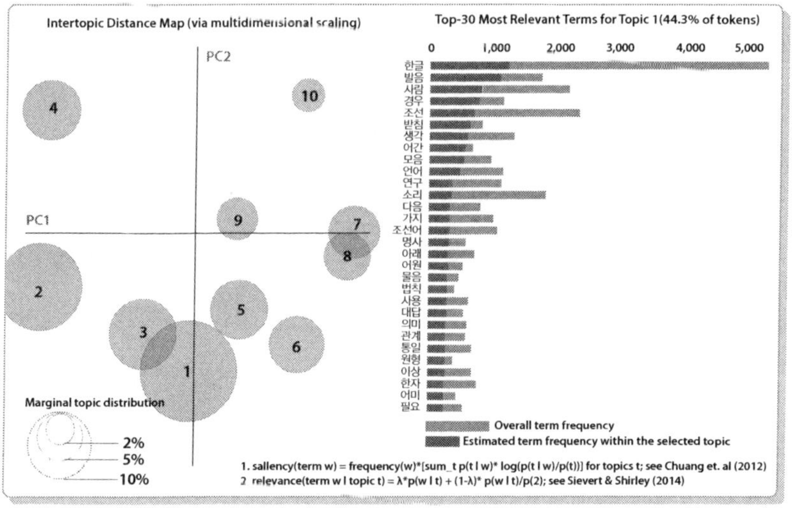

〈그림 4.2.6〉 『한글』의 10개 토픽 모델

토픽 수가 10인 때에는 가장 큰 토픽 주제 원 1의 키워드에는 조금 더 구체적인 수준의 한국어학 용어인 '받침, 어간, 모음, 소리' 등이

상위에 들어와 있다. 토픽 개수가 커진 만큼 그 안에 담기는 키워드가 더 구체적이고 상세한 의미를 전달하는 것들이다. 이제 10개 주제 토픽으로 묶인 키워드들을 15개씩만 나열해 보면 〈표 4.2.3〉과 같다. 토픽 주제 2에는 『한글』을 기관지로 운용한 '조선어학회'가 있고 '마춤법 통일안'을 추진했던 만큼 '통일안'이 있고 핵심 문법학자이자 한글학자인 '최현배' 선생이 있다. 토픽 주제 3의 키워드에는 '문자, 한자, 표현'이라는 단어 외에 그리 특이한 키워드는 보이지 않는다. 〈그림 4.2.6〉의 토픽 원들에서 보았듯이 주제 3은 주제 1과 다소 겹쳐 있다. 주제 4의 키워드는 『한글』이 일제강점기에 한글 운동을 하였던 간행물로서 어려움을 볼 수 있는 키워드가 있다 '경성부, 신민, 황국, 발행, 인쇄' 등이다. 주제 5는 맞춤법 통일안을 추진했던 근대 언어학적 사고의 키워드를 보인다. '명사, 가지(종류의 뜻), 통일, 어원, 철자법' 등이 그렇다. 주제 6은 음운론적 주제와 관련된 키워드들로 '소리, 발음, 사이, 본말, 자리, 된소리' 등이 보인다. 주제 7은 방언이 그 주제이다. 그 키워드들은 '시골, 강릉, 지방, 방언' 등이다. 주제 8은 문화이다. '사람, 아이, 노래, 나비, 삼강행실도, 머리' 등이 그 키워드이다. 주제 9는 역사와 잡지 운영이 섞여 있는 것 같다. 그 키워드는 '신라, 조선, 고구려'가 있고 '정가, 서울, 경성, 송료, 십전' 등이 잡지 운영에 관한 것이다. 주제 10은 방언에 관련된 근대적 언어학 주제이다. 그 키워드는 '춘천, 지방, 강릉, 토씨(조사의 뜻), 발음, 영어, 언어' 등이다.

『한글』은 일제강점기 한글 맞춤법 통일안을 추진한 조선어학회의 기관지로서 근대 언어학적 다양한 주제들을 드러내었다.

〈표 4.2.3〉『한글』의 10개 토픽 주제의 핵심어

*토픽별 의미적 특정성을 보이는 단어에 밑줄로 표시하였다.

1	2	3	4	5
한글	한글	한글	한글	한글
발음	조선어학회	언어	경성부	사람
사람	조선	조선	조선	이름
경우	유희	사람	번지	백호
조선	딱지	문자	신민	조선
받침	통일안	조선어	황국	문제
생각	최현배	생각	발행	생각
어간	발행	한자	화동	가지
모음	조선어	발음	연구	명사
언어	훈민정음	백호	도서	나무
연구	강릉	연구	이구	밑바닥
소리	경성	다음	소화	문자
다음	정가	소화	인쇄	통일
가지	연구	소리	6호	어원
조선어	사람	표현	견지	철자법

6	7	8	9	10
소리	한글	한글	사람	춘천
한글	소리	생각	한글	이름
발음	시골	소리	신라	한글
사이	강릉	사람	조선	면적
사람	단어	빙인	정가	나무
물건	발음	아이	경성	지방
생각	아래	언어	도둑	강릉
시호	지방	지방	십전	발음
나무	구멍	정의	지방	토씨
본말	머리	다리	고구려	버럭
자리	나무	노래	송료	영어
조선	글자	나비	서울	모음
웃음	한자	발음	조선어	조선
된소리	조선	삼강행실도	설명	시기
한자	방언	머리	이름	언어

2. 『정음』의 근대 언어학적 언문 운동

『正音』(정음)은 1934년에 창간된 조선어학연구회[43]의 기관지로, 『한글』과 함께 1930년대 국학진흥운동(國學振興運動)의 한 통로였다. 이 잡지 발간의 의의는 조선어학연구회의 발족과 박승빈의 문법학설 그리고 조선어학회의 <한글맞춤법통일안>에 나타난 주시경 학설과의 대립관계에서 찾아야 한다(한국민족문화대백과사전[44]). 1933년 10월 29일 조선어학회의 <한글마춤법통일안>이 정식으로 확정 발표되자 조선어학연구회 측에서는 박승빈 학설의 이론적 주장과 그 반대 운동을 조직화하기 위하여 이듬해 1934년 2월 15일 자로 기관지 『정음』을 발행한 것이었다.

〈표 4.2.4〉는 『정음』 창간호의 머리말이다. 원문은 '세로쓰기'였고 디지털 텍스트로 만드는 과정에 가로쓰기로 입력한 것이다. 여기서 띄어쓰기는 절 혹은 문장 단위라 할 만큼 현대어 띄어쓰기와 다르다. 여기서 또 『정음』의 글쓰기는 한자로 쓴 주요 내용어를 내버려 두고 순 한글 표현만 보더라도 쓰기는 형태주의보다는 표음주의[45]를 따르고 있음을 볼 수 있다. 〈표 4.2.4〉는 국립중앙도서관에서 원자료를 디지털 텍스트로 만든 것이며, 〈표 4.2.5〉는 〈표 4.2.4〉의 한자를 한글로 변환

43 조선어학연구회는 조선어학회에 밀려 비록 본래의 뜻은 이루지 못하였으나 기관지 ≪정음≫을 꾸준히 발간하여 37호로 폐간하기까지 약 10년 동안이나 국어연구와 그 보급에 이바지하였다.

44 https://encykorea.aks.ac.kr/Article/E0050717

45 현행 한글맞춤법은 형태주의를 기반으로 한 표음주의 절충이다. 한글 맞춤법 총칙 제1항에서 '표준어를 소리대로 적되, 어법에 맞도록 함을 원칙으로 한다'에서 '어법에 맞도록 함'이란 단어 기본형을 밝혀 적는다는 형태주의 원칙을 말하고 표준어를 소리 나는 대로 적도록 한 게 현행 맞춤법의 원리다. 두음법칙이나 사이시옷은 표음주의 절충의 방안이다.

한 것이다.

〈표 4.2.4〉『정음』 창간호 권두언(머리말) 원문 디지털화

> 卷頭言
>
> 朝鮮의 言文運動도 벌서 過去數十年의歷史를 가지게되얏다。그러함에도 아직것이러타할實績을 나타내디못한것은 甚히 遺憾스러운일이다。朝鮮言文運動의 直接으로目的하는바는 무엇인가하면 그것은朝鮮言文의整理와統一이다。그러한데 今日의朝鮮言文의狀態인즉 아즉도整現統一될날은 머은것같다。온갓文化가氫速度로發達하는오늘에이서 文化의 基礎인言文의整理와 統一이업서서 쓸수이슬가? 文化發展에 만흔支障이될것은 무를것도업는것이다。그러하야言文의整理統一에對한要求가 挽近朝鮮社會에서 작고絕叫됨은진실로그要求가切實하기때문이다。數年前朝鮮語學研究會가 創立된것은 决코偶然한일이안이다。單純한一個의學說의提唱도안이다。朝鮮社會의實情으로브터 充分한社會的任務를띄고必然的으로생긴것이다。在來의朝鮮言文運動에對한 不滿이社會的으로釀成되야잇든것이 一集團的機關으로 그具體的表現의길을어든것이다。참으로在來의運動의一切의過誤를 모조리清算하고 새로온言文運動을樹立하디안흐면안될것이다。過謬를빨리清算揚棄하고 보다 進步的인境地를向하야 새로온出發을비롯는것보다 더賢明함은업는것이다。
>
> 本誌는 實로 朝鮮語學研究會의精神을 繼承하야 그것의一具現으로나타낫당。지금第一步를내노흠에當하야 特別히宣言할아모것도업다。다만새로온朝鮮言文運動의樹立을爲하야 誠과力을 다할쓴이다。
>
> 1、言文의法則은科學的客觀性을 十二分으로가지고잇는것이라야할것。
>
> 2、整理統一의方法을取함에는 可及的으로 歷史的制度에依據하야 最大限度의實用性이 잇는 時代意識에 適合한것으로할 것。
>
> –후략–

한자를 한글로 변환한 〈표 4.2.5〉를 보면, 띄어쓰기가 현대어와 매우 다름이 한눈에 드러난다. 또, 한자와 다른 소리글자로서 한글의 특성이 표음주의식 표기로 인해 더 극명하게 드러난다. 이러한『정음』의 표

음주의식 표기는 조선어학회의 '한글맞춤법식 표기법'과 달리 조선왕조부터 사용되어 온 '정음식 표기법'을 고수한 것이라 한다. 이러한 표음주의식 표기는 한글맞춤법이 정착되기 이전까지 많은 근현대 자료에서 동일한 대상을 다양하게 표기하는 양상을 통해서도 볼 수 있다.

〈표 4.2.5〉「正音」 創刊號 卷頭言의 한글 변환

권두언

조선의 언문운동도 벌서 과거수십년의력사를 가지게되얏다。그러함에도 아직것이러타할실적을 나타내디못한것은 심히 유감스러운일이다。조선언문운동의 직접으로목적하는바는 무엇인가하면 그것은조선언문의정이와통일이다。그러한데 금일의조선언문의장태인즉 아즉도정현통일될날은 머은것같다。온갓문화가경속도로발달하는오늘에이서 문화의 기초인언문의정이와 통일이업서서 쓸수이슬가? 문화발전에 만흔지장이될것은 무를것도업는것이다。그러하야언문의정이통일에대한요구가 만근조선사회에서 작고절규됨은진실로그요구가절실하기때문이다。수년전조선어흔연구회가 창립된것은 결코우연한일이안이다。단순한일개의학설의제창도안이다。조선사회의실정으로브터 충분한사회적임무를띄고필연적으로생긴것이다。재내의조선언문운동에대한 불만이사회적으로양성되야잇든것이 일집단적기관으로 그구체적표현의길을어든것이다。참으로재내의운동의일절의과오를 모조리청산하고 새로온언문운동을수립하디안흐면안될것이다。과조를빨리청산양엽하고 보다 진보적인경지를향하야 새로온출발을비롯는것보다 더현명함은업는것이다。

본지는 실로 조선어학연구회의나신을 계승하야 그것의일구현으로나타낫당。지금제일보를내노흠에당하야 특별히선언할아모것도업다。다만 새로온조선언문운동의수립을위하야 성과력을 다할쑨이다。

1、언문의법칙은과학적객관성을 십이분으로가지고잇는것이라야할것。
2、정이통일의방법을취함에는 가급적으로 력사적제도에의거하야 최대한도의실용성이 잇는 시대의식에 적합한것으로할것。

-후략-

국립중앙도서관의 근대 잡지 디지털화 사업으로 구축된『정음』자료는 창간호 1호부터 종간호 37호까지의 총 2,048쪽이다. 이제 또 다른 국학진흥운동의 하나로서 언어학 잡지『정음』의 토픽 모델링을 통해 주제 개념 시각화를 보자.『정음』의 토픽 원들 사이에 겹침이 전혀 없는 최대의 토픽 수는 5였고 〈그림 4.2.7〉과 같다. 이때 가장 큰 토픽 원 1을 구성하는 키워드에는 '조선어, 언어, 연구, 발음, 훈민정음, 한글, 문법' 등이 들어가 있어『한글』의 키워드와 유사하나, '훈민정음' 외에도 '정음'이 있고 '최현배'는 없으며 '어학'과 '연구회'가 있다. 이는『한글』은 조선어학회의 기관지였고,『정음』은 조선어학연구회 기관지라는 점과 관련된다. 특히, '조선어학회'는 '조선어/학회'로 '조선어학연구회'는 '조선/어학/연구회'가 어휘형태 분석 단계에서 각각의 단어로 분리되었으며, 유독 '조선어학연구회'가 많이 쓰였기 때문일 것이다.

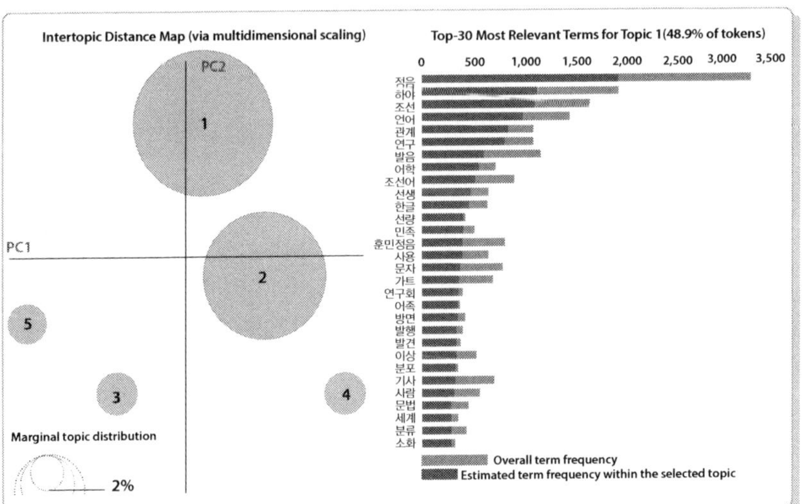

〈그림 4.2.7〉『정음』의 5개 토픽 모델

이제 토픽 수를 조금 더 늘리고 토픽 원 사이의 겹침이 덜한 적정 토픽 수는 7로 모델링되었고, 그것은 〈그림 4.2.8〉과 같다. 이때의 가장 큰 토픽 원 1을 구성하는 키워드에는 조선어학연구회를 주도한 '박승빈'이 들어와 있다. 그리고 발음과 관련된 '중성, 어음' 등의 조금 더 구체적인 단어가 들어와 있다.

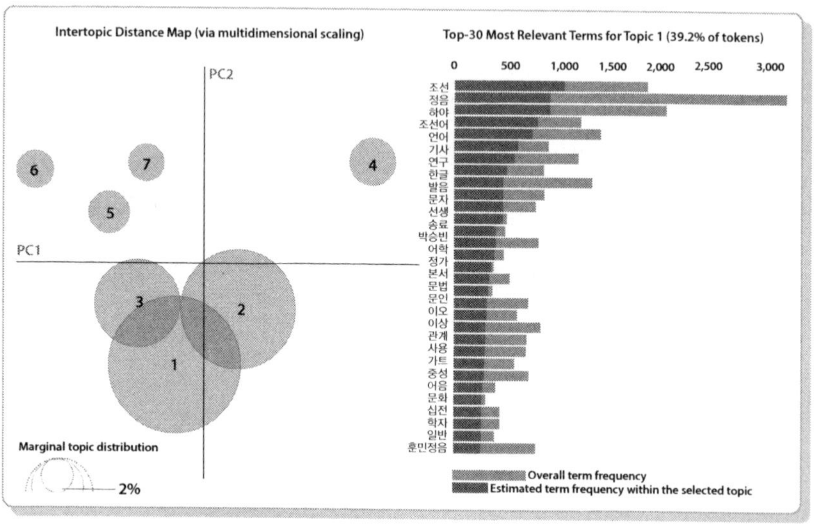

〈그림 4.2.8〉 『정음』의 7개 토픽 모델

이렇게 7개 토픽 주제 범주로 묶인 키워드들을 15개씩만 나열해 보면 〈표 4.2.6〉과 같다.

〈표 4.2.6〉 『정음』의 7개 토픽의 핵심어

1	2	3	4	5	6	7
조선	정음	정음	방언	탁음	중성	정음
정음	조선	지류	정음	정음	정음	광서

조선어	발음	훈민정음	언어	발음	종성	오대
언어	연구	산포	관계	청음	삼성	궁기
기사	언어	발음	분류	종성	오음	성우
연구	관계	조선	대도	순음	입성	일대
한글	분포	조사	지방	병서	지류	이훈
발음	어학	어음	일본	녹아도	설음	조사
문자	훈민정음	문자	연구	변위	치음	조화
선생	연구회	구성	조선어	반절	경성부	변화
송료	한글	용언	고립어	자위	인쇄	어음
박승빈	사용	신진	신민	한글	기음	방지
어학	문자	종성	황국	어음	병서	차이
정가	사람	일대	비교	조선	아음	음수
문법	조사	기사	어족	자연	우세	방위

3. 『월간잡지 朝鮮語』의 어용성

조선총독부의 지원을 받은 조선어연구회[46]가 발간한 『월간잡지 朝鮮語』는 조선총독부의 어문정책을 엿볼 수 있는 자료이다. 이때의 조선어연구회는 식민 지배의 편의성과 효율성을 위해 일제가 자국 관리들에게 한글과 조선어를 가르치고 조선 민중의 문맹 퇴치를 위한 한글보급운동을 하도록 했던 어용학회다.[47]

46 이 조선어연구회는 우리가 흔히 알고 있는 주시경 선생이 이끌었던 조선어학회(현. 한글학회의 전신)의 이전 이름인 조선어연구회와 이름이 같을 뿐 다른 단체이다. 한글학회의 전신 조선어연구회는 1921년에 조직되었으며 1931년에 조선어학회로 이름을 바꾸었고 1947년에 한글학회로 이름을 바꾸었다.

47 https://www.minjok.or.kr/archives/63955

〈표 4.2.7〉『월간잡지 朝鮮語』 1권1호의 3-4쪽, 목차

월간잡지 朝鮮語 第一號 目次

口繪 …………「正しい朝鮮語の發音」の挿圖 ……………………

題言 ………… 第一號の第一頁に ……………………

第三種試驗成績と朝鮮語講義錄 ………… 朝鮮語奬勵委員長 - 藤 原 喜 藏 …… (二)

朝鮮語 會話 朝 鮮 一 週」(連續) ………… 朝鮮語研究會主幹 - 伊 藤 韓 堂 …… (三)

正 し い 朝鮮語 の 發 音(連續) ………… 朝鮮語研究會長 - 李 完 應 …… (一五)

朝鮮語 の 挨 拶 と 演 說(連續) ………… 每日申報記者 - 朴 尙 僖 …… (二五)

-중략-

純 朝 鮮 式 の 贈 答 品 ………… 朝鮮語研究會講師 - 李 鼎 燮 …… (七七)

朝 鮮 將 棋 の 差 し 方 ………… 愛棋庵居士 …… (八一)

私が 朝鮮語 を學んだ頃

三 十 年 前 を 顧 み て ………… 朝鮮總督府通譯官 - 藤 波 義 貫 …… (八五)

樂 天 窟 と 其 の 時 代 ………… 朝鮮總督府囑託 - 中 村 健 太 郎 …… (八七)

-후략-

〈표 4.2.7〉의 첫호의 목차가 보이듯이 거의 한자와 일본어로 구성되어 있으며, 이 잡지의 목적은 일본인과 일본어를 주로 쓰는 이들을 위한 어학잡지임을 알 수 있다.

〈표 4.2.8〉『월간잡지 조선어』 1권1호의 3-4쪽의 한자를 한글로 변환

월간잡지 조선어 제일호 목차

구회 …………「정しい조선어の발음」の삽도 ……………………

제언 ………… 제일호の제일혈に ……………………

제삼종시험성적と조선어강의록 ………… 조선어장려위원장 - 등 원 희 장 …… (이)

조선어 회화 조선 일주」(연속) ………… 조선어연구회주간 - 이 등 한 당 …… (삼)

정しい 조선어 の 발음(연속) ………… 조선어연구회장 - 이완응 …… (일오)

조선어 の 애찰 と 연설(연속) ………… 매일신보기자 - 박상희 …… (이오)

-중략-

순 조 선 식 の 증 답 품 ………… 조선어연구회강사 - 이정섭 …… (칠칠)

조 선 장 기 の 차 し 방 ………… 애기암거사 …… (팔일)

사が 조선어 を학んだ경

삼 십 년 전 を 고 み て ………… 조선총독부통역관 - 등 파 의 관 …… (팔오)

악 천 굴 と 기 の 시 대 ………… 조선총독부촉탁 - 중 촌 건 태 랑 …… (팔칠)

-후략

또 다른 글의 예시를 하나 들자면 〈표 4.2.9〉인데, 1권 1호의 15쪽이다. 그 내용을 보면 1、'국어 선역' 아래에 한글이 있고, 2、'선어 국역' 아래에 일본어가 거의 대부분이다. 여기서 '국어 선역'은 일본어를 조선어로 번역이란 뜻이고, '선어 국역'은 조선어를 일본어로 번역이란 뜻이다. 즉, 나라 '國(국)'의 기준이 일본이다. 『월간잡지 朝鮮語』의 좌표를 말해 준다.

〈표 4.2.9〉 월간잡지 조선어의 국가 좌표

조선어_1권1호_CNTS-00129683889　00000112
–앞 생략–

1、국어 선역
(ア) 안녕히 주무셧습닛기
(イ) (아이고)어서 오십시오
(ウ) 안녕히 가십시오(또 오십시오)
(エ) 말슴 좀 엿주어 봅시다
(オ) 아모깃도(우ハ 맛은)업지만 좀 잡수십시오

2、선어 국역
(가) ヒヨツトしたら(우ハ일촌のことで)봉へない소でした
(나) どこかお악うございますか
(다) それ견たまへ、복がさう운うたではないか
(라) 풍かに모す인です
(마) 단나양お금を소し혜んで하さい
–후략–

『월간잡지 朝鮮語』는 조선총독부의 전격 지원을 받아 『한글』이나 『정음』 대비 더 많은 호가 발행된 잡지로 전체 데이터의 쪽수도 훨씬 많다. 창간 1권 1호부터 마지막 40호까지의 자료는 총 3,960쪽이다. 이제 이 자료의 토픽 모델링을 통해 주제 개념 시각화를 한 것을 보자. 『월간잡지 朝鮮語』 집합의 토픽 모델링 결과로는, 토픽 원들 사이에 겹침이 전혀 없는 최대의 토픽 수는 3이었고 〈그림 4.2.9〉와 같다. 토픽 원 1을 구성하는 핵심어는 '조선어, 조선, 시험, 경성, 회화, 통역, 선역, 국어, 연구회, 소학, 독본, 조선어독본' 등이다. 일본의 조선 통치를 위한 통번역사 양성을 위한 회화 시험에 관한 내용이 많았음을 말한다.

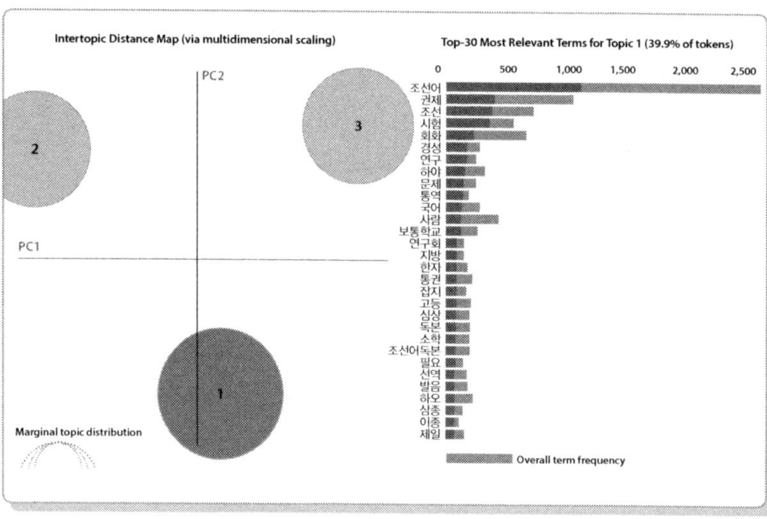

〈그림 4.2.9〉 『월간잡지 朝鮮語』의 3개 토픽 모델

그리고 토픽 수를 늘려서 실험해 보았을 때 4일 때부터 원의 겹침이 상당히 컸고 토픽 수가 6일 때부터는 한 토픽 원이 다른 토픽 원 안에 들어가버리는 경향이 있었다. 그래서 최대 적정 토픽을 토픽 원의

겹침을 일부 허용한 토픽 수 5에서 그쳤고 〈그림 4.2.10〉이 그것이다. 이는 총 글자 수의 23%를 차지하는 일본어 글자가 많았기 때문이기도 하고, 한자를 한글로 변환한 것을 포함한 한글 단어로는 토픽 클러스터로 나눌 만한 분포가 미진하기 때문이다. 즉, 『월간잡지 朝鮮語』의 한글은 의미 특정성을 표현하도록 쓰이지 않았다고 볼 수 있다.

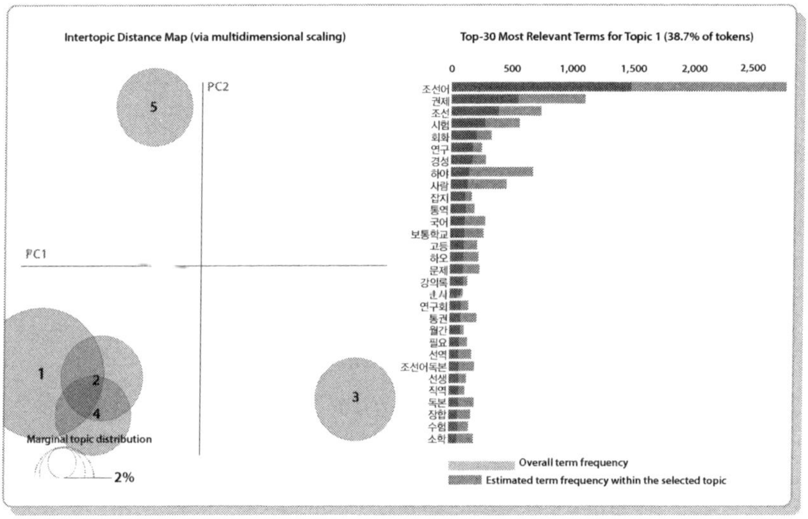

〈그림 4.2.10〉 『월간잡지 朝鮮語』의 5개 토픽 모델

『월간잡지 朝鮮語』의 5개 토픽 주제 범주로 묶인 키워드들을 15개씩만 나열해 보면 〈표 4.2.10〉과 같다. 5개 토픽의 키워드들이 보이는 것은 토픽 수가 3이었을 때 보인 키워드 '조선어, 시험, 통역, 소학, 조선어독본' 등과 별 차이가 없다. 즉, 토픽 수 3개일 때가 적정하다 볼 수 있다.

〈표 4.2.10〉『월간잡지 朝鮮語』의 5개 토픽의 핵심어

1	2	3	4	5
조선어	조선어	조선어	조선어	조선어
조선	시험	보통학교	회화	수험
시험	조선	조선어독본	음독	조선
회화	한자	소학	통권	합격자
연구	문제	심상	방훈	시험
경성	국어	독본	훈독	방훈
잡지	경성	국어	발음	훈독
통역	보통학교	소리	국어	음독
국어	조선총독부	고등	선역	중성
보통학교	통역	조선	고등	통권
고등	심상	통권	지방	발음
문제	독본	한자	경성	한자
강의록	음독	발음	국문	제일
순사	발음	시험	일본	삼종
연구회	일본	한일	국가	강의록

참고 문헌

김병문. "조선어학, 혹은 한국어학의근대성/식민성에 대하여 – '언어의 소외'와 '본원 축적'이라는 문제 설정을 중심으로", 코기토 102, 부산대 인문학연구소, 2024. 305–341.

김병문. "근대계몽기 '국문론'의 레퍼런스에 대하여", 한말연구 54, 한말연구학회, 2019. 35–60.

김병문. "'국어학'이라는 사상–근대 언어학의 정치적 함의에 대하여–", 개념과 소통 19, 한림과학원. 2017. 141–177.

박진호. "한 언어학자의 삶을 통해 본 남북 분단", 서울리뷰오브북스 14, 2024. 178–191.

안예리. "언어에 대한 근대적 인식과 언어의 근대화", 언어사실과 관점 39, 연세대 언어정보연구원, 2016, 81–105.

정승철. 2015. "조선어학회와 ≪신민≫", 관악어문연구 제40집, 서울대 관악어문연구회, 21–42.

최경봉. 2011. "근대국어 연구의 특수성과 방법론", 언어사실과 관점 28, 연세대 언어정보연구원, 5–36.

최경봉. 2012. "근대적 언어관의 전개와 국어정립이라는 과제의 인식 양상: 한국의 특수성을 중심으로", 동방학지 158, 연세대 국학연구소, 231–269.

최경봉. 2021. "조선어학연구회 기관지 『정음』(1934–1941)을 통해 본 조선어 연구의 지형", 민족문화연구 99, 고려대 민족문화연구소, 41–73.

3장

근현대 잡지 텍스트의 근대성 분석

이 절의 내용은 필자의 기존 연구 성과에서 주요 내용을 간추린 것으로, 근대 문예 잡지 3종, 『동광』, 『별건곤』, 『삼천리』를 데이터과학적·언어분석적 방법으로 접근함으로써 당대의 다양한 지식인들이 참여한 글들이 가진 어휘적, 텍스트적 근대성(modernity)을 살펴보는 것이다.

근현대 시기 잡지들은 한글 맞춤법 통일안이 나오기 전부터 출간되어 온전히 자리 잡기 전에 출간이 종료된 것들이어서 현대적 글쓰기와는 다른 양상을 띠고 한자도 지금보다 훨씬 많이 쓰였다. 그래서 한글 단어와 한자 단어가 각기 다른 단어로 처리되지 않도록 어휘 형태 분석 전에 한글로 변환하였고, 형태소 분석기는 현대어 기준의 분석이기 때문에 그 분석 결과를 그대로 활용하는 것은 적합하지 않다. 형태소 분석기는 목록으로 확보하고 있는 현대어 사전을 기준으로 하고 사전에 있는 온전한 명사나 동사 이외에 형태는 분리하기 때문에 수많은 1음절 토큰('어, 아, 서, 사, 가, 일, 구, 지, …' 등)이 생긴다. 이러한 형태는 거의 무의미하다고 볼 수 있어 기계학습을 위한 입력에 포함되지 않도록 불용어 처리하였다.

1. 『동광』의 주요 저자들과 언어적 근대성

『동광』은 1926년 5월에 창간되어 1933년 1월에 종간된 잡지로 일제강점기에 지식인들의 근대적 사상을 담은 대표적 잡지 중 하나이며, 특히 언어학자들의 참여가 많았던 잡지이다(김병문 2017). 이 소절은 근대 잡지 중 유독 언어학자들의 참여가 두드러졌던 『동광』의 주요 필자들의 사상과 시대적 특성을 드러내는 언어적 양상을 언어적 근대성이라 하고 그들이 시대적으로나 언어학적으로 의미있는 뜻을 담은 단어의 상관관계를 양적 분석으로 보이는 것이 목표이다. 분석 자료는 국사편찬위원회 한국사데이터베이스의 일제강점기 근현대잡지들 중에 있는 것을 웹 수집해 온 것이다. 한국근현대잡지 해제에 따르면, 아세아문화사 간행 영인본을 저본으로 전산화 작업을 한 것으로, 원고 압수로 미발행된 3호를 제외한 창간호부터 종간호까지 디지털화된 것이다. 따라서 분석에 포함된 것은 미발행분 3호를 제

〈그림 4.3.1〉 창간호 표지

외한 모든 발행분이다

글 단위에는 필자 정보가 있다. 1,434개의 글 중 462개 글이 필자 값이 채워져 있지 않기에 완벽한 분석은 아닐 수 있지만, 이 매체가 다양한 이가 글쓰기에 참여한 잡지라는 점, 『동광』이 갖는 시대적 의의, 『동광』 기사에 많은 글을 게재한 필자가 있다는 점 등은 『동광』이라는 잡지의 필자와 그들의 표현 단어라는 두 축을 두고 양적 언어 특성을 살필 수 있다.

필자 이름에 필명, 실명, 호, 소속 직책명 등이 혼재한 경우에 한글 실명의 대표 이름으로 바꾸어서 실명과 필명을 달리 써서 다른 필자로 분리되지 않도록 했다. 아래에 제시하는 주요 필자 이름 정보는 『동광』에 가장 많은 글을 실은 상위 10인이다.

* 대표이름: 한글실명, 한자실명, 필명, 호, 직책명 등
김동인: 김동인, 金東仁
김억: 김억, 金億, 岸曙, 안서, 金岸曙, 시인 김안서
김윤경: 김윤경, 金允經, 한결, 한결生
안창호: 안창호, 安昌浩, 山翁, 섬메
유상규: 유상규, 劉相奎, 太虛, 의전병원 유상규
이광수: 이광수, 李光洙, 春園, 춘원, 長白山人
이윤재: 이윤재, 李允宰, 윤재, 한뫼
이응수: 이응수, 李應洙
조종현: 조종현, 趙宗玄

주요한:　주요한, 朱耀翰, 요한

위에서 밑줄 친 3인, 유상규, 이응수, 조종현은 『동광』에 기여도가 크지만, 한국문학사나 국어사 측면에서 덜 알려진 인물들이다. 유상규는 독립운동가로 활동했지만, 직업 면에서 외과의사였다. 『동광』이 근대화에 공헌도가 컸으리라 해석되는 이유 중에 하나이기도 한데, 『동광』 창간호의 첫기사는 세의전(현재 세브란스병원) 공중위생학 교수 김창세 박사의 논설이며, 이외에도 여러 다양한 의사들이 글을 실었다. 이응수는 사회주의운동가로 황해도에서 활동했다. 『동광』이 민족주의 잡지로 알려져 있고 주요 참여 인사가 민족주의적 글을 쓴 것으로 알려져 있지만, 이응수의 글이 많이 실린 것으로 볼 때 꼭 그렇지는 않다고 할 수 있다. 조종현은 불교 승려이며 그 아들은 태백산맥의 저자 조정래이다. 그리고 국어사 연구자에게 잘 알려진 김윤경, 이윤재는 언어학자이자 한글학자이다. 『동광』은 사회주의 운동을 표방하였던 잡지들에 맞서 안창호(安昌浩)의 흥사단을 배경으로 창간되었고, 흥사단과 같은 계열의 단체인 수양동우회의 기관지 성격을 띠고 발행되었다고 하지만,[48] 실로 다양한 인사들의 언어적 참여가 있었다.

『동광』의 주요 필자와 단어의 상관관계를 보기 위해 사용한 척도는 3부 2장에서 본 상호정보량이다. 필자를 x로 하고 그들의 글에 쓰인 단어를 y로 한 상관성 점수이다. 〈표 4.3.1〉의 그 결과로 필자 이름

48　한국민족문화대백과사전(동광(東光), 줄간격 130%, 왼쪽 여백 3, 오른쪽 여백 0, 내어쓰기 11
http://encykorea.aks.ac.kr/Contents/Item/E0016236

과 한국어학에 근접한 단어들의 상호정보량을 구한 것이다.

〈표 4.3.1〉 x=필자와 y=[조선어, 조선말, 국어, 국어학, 자국어, 언어학, 언어, 한글]

필자 이름	단어	필자 빈도	단어 빈도	단어 공기 빈도	상호정보량
이윤재	조선어	11	198	5	1.191499
유상규	조선말	15	67	2	1.048627
주요한	조선말	28	67	1	−0.26867
주요한	조선어	28	198	2	−0.6591
이광수	조선말	44	67	1	−0.72066
이광수	조선어	44	198	2	−1.11109
김윤경	조선어	38	198	43	2.10357
김윤경	조선말	38	67	14	2.065002
김억	조선말	29	67	1	−0.30377
이광수	국어	44	61	2	0.066307
김윤경	국어학	38	3	3	3.630637
김윤경	국어	38	61	14	2.15882
김윤경	자국어	38	5	1	2.021199
이윤재	언어학	11	17	1	2.037114
유상규	언어	15	235	1	−0.89941
이광수	언어	44	235	3	−0.87694
김윤경	언어학	38	17	8	2.876865
김윤경	언어	38	235	71	2.433731
김억	언어	29	235	30	1.842539
이윤재	한글	11	136	1	−0.04233
유상규	한글	15	136	1	−0.35248
주요한	한글	28	136	1	−0.97664
김윤경	한글	38	136	53	2.688274

어떤 필자가 사용하지 않은 단어는 상호정보량 값이 산출되지 않는다. 예컨대, 김동인, 안창호, 이응수, 조종현 등은 '조선어, 조선말, 언어, 언어학, 한글' 등의 단어를 쓰지 않았음을 말한다. 마찬가지로 이광수, 김윤경 외에 다른 필자들은 '국어, 국어학, 자국어'라는 단어

를 언급하지 않았음을 말한다. '조선어/말, 국어/국어학, 언어/언어학, 한글'과 필자들 간의 상호정보량 점수를 종합하여 볼 때, 김윤경은 『동광』에 글을 실은 어느 누구보다도 명백한 조선어학자이자 한글학자이자 국어학자이자 언어학자라고 할 수 있겠다. 잘 알려진 사실이므로 그다지 놀라운 발견은 아니지만, 다른 필자들과의 상호정보량에서 명백히 차이가 남을 볼 수 있고 상호정보량이 의미있는 척도임을 보이는 것이라고 할 수 있다. '조선어'에서 '국어'로의 이행이 국민 국가 시대의 근대성의 표현이라고 한다면, 김윤경은 근대적 국민 국가의 언어로서 '국어'라는 인식이 다른 필자들에 비해서 상대적으로 컸음을 말한다. 단어 빈도만으로만 본다면 근대로의 변화 과정에 있었던 만큼 '조선어, 조선말'의 빈도가 '국어, 국어학'에 비해 크지만, 필자와 단어간의 상호정보량으로 볼 때 이 수치는 의미가 있음을 드러낸다.

〈표 4.3.2〉는 근대 국가에 관한 사상을 드러내는 단어들 즉, '조선, 국가, 국가주의, …' 등을 Y로 보고 필자를 X로 한 상호정보량이다. '조선'이 근대 국가 사상을 뜻한다고 보긴 어렵지만 '국가'와 같은 뜻으로 많이 쓰였기 때문에 포함되었다.

〈표 4.3.2〉 x=필자, y=[조선, 국가, 국가주의, 국가론, 민족, 민족사, 근대, 계몽]

필자 이름	단어	필자 빈도	단어 빈도	단어 공기 빈도	상호정보량
이윤재	조선	11	4692	63	0.559848
유상규	조선	15	4692	73	0.397018
안창호	조선	12	4692	88	0.807039
주요한	조선	28	4692	178	0.664188
이광수	조선	44	4692	264	0.606368
김윤경	조선	38	4692	162	0.264619
김억	조선	29	4692	15	−1.84464

김동인	조선	10	4692	18	−0.59761
이응수	조선	10	4692	5	−1.87854
조종현	조선	13	4692	1	−3.75034
안창호	국가	12	706	9	0.420926
주요한	국가주의	28	29	1	0.568723
주요한	국가	28	706	20	0.372136
이광수	국가	44	706	11	−0.67769
김윤경	국가론	38	1	1	3.630637
김윤경	국가	38	706	55	1.078355
김윤경	국가주의	38	29	1	0.263341
이윤재	민족사	11	2	2	4.870328
이윤재	민족	11	1636	5	−0.92024
안창호	민족	12	1636	120	2.170799
안창호	민족주의	12	132	2	0.593662
주요한	민족주의	28	132	6	0.844976
주요한	민족	28	1636	20	−0.46826
이광수	민족주의	44	132	33	2.097739
이광수	민족애	44	9	2	1.979956
이광수	민족	44	1636	168	1.207988
이광수	민족주의자	44	19	1	0.539594
김윤경	민족학	38	1	1	3.630637
김윤경	민족	38	1636	29	−0.40208
김억	민족	29	1636	1	−3.49908
유상규	근대	15	116	1	−0.19342
안창호	근대	12	116	3	1.128338
주요한	근대	28	116	1	−0.81757
이광수	근대	44	116	1	−1.26956
김윤경	근대	38	116	4	0.263341
김동인	근대	10	116	2	0.905195
이광수	계몽	44	19	8	2.619036
김윤경	계몽	38	19	1	0.686198

'조선, 민족, 국가, 근대, 계몽' 등의 단어와 필자 간의 상호정보량을 종합하여 본다면, 안창호와 이광수가 명백한 민족주의자였음 드러낸다 할 수 있다. 또 여기서도 한글학자이자 언어학자인 이윤재는 근대적 개념의 '국어'라는 말을 쓰지 않았듯이 '국가, 근대'라는 단어를 쓰지 않았지만, 김윤경은 '국가, 근대, 국가론, 국가주의' 등의 단어와 상호정보량이 측정되었고 '민족, 민족학' 값의 합보다 '국가, 국가론, 국가주의' 값의 합이 더 크다. 이러한 수치가 필자의 사상을 절대적으로 드러내는 것은 아니지만, 그 성향을 보여 준다고 할 수 있다.

〈표 4.3.3〉은 필자와 독립에 관한 상보정보량이다. '독립'을 근대적 특성이라 단정하기는 어렵지만, 식민지 시기에 국가의 독립성은 '근대적 독립 국가'란 뜻으로 이어지기에 근대성이라 보았다.

〈표 4.3.3〉 x=필자, y=[독립, 독립운동, 독립문, 독립국, 독립신문, 독립당]

필자 이름	단어	필자 빈도	단어 빈도	단어 공기 빈도	상호정보량
이윤재	독립	11	281	1	−0.76803
유상규	독립운동	15	12	1	2.075266
유상규	독립	15	281	2	−0.38504
안창호	독립	12	281	2	−0.16189
주요한	독립문	28	5	1	2.326581
주요한	독립운동	28	12	2	2.144259
주요한	독립당	28	9	1	1.738794
주요한	독립국	28	9	1	1.738794
주요한	독립	28	281	18	1.188036
이광수	독립신문	44	19	1	0.539594
이광수	독립	44	281	6	−0.36256
김윤경	독립	38	281	14	0.63134
김억	독립	29	281	6	0.054332

전반적으로 여러 글을 쓴 필자들의 글에서 '독립'이라는 단어는 그다지 활발하게 쓰이지 않았다. 그 당시 일제에 의해 원고 압수, 정간 등의 조치가 있었기 때문에 단어 사용이 쉽지 않았을 것이라 추정이 된다. 그리고 흥미로운 것은 이후에 친일 인사로 변해간 김동인은 아예 '독립'이라는 단어를 언급한 바가 없고, 또 다른 친일 인사로 변해간 이광수, 김억도 다른 친일을 하지 않은 문인들 대비 '독립'과의 상호정보량이 낮은 편에 속한다. 어떤 필자가 '독립'이라는 단어를 언급하는 만큼 그에 대한 생각을 많이 하였을 것이라는 점에서 친일 문인들의 '독립'에 대한 언급이나 생각은 적었음을 입증하는 언어적 양상이라 할 수 있다. 이는 Jackendoff(2012:3~5)의 생각과 언어는 '뜻'으로 연결된다라는 것과 상통한다.

이제, 필자와 단어간 상호정보량을 종합하여 본다면, 김윤경 선생 대비 이윤재 선생은 조금 더 '조선어, 민족'이라는 단어와 정보량이 크다. 이는 어찌 보면 이윤재 선생이 조금 덜 근대적인 인식에 머물러 있었다 할 수 있다. 이응수, 조종현 등은 비록 많은 글을 게재하였지만, 사회주의 활동가, 종교인이자 시인으로 알려진 만큼 그들의 의식은 '독립, 민족, 계몽' 등의 단어에서 의미있는 정보량을 보이지 않는 것이 의심스러운 것은 아니라 할 수 있다.

2. 『별건곤』의 문화적 사회적 근대성

〈그림 4.3.2〉 창간호 표지

『별건곤』은 문예 잡지로서 문예 사상, 여성 및 가족 문화의 근대적 변화를 많이 담은 것으로 알려져 있다. 여기에서 분석한 자료 『별건곤』는 국사편찬위원회 데이터베이스에 있는 근현대잡지자료들[49] 중의 하나로 『별건곤』[50]에 수록된 모든 기사들을 웹 수집하였으며, 총 2,847건으로 구성되었다.

『별건곤』에 관한 선행 연구는 문예비평에 관한 것이 대부분이다. 이들이 살핀 연구 주제어를 몇 가지 키워드로 간추린다면, '취미, 대중성, 모더니즘, 여성/신여성, 직업'이라 할 수 있다. 이경돈(2004)은 『별건곤』이 지향한 취미는 지식과 부를 겸비한 일부 인사의 독점적 향락이 아니라 당대 첨단의 근대적 취미와 교양을 대중들이 쉽게 향유할 수 있도록 하는 근대적 취미로서 근대적 글쓰기의 실현이라 하였다. 이진아(2019)는 1920~30년대 조선의 젠더 담론에서 신여성이라는 기표는 여성의 자각적 개념의 산물이라기보다 남성 중심의 편집진에 의해 만들어진 담론구성물이며 『별건곤』에서 표출된 신여성의 개념도 같은 맥락에 있다고 보았다. 『별건곤』을 젠더론의 관점에서 다룬 여러 연구로

49 https://db.history.go.kr/item/level.do?itemId=ma

50 https://db.history.go.kr/item/bookViewer.do?levelId=ma_016

Wells, K. M.(1999), 김경미(2017), 김도경(2016), 박숙자(2006), 최경희(2020) 또, 이 시기의 언어 자료를 토대로 근대 신어를 다룬 연구로 김윤희(2010), 김지영(2015), 안예리(2019)도 있다. 『별건곤』의 문예비평적 질적 선행 연구에서 정리된 키워드인 '취미, 대중, 모던, 자본, 여성, 경성, 기자' 등의 단어를 기사 전체 집합에서 단순히 문자열 매칭으로만 빈도를 구하면 아래와 같다.

취미	대중	모던	자본	여성	경성	기자
406	396	372	843	1006	2024	1362

이것만으로는 근대적 성격의 단어를 충분히 드러낸다고 할 수 없으며 어휘적 특정성을 충분히 갖추었다고 하기 어렵다. 〈표 4.3.5〉는 『별건곤』 전체 기사의 단어를 3.2절에서 살핀 tf와 df를 구하여 요약한 결과이다. 이 표에는 단어 빈도(tf)나 문서 빈도(df)가 1이어서 지나치게 빈도가 낮거나 특정한 것들은 넣지 않았다. tf와 df가 모두 1인 단어는 '삼천갑자'이고, tf가 18이지만, df가 1인 단어는 '교향곡'이었다. 또 df가 매우 큰 즉 많은 문서에서 나온 문서 특정성이 떨어지는 것들도 넣지 않았다. tf가 42,796이고 df가 1,996인 단어는 '것'이었고 이는 대표적인 불용어이다. 지나친 저빈도 단어나 문서빈도가 모두 높은 단어들은 『별건곤』의 시대적 특성, 매체적 특성 등의 근대적 성격을 드러낸다고 보긴 어렵다. 따라서 최소 10개 이상의 문서에 출현한 단어들 중 100개만 추렸다. 즉, tf가 그리 높지 않은 단어이면서 idf가 높은 편에 속하는 즉, 적정 수준의 문서 빈도를 보이고 어휘적 특정성이 있는, 그

러면서도 『별건곤』 기사에 실린 글의 사회적 문화적 근대성을 언어적 근거로 볼 수 있는 단어들이다.

〈표 4.3.5〉 별건곤에서 근대적 상황을 드러내는 단어 목록 : 100개

단어	tf	df	단어	tf	df	단어	tf	df	단어	tf	df
촬영	11	10	창업	14	10	신가정	38	11	사회생활	21	13
피임	15	10	애국심	15	10	런던	22	11	수공업	17	13
별거	24	10	문학상	15	10	노동력	22	11	하와이	24	13
예수교	12	10	나폴레온	43	10	노동조합	49	11	애국	14	13
성전	18	10	민주주의	21	10	유태인	29	12	보국	21	13
풍금	13	10	애국자	11	10	은행원	17	12	민주당	31	13
상투쟁이	13	10	심리학	14	10	뚜쟁이	27	12	복덕방	21	14
여선생	12	10	오스카	13	10	독립문	22	12	배달부	22	14
노동당	33	10	조선미	45	10	동학란	28	12	경찰관	17	14
모스코	14	10	자작농	17	11	전봉준	38	12	히스테리	27	14
개화당	34	10	인쇄물	18	11	개인주의	14	12	공산주의	27	14
시대일보	12	10	민족주의	16	11	십자가	13	12	부자유	15	14
별천지	13	10	훈민정음	47	11	국가주의	14	12	아이스크림	19	14
출자	22	10	전당포	42	11	결핵	21	12	뻐스	22	14
소학생	10	10	사회주의자	12	11	아라비아	26	12	독립운동	34	14
직물	20	10	조선호텔	14	11	사회인	26	12	활동사진관	17	15
직조	13	10	양복점	25	11	로맨스	16	12	중앙일보	59	15
토월회	14	10	교회당	15	11	치외법권	21	12	비누	37	15
체육	33	10	구교	18	11	결혼식장	18	13	응접실	27	15
부업	23	10	염색	23	11	법학	15	13	휴학	22	15
서양식	11	10	귀염성	13	11	외국어	19	13	장발	32	15
특파원	15	10	소작료	14	11	합중국	18	13	군것질	20	15
통신란	11	10	동양인	22	11	연방	21	13	이발소	34	15
건축물	13	10	코트	14	11	쇄국	17	13	천주교	28	15
위스키	10	10	연애관	16	11	사회단체	18	13	키스	31	15

이 표에는 안예리(2021)에서 신어로 도입되고 그 뜻의 변화 과정을 살핀 '비누'도 있다. 그러나 이 표에서 보이는 대부분의 단어들은 새로

이 등장한 신어라기보다는 근대화라는 사회적 변화상을 보이는 주요 단어들이라는 점이다. '사랑방'이 아니라 '응접실'이고, '얼린과자'나 '주전부리'가 아니라 '아이스크림'이며, 그냥 '양주'가 아니라 '위스키'이고, '외투'를 뜻하는 '코트'인 것은 근대화 과정에 유입된 서양 문물을 뜻하는 근대적 개념의 외래어를 썼다는 것이다.

요컨대, 『별건곤』에는 근대적 문물을 뜻하는 단어들이 어휘적 생산성과 문서적 특정성을 보인다.

첫째, 근대적 문물을 뜻하는 '촬영, 풍금, 활동사진관, 양복점, 조선호텔, 위스키, 비누, 응접실, 이발소' 등의 단어들이 있다. 둘째, 근대적 여성관이나 가족 및 생활 가치관을 뜻하는 '피임, 별거, 연애관, 로맨스, 신가정, 뚜쟁이' 등의 단어들이 있다.

셋째, 아직 조선의 시대에 있는 때에 근대적 대중 매체의 도입을 뜻하는 '특파원, 통신란, 시대일보, 중앙일보, 인쇄물' 등의 단어들이 있다.

넷째, 국제화와 글로벌 개념을 드러내는 단어들로 '모스코, 런던, 유태인, 나폴레온, 아라비아, 외국어, 합중국' 등이 있다.

다섯째, 근대적 문물과 사회 변화를 드러내는 것뿐만 아니라 전근대적 사상과 근대적 사상들의 혼재, 그 중간 과정을 보이는 단어들이 있다. '동학란, 개화당, 애국, 보국, 민족주의, 민주주의, 공산주의, 사회주의' 등이 그러하다.

여섯째, 이 표 목록에는 산업화 사회로의 변화를 보이는 '직물, 은행원, 사회단체, 노동조합, 노동력, 수공업' 등을 담고 있다.

3. 『삼천리』의 주제적 근대성

〈그림 4.3.3〉 창간호 표지

『삼천리』는 1929년부터 1943년까지 간행이 된 잡지로 근대 특히 일제강점기 동안 출판된 잡지들 중 어절 수가 가장 큰 자료 집합이다. 그 창간호에서 밝혔듯이[51] 대중적 종합잡지로 출발하였고, 창간호 표지가 드러내듯이 한복을 입고 태극문양 부채를 들고 있는 인물을 통해 민족주의 지향의 잡지임을 드러내면서도 여성이 표지로 쓰이는 근대 사회의 변화상을 담고 있다. 『삼천리』는 언어적 자료의 크기 면에서 언어 계량적 분석의 가치가 있을 뿐만 아니라 자료가 갖는 사회 변화상과 종합 잡지라는 성격을 가진다는 점에서 텍스트 집합의 의미 군집을 드러내는 것은 의미가 있다고 할 수 있다.

여기에서 분석한 자료는 국사편찬위원회 데이터베이스에 있는 한국근현대잡지자료들 중의 하나로 웹 수집한 『삼천리』에 수록된 모든 기사들이며, 총 4,093건의 텍스트로 구성되었다. 비지도 학습으로서

51 社告
1. 훨신 갑이 싼 잡지를 만들자
2. 누구든지 볼 수 있고 또 버릴 기사라고 업는 잡지를 만들자
3. 민중에게 이익되는 조흔 잡지를 만들자
이 세 가지는 『三千里』 잡지의 편집상 근본 방침이외다.
출처: http://db.history.go.kr/id/ma_016_0010_0140

텍스트 군집 분석(cluster analysis)은 수많은 어휘 토큰을 범주 묶음을 만들기 위한 자질로 모두 고려한 다음 요약적 범주적 정보를 제시한다는 데에 그 유용성이 있다. 그래서 분석 결과로 만들어진 군집으로부터 발견된 사실이나 정보를 표현하기 위해 모든 단어를 나열하기보다 군집별 대표 단어를 제시한다. 따라서 이후 K-평균 군집, 토픽 모델링의 군집 결과를 보이는 단어 목록과 시각화 결과로 대표 단어들이 제시되도록 한다.

K-평균 군집의 결과로 적합한 군집 수와 결과를 얻기 위해서는 군집 수를 다양하게 설정하면서 실루엣 점수(silhouette)[52]를 보는 과정이 필요하다. 최소 군집 수 2에서 최대 군집 수를 50까지로 하여 실험하여 보았을 때, 실루엣 점수가 많이 커진 경우인 군집 수가 12일 때와 군집 수가 22일 때의 결과가 유의미했다. 각 군집 수가 12일 때의 〈표 4.3.5〉와 22일 때의 〈표 4.3.6〉이 그 결과이다. 군집 수가 12일 때는 『삼천리』에 관한 기존 연구들에서 주로 논의의 대상이 되었던 문예 작품에 관한 비평적 주제, 잡지사의 편집에 관한 주제, 문화 민족주의 및 민족 운동에 관한 주제, 여성에 관한 주제의 글들이 많이 있었음을 보임과 동시에 기존의 연구들에서 잘 다루지 못한 주제로서 경제 주제를 드러내는 '백화점, 경영' 등의 근대적 개념의 단어, 근현대적 예술 장르 주제를 드러내는 '영화, 촬영, 연극' 등의 단어, 근대적 교육

52 silhouette은 군집화에서 각 군집의 내적 응집성(cohesion)이 얼마나 좋은지와 다른 군집과는 얼마나 잘 분리되어있는지(separation)를 평가하는 척도이며, -1에서 1의 값을 갖고 값이 클수록 군집 결과가 좋다. 참고 출처: https://en.wikipedia.org/wiki/Silhouette_(clustering)

과 청년들의 유학이라는 주제를 드러내는 '학교, 동경, 파리' 등의 단어, 세계 2차 대전 및 제국주의에 관련된 '일본, 미국, 영국, 전쟁' 등과 중국국민당 총통 '장개석' 등의 대표 단어를 묶음으로 보여 준다. 『삼천리』는 1929년부터 1943년까지 간행이 된 종합 문예지로 1차 세계 대전(1914년~1918년)을 거친 서구 열강과 아시아의 패권 문제 그리고 2차 세계 대전(1939년~1945년)의 세계사적 사건과 겹쳐 있기 때문이다.

〈표 4.3.6〉 k=12일 때 K-평균 군집 결과: 군집별 대표 단어 10개

cluster[0] 노래 소리 바다 바람 하늘 구름 가슴 푸른 마음 물결
cluster[1] **삼천리 지사** 사고 삼천 리사 **편집국** 설치 내규 본사 **잡지**
cluster[2] **일본 중국 미국 전쟁 정부 영국** 독일 **장개석** 세계 지나
cluster[3] 서울 일본 소화 반도 원문 사회 가지 동경 삼천리 세상
cluster[4] 문하 작품 소설 작가 문단 예술 **문예 춘원** 생활 독자
cluster[5] 만원 은행 사업 회사 신문 화신 사장 **동아일보 백화점 경영**
cluster[6] 선생 **학교** 선생님 학생 교장 소리 **청년** 마음 얼골 지금
cluster[7] 남편 결혼 **여자 연애 여성 부인** 이혼 남자 사랑 안해
cluster[8] **영화** 작품 **배우 제작 감독 연극** 출연 영화인 **촬영** 예술
cluster[9] 마음 어머니 소리 사랑 아버지 얼골 편지 세상 가슴 머리
cluster[10] **동경 학생 학교** 상해 기자 가트 생활 파리 **청년** 일본
cluster[11] **운동 민족** 조선인 문제 국가 국민 정치 농민 조직 생활

〈표 4.3.6〉은 군집 수가 22일 때이고, 〈표 4.3.5〉 대비 더 구체적인 단어들로 각 주제들을 상세하게 드러낸다. 근대화 시기 대유행병이었던 '결핵', 『삼천리』가 후반으로 갈수록 친일적 성격과 띠었음을 말하는 '내선' 등의 단어가 있고, 잡지의 상업성과 관련된 '신년, 발매', 근현대적 직업 명칭인 '극작가', 무용 예술인 '최승희', 근대적 교육 개념에 관련된 단어인 '대학, 교수' 등이 있다.

〈표 4.3.7〉 k=22일 때 K-평균 군집 결과: 군집별 대표 단어 10개

cluster[0] **환자 결핵** 치료 복용 **결핵균** 작용 위장 만성 폐결핵 **비타민**
cluster[1] 서울 일본 생활 동경 미인 마음 가트 사랑 지금 세상
cluster[2] 기자 신문 사건 호외 기사 운동 신문사 기자단 상해 조선인
cluster[3] 조선인 국민 지원 **내선** 반도 **일체** 일본 동포 국가 생활
cluster[4] 일본 미국 전쟁 영국 독일 인도 중국 비율 세계 정부
cluster[5] 잡지 편집 삼천리 본지 발행 본사 **신년 발매** 독자 사고
cluster[6] 만원 은행 화신 회사 백화점 사장 사업 동아일보 신문 서울
cluster[7] 소리 어머니 마음 얼골 아버지 사랑 세상 머리 편지 듯이
cluster[8] 상해 **중국** 일본 정부 장개석 남경 파리 세계 미국 **광동**
cluster[9] 연극 극단 무대 극장 공연 배우 신극 예술 청춘좌 극작가
cluster[10] 운동 민족 농민 사회 문제 **계급** 조직 정치 단체 종교
cluster[11] 영화 작품 배우 제작 감독 출연 영화인 촬영 연극 예술
cluster[12] 무용 **최승희** 공연 석정 여사 예술 무용가 동경 예술가 음악
cluster[13] 연애 결혼 여성 사랑 생활 여자 행복 이혼 남편 거시
cluster[14] 노래 민요 **레코드** 가수 소리 기생 아리랑 취입 평양 명창
cluster[15] 여자 남자 여성 남성 부인 사내 사랑 가정 남편 생활
cluster[16] 작품 소설 작가 춘원 문단 문학 문예 작자 예술 독자
cluster[17] 문학 작가 작품 문단 문예 민족 독일 조선문학 문화 예술
cluster[18] 바람 바다 하늘 소리 구름 푸른 가슴 고향 물결 마음
cluster[19] 남편 부인 **이혼** 안해 결혼 여자 가정 사랑 부부 여성
cluster[20] 선생 학교 학생 대학 **교육** 동경 **교수** 사회 졸업 미국
cluster[21] 지사 삼천리 사고 삼천 리사 내규 설치 모집 **편집국** 판매

LDA 토픽 모델링에 의한 군집 수는 5에서부터 15까지 실험을 한 결과 10이 가장 적합한 결과였다. 〈그림 4.3.4〉가 보이듯이 군집을 이루는 원 간에 중복도가 적다. 짙게 표시된 군집 8은 그 시기 '결핵'이 조선 사회의 모든 사회 문제에 관련되어 있음을 시사한다. 우리가 익히 알고 있는 많은 문학인들이 폐결핵을 앓았고 그로 인해 일찍 죽기

도 했다는 사실과 연결된다. 기존의 『삼천리』에 관한 여러 연구에서 언급된 바 없는 사회사적 문예사적 사실이 『삼천리』에 많이 투영되어 있음을 말한다.

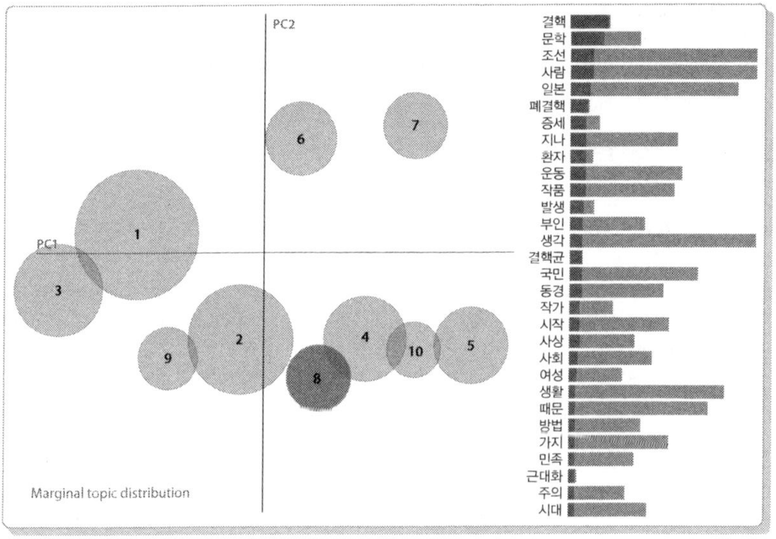

〈그림 4.3.4〉 최적 토픽 모델링 결과

토픽 모델링에 의한 10개 군집 별 상위 15개 단어 목록은 〈표 4.3.8〉과 같다.

〈표 4.3.8〉 토픽 군집별 상위 15개 대표 단어 목록

운동, **황국**, **국민**, **국가**, 체육, 세계, 방법, 청년, 일본, 조선, 여성, 독일, 생활, 필요, 지원
미국, **일본**, **전쟁**, 사람, 생각, 해군, 조선, 영미, 지나, **제국**, **영국**, 때문, 하야, 세계, 언니
조선, 만원, 사람, 생활, **경제**, 생각, 소화, 이상, 은행, **수입**, **소득**, **회사**, 국민, 하야, **저축**

조선, 국민, 반도, 방법, **문화**, 세계, 국가, 필요, **민족**, 실험, 경제, **운동**, **정신**, 문제, 개념
생각, 사람, 소리, 마음, 선생, 시작, 지금, 동무, 거리, **가슴**, 머리, 오늘, **사랑**, **행복**, 동안
동아, **제국**, **영국**, **동양**, **세계**, **지나**, **일본**, **영미**, 하야, 사람, 전쟁, 정부, 인도, 건설, 국민
결핵, **문학**, 조선, 사람, 일본, **폐결핵**, 증세, 지나, **환자**, 운동, 작품, 발생, 부인, 생각, **결핵균**
영화, 생각, 조선, 기자, 신재, **작품**, 지원, 사람, 생활, 예봉, 학교, 교수, 때문, 여자, 얘기
사람, **생각**, 때문, 소리, **생활**, **시간**, 마음, 동안, 조선, 시작, 사랑, 머리, 영화, 경수, 행복
조선, 사람, 작품, 생각, 문제, 지금, 학교, **동경**, 문화, 하야, 시대, 때문, 경성, 조선인, **상해**

첫 줄 군집의 대표 단어들 중 '황국'이라는 단어를 통해 『삼천리』가 친일 잡지로서의 기능을 한 것을 드러낸다. 두 번째 줄 군집은 '일본, 미국, 영국' 등 열강의 정복 '전쟁' 틈에 조선이라는 국가적 존립의 문제가 많이 다루어졌음을 보인다. 세 번째 줄 군집은 근대 자본주의 사회로의 전환기에 생겨난 근대적 경제에 관련된 단어로 '은행, 수입, 소득, 저축' 등이 그 개념을 드러낸다. 네 번째 줄 군집은 '문화, 민족'이라는 일종의 '정신 운동'이 잡지에서도 반영되었음을, 다섯 번째 줄 군집은 그 국가나 민족, 전쟁과 같은 정치적 사회적 문제가 아닌 '사람, 동무, 선생, 마음, 사랑, 행복'에 관한 글들이 실렸음을 보인다. 나머지 여섯 번째 줄 군집부터 열 번째 줄 군집들의 상위 빈도 단어들은 『삼천리』가 실생활과 좀더 가까운 사회 문화적 단면을 다루고 있음을 보여 준다.

참고 문헌

Anderson, B. Old language and New models, *Imagined Communities: Reflections on the Origin and Spread of Nationalism*. Verso. 2016. (1983, 1st).

David M. B. *Understanding Digital Humanities*. Palgrave macmillan. 2012.

De Fremery, W. Remodeling Creation—The July 1922 Issue of Kaebyŏk Magazine, *Journal of Korean Studies* 20(2), 2015. 415−457.

Hanscom, P. H. *The Real Modern Literary Modernism and the Crisis of Representation in Colonial Korea*. Harvard East Asian Monographs. Harvard University Press. 2013.

Hanscom, P. H., Lew, W. K., & Ryu Y. (eds.). *Imperative of Culture: selected essays on Korean history, literature, and society from the Japanese colonial era*. Univerity of Hwaii Press. 2013.

Hwang, J. Literature and Science: The State of the Field in Korean Studies", *JOURNAL OF KOREAN STUDIES* 23(2), ROWMAN & LITTLEFIELD PUBL GRP INC, 2018. 223−239.

Jackendoff, R. *A User's Guide to Thought and Meaning*, Oxford University Press. 2012.

Kim, S. "Mun Ilp'yong", *Imperative of Culture: selected essays on Korean history, literature, and society from the Japanese colonial era*. (Hanscom, C. P. et al. Eds.). 2013.

Lee, Chang−soo. How are 'immigrant workers' represented in Korean news reporting?—A text mining approach to critical discourse analysis, *Digital Scholarship in the Humanities* 34(1), 2019. 82−99.

Mitkov, R. (eds.). *The Oxford Handbook of Computational Linguistics*, Oxford University Press. 2009.

Park, S. Colonial Industrial Growth and the Working Class, *Colonial Modernity in Korea*, (Shin, Gi−Wook., Michael Robinson. Eds.)

Havard University Asia Center. 1999.

Robins, R.H. The eve of modern time, *A Short History of Linguistics*. Routledge. 1997(4th ed.)

Shin, Gi-Wook & Robinson, M. (eds.) *Colonial Modernity in Korea*. Havard University Asia Center. 1999.

Shin, Gi-Wook. *Ethnic Nationalism in Korea: Genealogy, Politics, and Legacy*, Stanford University Press. 2006.

Sparck Jones, K. A statistical interpretation of term specificity and its application in retrieval, *Journal of documentation* 28(1), 1972. 11-21.

Taylor, W. L. Cloze procedure: A new tool for measuring readability. *Journalism Quarterly*. 30(4), 1953. 415-433.

van der Maaten, L.J.P. & Hinton, G.E. Visualizing Non-Metric Similarities in Multiple Maps. *Machine Learning* 87(1), 2012. 33-55.

Wells, K. M. Women and the Kumunhoe Movement, *Colonial Modernity in Korea* (Shin, Gi-Wook & Robinson, M., eds.). Havard University Asia Center. 1999.

고영진, 김병문, 조태린 (편). **식민지 시기 전후의 언어 문제**. 소명 출판. 2012.

국립중앙도서관. **한국근대문학 해제집 Ⅱ 문학잡지(1896-1929)**. 2016

김경미. 여성 담론의 장르 간 변별성과 『별건곤』의 정체성, **국학연구** 34, 2017. 503-542.

김근수. **한국잡지사연구**. 한국학연구소. 2004.

김도경. 대중잡지 『별건곤』의 여성운동과 여성운동자 재현 방식, **우리말글** 71. 2016. 353-375.

김동식. 1920-1930년대 대중잡지에 나타나는 음식 표상-[별건곤]과 [삼천리]를 중심으로-, **한국학연구** 44, 2017. 639-692.

김미연. 실재와 상상, 번역된 '유토피아니즘'-1926년 동광 창간 기념 연재를 중심으로-, **국제어문** 88, 2021. 137-177

김병문. 국어학이라는 사상-근대언어학의 정치적 함의에 대하여, **개념과 소통** 19, 2017. 141-177

김병문. 과학으로서 언어학이라는 난점(2)-안확의 1910-1920년대 조선어

연구를 중심으로, **동방학지** 191, 2020. 161–185

김윤희. 한국 근대 新語연구(1920년~1936년) – 일상·문화적 맥락을 중심으로, **국어사연구** 11, 2010. 37–67.

김일환. 일제강점기 신문 독자투고시의 시어 사용 양상–통계적 키워드와 공기어 네트워크 분석을 중심으로–, **우리문학연구** 58, 2018. 301–327.

김일환, 이도길. 한글에 대한 사회적 관심의 트렌드–신문 빅데이터를 활용하여–, **한글** 316, 2017. 121–167.

김일환, 이도길. 개화기 잡지 코퍼스의 구축과 활용, **개념과 소통** 25, 2020. 5–31.

김지영. 근대신어의 성립과 변천 다시 읽기, **개념과 소통** 88, 2015. 333–383.

김진량. 근대잡지 『별건곤』의 "취미담론"과 글쓰기의 특성, **어문학** 88, 2005. 331–352.

박숙자. 1920년대 사생활의 공론화와 젠더화: 『별건곤』에 나타난 비밀코드와 여성의 기호를 중심으로, **한국근대문학연구** 7, 2006. 179–198.

박진호. 서양의 학술은 동아시아에서 어떻게 받아들여졌나, **서울리뷰오브북스** 10, 2023, 126–137.

배개화. 『東光』을 통해 본 근대적 글쓰기의 형성, **국어국문학** 150, 2008. 313–345.

송민호. 1920년대 근대 지식 체계와 개벽, **한국현대문학연구** 24, 2008. 7–35.

안예리. 언어에 대한 근대적 인식과 언어의 근대화, **언어사실과 관점** 39, 연세대 언어정보연구원, 2016. 81–105.

안예리. **근대 한국어의 변이와 변화**, 소명출판. 2019.

안예리. 유의관계 근대 신어의 변화 과정 : '비누', '우산', '시계'의 사례를 중심으로, **국어사연구** 32, 2021. 175–214.

여태천. 미적 근대성과 언어, **어문연구** 53, 어문연구학회, 2007. 357–388.

오영균. 책의 문화사에서 보는 책의 나라 조선, **장서각** 44, 2020. 6–35.

이경돈. 별건곤과 근대취미독물, **대동문화연구** 46, 2004. 249–287.

이승윤. 『삼천리』에 나타난 역사기획물의 특징과 잡지의 방향성, **인문학연**

구 46, 2013. 457–480.

이지영. 1920년대 계몽적 글쓰기 공간으로서의 『개벽』에 나타난 '생활'과 '언론'의 기표를 중심으로, 국어문학 68, 2018. 119–151.

이진아. 신여성을 둘러싼 기표와 현실, 정신문화연구 42권 1호, 2019. 251–282.

전은경. '쓰이는 텍스트'로서의 『별건곤』과 대중문학 독자의 형성, 어문학 125, 2014. 389–435.

정진경. 『삼천리』에 게재된 문학대중화 담론 연구, 인문사회과학연구 15(1), 2014. 141–168.

조미희. 『별건곤』의 직업관련 기사와 그 특성, 한국언어문화 41집, 2010. 33–58.

조은경. 단어 임베딩으로 보는 한국어 젠더의 의미 변화–10년 전과 최근의 뉴스 기사를 활용하여, 언어와 문화 15,2019. 221–241.

조은경, 드프레메리웨인. 『동광』의 언어적 근대성–데이터과학적 분석–, 언어와 문화 17(3), 2021. 221–241.

조은경, 한영균, 역사 자료 어휘 분석기를 위한 어휘부 개발 방법, 『한국사전학』 27, 2016. 49–74

차혜영. 식민지 근대 부르주아의 표상의 정치학, 개벽사 『별건곤』의 '조선의 자랑' 호구, 동아시아문화연구 58, 2014. 43–85.

채석진. 제국의 감각: 에로 그로 넌센스, 페미니즘 연구 5, 2005. 43–87.

최경희, 1930년대 『삼천리』에 나타난 '소문'과 '가십'의 의미와 양상 연구 –근대–젠더–신여성을 중심으로, 현대소설연구 75, 2019. 415–439.

최경희. 1920–1930년대 『별건곤』 통해 본 연애와 결혼의 의미와 양상 연구–신여성, 신가정, 근대의 젠더 의식을 중심으로. 우리문학연구 67, 2020. 403–425.

『한국민족문화대백과사전』: http://encykorea.aks.ac.kr/

4장
한국전쟁 휴전회담록 분석

한국전쟁 휴전회담은 1951년 7월 10일 개성에서 시작되었고 2년 17일 동안 575 차례의 회의를 거쳐 1953년 7월 27일 판문점에서 휴전협정이 조인됨으로써 종결되었다. 휴전회담의 필요성과 시작은 한국전쟁에 미국과 유엔군, 중국의 참전으로 전쟁의 규모가 커짐에 따라 3차 세계대전으로 확전될 우려 때문이었다(William Stuek, 1997).

한국전쟁 휴전회담 당시(〈그림 4.4.1〉)의 회담 참여자의 협상 담화와 주요 자료를 기록물로 남긴 것이 〈휴전회담회의록〉이다. 〈휴전회담회의록〉의 원 제목은 〈1951–53년간 유엔군사령부 한국 휴전회담(United Nations Command, Korean Armistice Negotiations, 1951–1953)〉이다. 〈휴전회담회의록〉(이하 휴전회담록)은 공산군 측의 기록이 공개되지 않는 상황에서 한국전쟁의 전개 과정과 쟁점, 휴전회담에 이르는 과정을 보여 주는 가장 기본 자료로 알려져 있다(정병준, 2006). 이 절의 사료사적 내용의 많은 부분은 정병준(2006)의 《휴전회담회의록해제》에서 가져온 것임을 밝혀둔다.

휴전회담록에 대해서는 과거 한국의 근현대 정치학이나 정치외교학의 입장에서 한반도 분단 시기의 배경이나 의미를 고찰하는 것이 대부분이다. 그런데 비록 그 회의록 작성의 주체가 유엔이라 하더라도 휴전회담록이 남북한의 분단이라는 역사적 시기의 언어적 증거 자료라는 점에서 언어적 분석의 가치가 있고, 그 증거 자료가 디지털화되어 있다는 점에서 데이터과학적으로 연구될 수 있다.

〈그림 4.4.1〉 한국전쟁 휴전회담 당시 사진

출처: https://www.unc.mil/History/1951-1953-Armistice-Negotiations/

1. 사료사적 이해와 자료의 특성

휴전회담은 쌍방 간에 5명의 대표들이 참석하는 본회담과 전문적인 세부사항을 토의하는 합동분과위원회, 문안을 실무적으로 조정하는 참모장교회의, 일반행정사무를 취급하는 연락장교회의 등으로 구분하여 진행되었다. 휴전회담의 공식 의제는 1951년 7월 26일 개최된 제10차 본회의에서 확정되었고 〈표 4.4.1〉과 같다.

〈표 4.4.1〉 휴전회담의 의제

제1 의제	회의 의제의 채택
제2 의제	쌍방이 비무장지대를 두게 하는 군사분계선의 설정
제3 의제	정전 및 휴전에 관한 조항 수행을 감독하는 기관의 구성
제4 의제	포로에 관한 협의
제5 의제	쌍방의 관계 제국 정부에 대한 건의

휴전회담에서 가장 첨예한 쟁점이 된 의제는 제2 의제로 설정된 군사분계선 설정과 제4 의제로 설정된 전쟁포로에 대한 협의였다. 휴전회담록은 의제별 연대기 순서로 편집되어 제1–10권으로 구성되었으며 〈표 4.4.2〉와 같은 권별 제목이 할당되었다.

〈표 4.4.2〉 휴전회담록 권별 시기, 제목, 참여자

제1권	제1–26차 개성 본회의 기록(1951. 7. 10~1951. 8. 16) (United Nations Command, Korean Armistice Negotiations 1, Military Armistice Conferences)
제2권	제27–158차 판문점 본회의 기록(1951. 10. 25~1953. 7. 19) (United Nations Command, Korean Armistice Negotiations 2, Military Armistice Conferences)
제3권	제2의제에 관한 제 1–37차 분과위원회 기록(1951. 8. 17~1951. 11. 27) (United Nations Command, Korean Armistice Negotiations 3, Subdelegation On Agenda Item 2)
제4권	제3의제에 관한 제1–71차 분과위원회 기록(1951. 12. 4~1952. 4. 19) (United Nations Command, Korean Armistice Negotiations 4, Subdelegation On Agenda Item 3)

제5권	제4의제에 관한 제1-71차 분과위원회 기록(1951. 12. 11~1952. 3. 15) (United Nations Command,Korean Armistice Negotiations 5, Subdelegation On Agenda Item 4)
제6권	제2의제(1951. 11. 30~1951. 12. 10)와 제3의제(1951. 12. 20~1952. 4. 27)에 관한 참모장교회담 기록 (United Nations Command, Korean Armistice Negotiations 6, Staff Officers' Meetings)
제7권	제4의제에 관한 참모장교회담 기록(1952. 1. 23~1952. 5. 10) (United Nations Command, Korean Armistice Negotiations 7, Staff Officers' Meetings)
제8권	휴전협정문 작성을 위한 참모장교회담 기록(1952. 7. 26~1953. 7. 22) (United Nations Command, Korean Armistice Negotiations 8, Staff Officers' Meetings)
제9권	연락장교회의 기록 I(1951. 7. 8~1952. 9. 29) (United Nations Command, Korean Armistice Negotiations 9, Liaison Officers' Meetings)
제10권	연락장교회의 기록 II(1952.10.1~1953. 7. 29) (United Nations Command, Korean Armistice Negotiations 10, Liaison Officers' Meetings), 연락단(Liaison Group)회의(1953. 4. 6~5. 2)와 통제장교(Control Officers)회의(1953. 4. 19~5. 2)

〈표 4.4.2〉의 휴전회담록의 권별 내용 특성으로 볼 때, 제1권과 제2권은 본회의 기록으로 각 측의 대표(자)의 발언으로 구성되어 있으며 협상 의제를 선택해 가는 과정의 회의록으로 큰 의미를 가지며, 대표자들의 회의 기록이니만큼 휴전회담의 주요 쟁점을 담고 있다고 볼 수 있다. 제3권~제5권은 의제별로 묶은 분과위원회 회의록이다. 제6권~제8권은 의제별 중점 내용을 정리하고 의사결정해 가는 과정이 담긴 참모장교 회의록이다. 제9권과 제10권은 휴전회담 시작부터 끝날 때까지의 연락장교들의 통신 내용을 담은 회의록이다.

의제 측면에서 제3권(분과회의록)과 제6권(참모장교회의록)은 휴전회담 시작부터 첨예한 쟁점이었던 제 2의제 군사분계선 설정에 관한 것이며, 제5권(분과회의록)과 제7권(참모장교회의록)은 휴전회담 중반부터 휴전 시점까지 합의가 어려웠고 아직까지도 온전한 해결이 되지 않고 있는 제 4의제 전쟁포로에 관한 것이고, 제4권(분과회의록)은 제 3의제 휴전 감독 기관 및 쌍방의 관계 제국 정부에 관한 것인데 이에 집중된 참모장교회담 회의록은 없으나 제8권(참모장교회의록)이 휴전협정문 작성에 관한 회의록이므로 제 3의제를 담고 있다 볼 수 있을 것이다. 제 5의제는 별도로 묶은 회의록 권이 없는 것으로 보아 쟁점으로 부각된 의제는 아니었던 것 같다. 특히 제 8권은 휴전협정문 작성을 구체적으로 어떻게 하느냐를 담은 참모장교회의록이기 때문에 의제 구분을 떠나 본회의 기록만큼이나 큰 의미를 갖는다.

휴전회담의 참여자 측면에서, 모든 회담은 유엔군측과 공산군측으로 나뉘어 진행되었고 특히 본 회담에서 유엔군측 수석 대표는 미군 중장 C. Turney Joy였으며 공산군측 수석 대표는 북한군 남일 대장이었다. 또 양측 대표 장성과 참모 장교들의 구성도 한국전쟁 휴전회담의 양측은 북한과 미국이 그 중심에 있음을 볼 수 있다.

○ 유엔군측 대표로 참여한 미군과 한국군의 대표와 실무급의 참모장교들은 아래와 같다. 연락 및 통역을 담당 장교는 생략한다.

- 수석 대표 : 미 해군중장 C. 터너 조이(C. Turner Joy), 미 육군중장 윌리엄 K. 해리슨2세(William K. Harrison, Jr. : 1952. 5. 22 이후)

• 미군 대표 : 해군소장 올리 A. 버크(Arleigh A. Burke), 공군소장 로렌스 C. 크레이지(Laurence C. Craigie), 공군소장 하워드 M. 터너(Howard M. Turner) 외 9인
• 한국군 대표 : 백선엽소장, 이형근소장, 유재흥소장, 이한림준장, 최덕신소장, 이호준장, 김일병준장, 김창규준장
• 참모 장교 : 미군 대령 케이언스(Cairns), 프리더스도포(Friedersdorff), 웨버(Weber), 카락(Carlock), 컨(Kern)

ㅇ 공산군측 대표로 참여한 북한군과 중공군의 대표와 실무급의 참모장교들은 다음과 같다.

• 수석 대표 : 남일대장
• 북한군 대표 : 이상조소장, 장평산소장, 정두환소장, 김원무소장, 소희소장
• 중공군 대표 : 떵화(鄧華)상장, 비엔창우(邊昌武)중장, 쎄팡(謝方)소장, 쯔청원(柴成文)소장, 티엔쟈오유(田敎友)소장
• 참모 장교 : 북한군 주연대좌, 북한군 이평일대좌, 북한군 나평일대좌, 북한군 오현성대좌, 중공군 왕티엔(王天)대교

휴전회담의 수석 대표 구성뿐만 아니라 휴전회담록 발화 수나 내용 면에서도 남한군은 회담 당사자라기보다는 어찌 보면 지켜보는 입장이라 할 만큼 발언의 수가 매우 적다. 아직도 북한의 김정은 국방위원장이 북미회담을 요청하는 행위를 하는 것은 그 연장에 있다고 할 수 있다.

2. 언어 분석 자료의 구성

휴전회담록은 국사 편찬 위원회의 한국사데이터베이스의 한국현대사료[53] 중에 '휴전회담회의록'[54]이라는 이름으로 웹 서비스되고 있다. 여기에는 10권의 묶음 권별 하위 웹 페이지로 되어 있으며, 각 하위 페이지에는 휴전회담 당시 담화 기록의 원문 이미지 사진을 볼 수 있게 되어 있다(〈그림 4.4.2〉).

MILITARY ARMISTICE CONFERENCES

RECORD OF EVENTS AND
TRANSCRIPTS OF PROCEEDINGS

KAESONG MEETINGS

SESSION 1 (10 JULY 1951)
THROUGH
SESSION 26 (16 AUGUST 1951)

〈그림 4.4.2〉 휴전회담록 제1권 1쪽

디지털화된 전자 자료로서 휴전회담록은 사진 자료로 수만 페이지에 이르는 방대한 자료이다. 이 자료는 모두 전문 영어 자료이며, 휴전회담 시기에 사용했을 타자기로 입력한 종이 문서를 모두 사진으로 찍은 이미지 파일로 구성되어 있다. 여기에는 회의 기록으로서 장교급 이상의 확인자의 서명이나 도장이 덧붙어 있다.[55] 또 휴전회담기록은 매 회담마다 회의에 참석한 통역사와 속기사(stenographer)가 있었고 초반 회의록에는 그들의 이름이 명시되어 있지 않으나 후반 회의록에는 회의 시작 페이지에 그들의 이름도 기록되어 있다. 그리고 이러한 원문 이미지

53 https://db.history.go.kr/contemp/

54 https://db.history.go.kr/item/level.do?itemId=pn

55 휴전회담 첫 회의록, 1951년 7월 10일~8월 16일분 마지막 쪽이다. https://db.history.go.kr/common/imageViewer.do?levelId=pn_001_0010

자료를 양적인 방식으로 언어적 내용 분석을 하기 위해서는 텍스트로의 변환이 필요하다. 텍스트 변환 과정을 거치고 나면, 회의록의 언어 표현으로서 계산 가능한 상태가 되기 때문이다. 그래서 이미지 자료를 텍스트로 변환하기 위해 OCR(Optical Character Recognition)을 거쳤으나, 비교적 변환이 잘되는 것으로 알려져 있는 영문 OCR도 오래된 타자기 입력 문서의 사진 이미지에 대한 변환은 한계가 있었기에 오랜 기간 텍스트 정제 작업을 하였다. 텍스트로 변환된 자료를 글자 수, 단어 수, 쪽 수 등의 단순한 정보를 분석한 결과로서 회의록 권별 자료의 특성을 요약하면 〈표 4.4.3〉과 같다.

〈표 4.4.3〉 휴전회담록 권별 회의 수, 쪽, 단어 및 글자 수

* 이 표에서 단어 수와 글자 수는 원문 이미지를 OCR한 이후에 1차 정제를 거쳤을 때의 것.

회의록 권	회의 수	쪽 수	단어 수	글자 수
제1권	26	432	112,321	666,730
제2권	133	1,039	302,733	1,859,492
제3권	38	541	167,765	963,513
제4권	71	728	222,006	1,302,595
제5권	71	1,045	349,349	1,984,197
제6권	84	727	211,961	1,258,320
제7권	53	544	164,891	958,807
제8권	50	416	120,901	713,099
제9권	221	1,029	266,152	1,567,318
제10권	153	557	138,568	845,925

이 책에서는 제1권, 제2권, 제7권, 제8권만을 분석 대상으로 하였다. 총 10권에 대한 1차 정제까지는 마쳤으나, 2차 정제는 본회의 기록에 해당하는 제1권과 제2권, 그리고 가장 첨예했고 아직도 미결인 전

쟁 포로에 관한 참모장교회의 기록인 제7권과 휴전협정문 작성을 위한 참모장교회의 기록인 제8권만 마쳤기 때문이다.

3. 본회의 기록의 분석 과정과 결과

제1권과 제2권의 발화자는 두 축으로 표시되어 있다. 즉, North Korea, United Nations으로 표시되어 있고 간혹 North Korea(Nam IL)로 발화자인 대표 장군의 이름을 밝혀둔 경우가 있었다.

〈표 4.4.4〉는 제1권과 제2권의 내용 텍스트에서 기호 문자를 제거하고 어휘 의미가 작은 불용어(stopwords)[56]를 제거한 다음 구한 상위 30개 단어 빈도이다.

〈표 4.4.4〉 휴전회담록 제1권, 제2권의 유니그램 빈도 상위 30개

단어	빈도	단어	빈도	단어	빈도
side	4436	UNITED	1693	would	1028
proposal	2326	Korea	1507	forces	1010
UNC	2254	NORTH	1473	statement	868
war	2243	KOREA	1469	shall	864
armistice	2041	Nations	1335	time	861
prisoners	1998	sides	1247	recess	848
NK	1940	Armistice	1174	Korean	824
military	1776	line	1133	repatriation	820
question	1735	personnel	1086	Command	782
NATIONS	1696	United	1046	must	780

56 불용어 목록은 때로 분석 결과나 빈도 순위에 제외되거나 포함된 것들의 이유가 되므로 봐둘 필요가 있다. 3장에서 〈표 2〉 NLTK의 영어 불용어로 제시하였다.

유니그램 고빈도 단어에는 휴전회담의 주요 목적과 참여자, 시간적 공간적 특성을 나타내는 핵심 단어가 드러나 있다. 이 고빈도 목록에 휴전회담의 양측 혹은 어느 한 측을 표현하기 위한 'side, sides'가 있고 각 측이 휴전 협상에 갖추었을 'proposal'이 있다. 'UNC'는 United Nations Command의 약어이고, 'NK'는 North Korea의 약어이다. 이 회담은 전쟁(war)을 휴전(armistice)하기 위한 것이며, 또 '군사(miliary), 경계선(line), 육해공군(– forces), 병사(personnel), 전쟁(war), 포로(prisoners), 포로 송환(repatriation)'에 대한 논의가 많았음을 보인다. 회담 중에 각 측의 언명(statement)에 대한 질문(question)이 많았으며, 회담은 논쟁이 격화되거나 일정 시간이 되도록 진척이 되지 않았을 때 휴지(recess) 시간(time)을 명시적으로 표현하였다.

단어의 빈도를 내기 전에 NLTK의 영어 불용어 자동 삭제로 mightn', mustn't, couldn', wouldn't, won't, shouldn't 등과 같은 여러 부정형 보조동사는 포함되지 않았으나(휴전회담에서 협상 제안을 하면서 부정형을 쓰는 일은 없기 때문에) 고빈도 목록에 남은 'would, shall, must' 등의 보조동사는 휴전 협상을 위한 어조가 가정(would), 제안(shall), 의무(must) 등의 성격을 띠었음을 엿볼 수 있다.

〈표 4.4.5〉는 두 단어 연속인 바이그램(bigram) 구성의 고빈도 목록이다. 여기에는 유니그램 고빈도에서 보았던 한 단어 United/UNITED의 연속 단어로 예상되었던 Nations/NATIONS이 바이그램 단위로 'United Nations, UNITED NATIONS'로 나왔다. 보다 의미있는 바이그램으로는 'captured personnel(붙잡힌 병사), demarcation line(–분계선), military demarcation(군사 분계–), delimitarized zone(비무

장 지대), 38th parallel(38선), Geneva Convention(제네바 협약), Neutral Nations(중립국), 원고 사본(draft transcript)' 등이 있다. 'prisoners war'는 prisoners of war의 of가 불용어로 삭제되었기에 바이그램 고빈도 안에 들어와 있다. 이와 같은 뜻을 지닌 'war prisoners'도 고빈도를 보인다.

〈표 4.4.5〉 휴전회담록 제1권, 제2권의 바이그램 빈도 상위 20개

bigram	빈도	bigram	빈도
('UNITED', 'NATIONS')	1681	('demilitarized', 'zone')	461
('NORTH', 'KOREA')	1464	('38th', 'Parallel')	453
('United', 'Nations')	988	('Geneva', 'Convention')	407
('prisoners', 'war')	937	('1951', 'Proceedings')	377
('war', 'prisoners')	788	('Military', 'Armistice')	371
('Nations', 'Command')	765	('Smooth', 'Draft')	344
('captured', 'personnel')	717	('Draft', 'Transcript')	344
('demarcation', 'line')	590	('Neutral', 'Nations')	342
('Armistice', 'Agreement')	467	('Proceedings', 'Page')	329
('military', 'demarcation')	465	('NATIONS', 'COMMAND')	303

〈그림 4.4.3〉은 'prisoners war'와 'war prisoners'이 회담에서 쓰인 맥락과 출처를 보이는 것이다. 전쟁 포로의 송환(repatriation)에 관한 제안 사항과 실제로 송환 과정이 단순히 교환으로 진행된 것이 아니라 휴전 협정과 맞물린 과정이었음을 보여 준다.

UNITED NATIONS: You are informed that Major General Choi Duk Shin, Republic of Korea Army; Brigadier General Edgar E. Glenn, United States Air Force; and Brigadier General Ralph M. Osborne, United States Army, have been designated as United Nations Command delegates in lieu of Brigadier General Leo Han Lin, Republic of Korea Army; Brigadier General Joseph T. Morris, United States Air Force; and Brigadier General Frank C. McConnell, United States Army; respectively. Major General Choi, Brigadier General Glenn and Brigadier General Osborne are now seated as members of the United Nations Command Delegation. I now present their credentials. (General Harrison hands credentials to General Nan Il.) The letter from your Senior Delegate dated 9 April outlined in general terms a proposal under which the repatriation of war prisoners would be carried out in two stops. First, those prisoners of war who do not oppose repatriation would be exchanged immediately following the signing of the Armistice in accordance with appropriate articles of the draft Armistice Agreement. Secondly, the remaining prisoners of war would be delivered into the custody of a neutral power so as to assure just solution to the question of their repatriation.

–제2권 761쪽–

〈그림 4.4.3〉 'prisoners war', 'war prisoners'의 문맥과 출처

〈표 4.4.5〉의 바이그램에서 보았던 'demarcation line'과 'military demarcation'은 서로의 앞 뒤를 채워서 트라이그램이 될 것으로 보이고, 'Draft Transcript'와 'Smooth Draft'도 그렇다. 또 'Proceedings Page'는 뒤에 뭔가 뒤따르는 더 긴 단위의 연속일 것이란 생각이 든다. 따라서 여기서 나아가 세 단어 연속인 트라이그램(trigram)의 고빈도 10개를 제시해 보자.

〈표 4.4.6〉은 트라이그램 빈도 10위 안에 있는 것들로 바이그램에

서 조금 부족한 듯 보였던 것들인 'military demarcation line'(군사분계선)과 'Final smooth draft'(최종 회의 원고)로 온전한 표현 단위로 고빈도 목록에 들어와 있다. 이 외에도 1951년에 진행된 회의록의 특정 쪽을 가리키는 데에 많이 쓰인 '1951 Proceedings Page', 휴전 회담의 양측을 표시하는 'United Nations Command', 'North Korea Cont(페이지를 넘어 발화가 이어지는 내용일 때 붙인 'Cont')', 휴전회담을 뜻하는 'Military Armistice Conference' 등을 볼 수 있다.

〈표 4.4.6〉 휴전회담록 제1권, 제2권의 트라이그램 빈도 상위 10개

trigram	빈도
('United', 'Nations', 'Command')	764
('military', 'demarcation', 'line')	457
('Smooth', 'Draft', 'Transcript')	341
('1951', 'Proceedings', 'Page')	328
('HEADQUARTERS', 'UNITED', 'NATIONS')	300
('UNITED', 'NATIONS', 'COMMAND')	300
('NATIONS', 'COMMAND', 'ADVANCE')	293
('Final', 'Smooth', 'Draft')	282
('NORTH', 'KOREA', 'CONT')	270
('Military', 'Armistice', 'Conference')	254

4. 참모 장교 회의 기록의 분석 과정과 결과

휴전회담록 제7권, 제8권은 참모 장교의 회의록이기 때문에 발화자로 참모 장교들의 이름이 명시되어 있다. 따라서 1절의 양측 참모 장교 명단 및 회의별 표지의 참석자 명단을 참조로 공산군측과 유엔군측의 발화로 구분할 수 있다.

우선 제1권과 제2권의 분석과 마찬가지로 유니그램, 바이그램, 트라이그램을 살펴보기로 한다. 〈표 4.4.7〉은 단일 단어 빈도 상위 30개이다. 여기에는 협상자 양 측에서 어느 한(one) 측을 가리킬 때 쓰였을 단어 'side', 양측(two)을 가리킬 때 쓰였을 'sides', 문단을 가리키는 'paragraph', 언어 표현의 'wording', 대령(Colonel)의 약어 'COL', 참모를 가리키는 'Staff, 전쟁(war), 포로(prisoners), 송환(repatriation)' 등은 제7권과 제8권이 참모장교의 회의록이며 '휴전협정문 작성'에서 양측에서 어떤 문단과 언어 표현의 문제를 자주 제기했음을 그리고 '전쟁 포로'를 중점적으로 다루고 있음을 잘 드러낸다. 그 외에도 재차 질문, 제안, 동의 과정을 거쳤을 것임을 보이는 'question, agree, make/made proposal, make/made agreement' 등이 있으며, 협의 과정의 말하는 양태(modal)를 담은 'would, shall' 등이 있다.

〈표 4.4.7〉 휴전회담록 제7권, 제8권의 유니그램 빈도 상위 30개

단어	빈도	단어	빈도	단어	빈도
side	5069	repatriation	749	CONT	545
COL	3092	question	740	made	540
war	1683	Agreement	667	Korean	540
paragraph	1341	agree	640	Nations	529
sides	1320	time	626	one	525
prisoners	1286	proposal	612	Staff	524
would	1174	wording	599	area	514
shall	1041	agreement	576	us	499
personnel	788	TSAI	557	HICKMAN	488
Armistice	774	make	557	two	484

이제 〈표 4.4.8〉에서 휴전회담록 제7권과 제8권의 두 단어 구성의

바이그램(bigrams) 빈도를 보자.

〈표 4.4.8〉 휴전회담록 제7권, 제8권의 바이그램 빈도 상위 30개

bigram	빈도	bigram	빈도
('prisoners', 'war')	1197	('Neutral', 'Nations')	220
('COL', 'TSAI')	557	('COL', 'HUANG')	219
('Armistice', 'Agreement')	555	('UNITED', 'NATIONS')	214
('COL', 'HICKMAN')	487	('war', 'camps')	213
('Red', 'Cross')	380	('repatriation', 'prisoners')	201
('would', 'like')	358	('staff', 'officers')	191
('prisoner', 'war')	355	('Cross', 'teams')	188
('captured', 'personnel')	332	('hours', 'COL')	177
('United', 'Nations')	296	('Armistice', 'Commission')	177
('COL', 'MURRAY')	269	('Military', 'Armistice')	172
('Staff', 'Officers')	256	('TSAI', 'CONT')	171
('Nations', 'Command')	242	('Interpreters', 'Stenographers')	170
('COL', 'DARROW')	239	('COL', 'PU')	163
('personnel', 'side')	235	('paragraph', '51')	162
('Demarcation', 'Line')	232	('Meeting', 'recessed')	158

위의 바이그램 빈도표는 이 두 권에서 주요 쟁점이었던 전쟁 포로(prisoners war; prisoners of war에서 of는 불용어로 삭제됨), 휴전선으로 군사경계선(demarcation line), 붙잡힌 병사(captured personnel) 즉 전쟁포로의 송환(repatriation of prisoners), 휴전을 감독할 중립국(Neutral Nations), 적십자(Red Cross) 등의 주요 쟁점을 볼 수 있고, 회담 참가자들인 참모장교(staff officer), 그리고 구체적인 발화자들로서 대령 이름들(COL. TSAI, COL. HICKMAN, COL. MURRAY, COL. DARROW, COL. HUANG, COL. PU)이 주된 발화자임을 보여 준다.

바이그램 고빈도인 특정 문단 'paragraph 51'가 쟁점으로 자주 언

급된 것은 제8권에서였는데 그 하나를 제시하면 〈그림 4.4.4〉와 같다. 참모장교 COL PU가 '전쟁 포로의 석방과 송환'에 관한 휴전협정문 문단에서 언어 표현(wording)의 수정 제안을 하는 것이다.

> COL PU: We have noted the views of your side regarding paragraphs 5la and b. As to the main statement of paragraph 51, we still believe that the original wording in the Draft Armistice Agreement, after the revision proposed by our side, not only in no way conflicts with the current agreement but, furthermore, accurately summarizes the current agreement. Yesterday your side claimed that your side is willing to make every effort to reach agreement on a wording which will be satisfactory to both sides. However, the revised wording which your side proposed yesterday cannot be satisfactory to our side. In order to reach agreement speedily, we are willing to make another effort to revise the original two (2) sentences of paragraph 51 in the Draft Armistice Agreement to the following wording: "The release and the repatriation of all prisoners of war held in the custody of each side at the time this Armistice Agreement become effective shall be effected in conformity with the following provisions agreed won by both sides prior to the signing of this Armistice Agreement. We now hand it to you in writing. (See Encl 3.)
>
> 제 8권 143쪽

〈그림 4.4.4〉 'paragraph 51'의 문맥

〈표 4.4.9〉은 세 단어 구성의 트라이그램(trigrams) 빈도표이다. 이는 군사분계선(Military Demarcation Line), 정전협정원고(Draft Armistice Agreement), 유엔군사령부(United Nations Command), 포로수용소(prisoner of war camps), 휴전회담이 진행되었던 판문점(Pan Mun Jom),

전쟁 포로 송환(repatriation of prisoners of war) 등의 언급이 많았음을 보인다. 또 적십자사절단(Red Cross teams), 휴전 군사 위원회(Military Armistice Commission) 등이 감독할 한국군(Korean People's Army)과 중공군 자원병(Chinese People's Volunteers)[57]에 대한 언급도 많았음을 볼 수 있다.

〈표 4.4.9〉 휴전회담록 제7권, 제8권의 트라이그램 상위 빈도 20개

trigram	빈도
('United', 'Nations', 'Command')	242
('prisoner', 'war', 'camps')	204
('repatriation', 'prisoners', 'war')	195
('Red', 'Cross', 'teams')	187
('COL', 'TSAI', 'CONT')	171
('captured', 'personnel', 'side')	169
('Military', 'Armistice', 'Commission')	168
('COL', 'HICKMAN', 'CONT')	146
('Military', 'Demarcation', 'Line')	142
('Pan', 'Mun', 'Jom')	139
('joint', 'Red', 'Cross')	125
('Chinese', 'People', 'Volunteers')	121
('UNITED', 'NATIONS', 'COMMAND')	110
('HEADQUARTERS', 'UNITED', 'NATIONS')	107
('NATIONS', 'COMMAND', 'ADVANCE')	106
('Agenda', 'Item', '4')	106
('Draft', 'Armistice', 'Agreement')	103
('Korean', 'People', 'Army')	98
('Representatives', 'Present', 'UNITED')	94
('Present', 'UNITED', 'NATIONS')	94

'Agenda Item 4'(제4 의제)는 전쟁 포로에 관한 협의이며, 참모 장교 회의의 제 7권에서 이 의제에 대한 협정문을 본격적으로 다루었다. 〈그

57 nltk의 word_tokenize 함수는 소유격의 's을 뗀다.

림 4.4.5〉는 그 문맥을 보여 주는 것들이다. 여기서 첫 번째 단락은 회의 부록의 제목 쪽이고, 두 번째 단락은 참모장교 중 한 사람인 COL. HICKMAN이 제4 의제에 관련된 협정문 기록에서 포로 송환의 방식에 있어 강제 송환(forced repatriation)과 자원 송환(voluntary repatriation)에 관한 협의에 차이점이 있음을 말하고 있는 것이고, 세 번째 단락은 21번째 참모장교 회의록의 첫 쪽이다.

Addendum to Staff Officers Meeting on Agenda Item 4, held on January 24, 1952.
제 7권 16쪽

COL HICKMAN: (CONT'D) time by discussing them separately. We have, in these staff officers meetings, agreed to disagree on the basic differences between our two sides on the question of voluntary versus forced repatriation. Accepting this fact, our side has put this issue aside temporarily, and has attempted to get agreement on all other matters pertaining to Agenda Item 4. To this end, we have proposed phraseology on all other matters which can be accepted by each side without prejudice to its basic stand on voluntary versus forced repatriation or transfer. Such neutral wording cannot be used to show that either side is weakening its stand….
제 7권 157쪽

SUBJECT: Twentieth Meeting of Staff Officers in Details of Agreement on Agenda Item 4, Held at Pan Mun Jom, 26 February 1952.
제 7권 281쪽

〈그림 4.4.5〉 'Agenda Item 4'의 문맥과 출처

지금까지 휴전회담록이라는 중요 역사적 사실로서의 기록물을 가지고 다소 기술적(descriptive) 내용으로서 언어적 사실과 양적 분석의

결과를 살펴보았다.

5. 휴전회담 기록과 언어 모델에 기반한 발화 사실 분류

이 책의 3부 4장에서 기계 학습, 딥러닝, 임베딩 등의 방법론을 활용하여 분류나 추정 과제를 풀 수 있음을 배웠다. 이 절은 휴전회담록이 역사적 사건의 기록 문서라는 점에서 사전 학습 언어 모델에 기반하여 기록물의 발화자 범주 데이터를 정밀 학습함으로써 '사실성 분류' 문제로 다룰 수 있음을 보이고자 한다. 초거대 언어 모델로서 생성형 언어 모델의 활용도가 크긴 하지만 언어 정보 처리 문제에는 여전히 분류형 언어 모델의 필요성이 있기 때문이다. 〈그림 4.4.6〉은 한국전쟁 휴전회담을 chatGPT에게 화두로 던졌을 때의 반응이다. 이미지와 텍스트 서비스가 연동된 멀티모달 생성형 언어 모델 chatGTP-4는 실제 휴전회담의 상황인 〈그림 4.4.1〉보다 훨씬 멋진 그림을 그려준다. 사람들은 이런 반응에 매료된다.

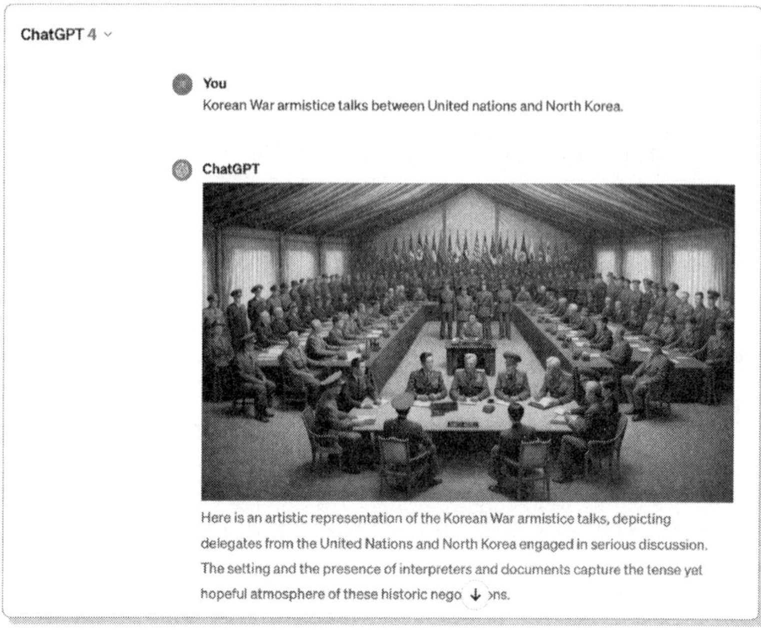

〈그림 4.4.6〉 생성형 AI 모델이 한국전쟁 휴전회담을 그린 그림과 답변. 2024년 4월

하지만, 생성형 AI는 어떤 역사적 사실과 관련된 질문을 하였을 때 〈그림 4.4.7〉과 같이 종종 사실과 다른 답을 준다. 이는 흔히 착오(hallucination)라고 불린다. 군사 분계선을 위도 38선으로 정하자고 주장했던 발화자는 공산군측이기 때문이다. 어떤 분야의 전문가가 아니고는 종종 착오를 알아채기 어려울 때도 있기 때문에 생성형 언어 모델의 화려함만 보면 안 되는 이유가 된다.

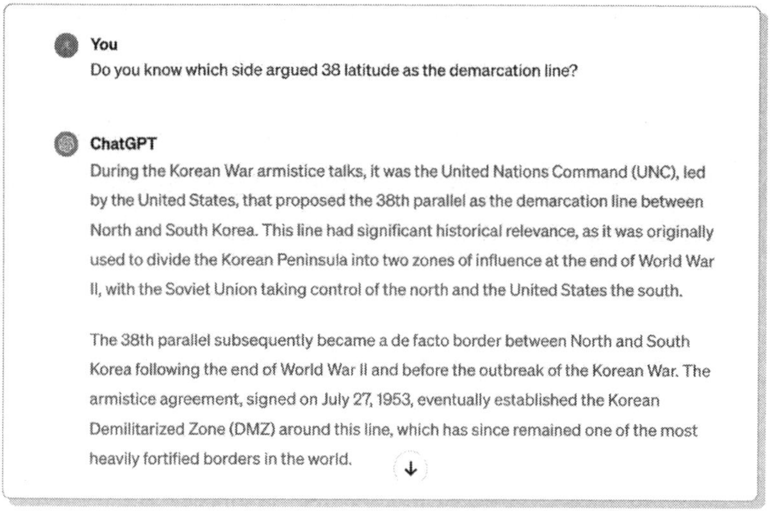

〈그림 4.4.7〉 사실과 다른 답을 주는 생성형 AI 언어모델

휴전회담은 크게 유엔군과 공산군 간의 의견 대립과 조윤의 과정이다. 이를 기록한 자료인 휴전회담록을 사실성 분류 문제에 적용한다면 '유엔군이 말하고 주장한 것'과 '공산군이 말하고 주장한 것'의 분류 문제를 설정할 수 있다. 따라서 이를 위한 데이터 가공 과정에서부터 딥러닝 언어 모델인 사전학습언어 모델을 기반으로 휴전회담의 양측 발화 분류를 위한 언어 모델로 정밀 학습하는 과정을 보이도록 한다. 그리하여 휴전회담 관련한 어떤 의견 표현이 어느 측에서 주장된 것인지의 사실을 추측 분류하는 사실성 분류 모델을 만들어 보이는 것이다.

사전 학습 언어 모델을 기반으로 휴전회담록을 사실성 분류로 만들어가는 과정은 이전 장에서 살핀 전이 학습의 한 사례가 된다. 이를 위해 구글에서 튜토리얼용으로 만든 감성 분석 텍스트 분류기 코드(https://www.tensorflow.org/text/tutorials/classify_text_with_bert)를 활용한다. 이것은 여러 건의 영화평 텍스트를 긍정과 부정이라는 두 범주로 분류하기 위해 사전 학습 언어 모델을 기반으로 긍정에 해당하는 영화평 텍스트와 부정에 해당하는 영화평 텍스트를 정밀 학습하여 어떤 새로운 영화평이 주어졌을 때 긍정 평가에 해당하는지 부정 평가에 해당하는지를 분류하는 과제이다. 휴전회담의 어떤 발화 텍스트를 유엔군과 공산군 어느 측에서 발화했는지를 분류하는 것과 유사한 과제이다.

그런데 휴전회담록 텍스트 파일은 발화 사실을 분류하도록 정밀 학습을 곧바로 할 수 있는 데이터가 아니다.[58] 정밀 학습을 위해 범주에 해당하는 어느 측이 어떤 발화를 했는지를 표시하는 레이블을 만들어 주어야 한다. 이것은 〈그림 4.4.3〉~〈그림 4.4.5〉에서 보았듯이 휴전회담록의 대부분의 언명 기록은 발화마다 누가 표명을 했는지가 '발화자 : 발화 내용'의 형태로 되어 있기 때문에 이를 토대로 발화자 레이블에 해당하는 것을 만들 수 있다. 〈그림 4.4.8〉은 제1권의 100쪽의 예로 정밀 학습을 위해 발화자와 발화 내용으로 구분 레이블링할 수 있음을 보인다. ':'을 기준으로 왼쪽은 발화자 범주값 레이블이 되고 오른쪽은 발화 내용 즉 분류 대상 텍스트가 된다. 즉 ':'의 왼쪽에 있는 UNITED NATIONS은 유엔군 발화자 범주값이고 NORTH KOREA는 공산군 발화자 범주값이며, ':'의 오른쪽에 있는 텍스트는

58 영화평 텍스트도 곧바로 훈련용 학습 데이터가 만들어진 것이 아니고 영화 평점을 바탕으로 레이블링을 만드는 과정이 있었을 것이다. 한국어에 적용한 사례로는 조은경(2012)를 참고할 수 있다.

발화 내용이다.

INTERPRETER (HGU): They agreed because they thought it was a difference in translation but ir
UNITED NATIONS: In other words you mean there is only one basic line in your opinion that is a
NORTH KOREA: That is our opinion, and the opinion of the other party would be cleared by disc
INTERPRETER: That is their opinion, but we may have other lines. That is why they are willing t
UNITED NATIONS: Our proposed wording was simply to clarify the English meaning to us.
NORTH KOREA: Please explain. What do you mean by - you want to clarify in English?
1420K
UNITED NATIONS: In other words, if we want to define a demilitarized zone by two lines and no
1421K
NORTH KOREA: I would like to explain more clearly what we mean by demarcation line. In order
1st Smooth Draft
Transcript of:
18 July 1951 Proceedings
Page 15

〈그림 4.4.8〉 발화자와 발화 내용의 레이블링을 할 수 있는 근거 자료

* :의 왼쪽은 발화자, :의 오른쪽은 발화 내용

위와 같은 발화자 레이블 데이터를 사전 학습 언어 모델을 기반으로 정밀 학습하면 발화자 분류를 위한 특정 목적의 언어 모델을 만들 수 있다. 정밀 학습은 사전 학습 언어 모델 위에 신경망 학습 단계를 하나 더 두어 목표로 하는 응용 과제의 범주 분류에 필요한 텍스트 내용을 학습하는 것이다. 이 학습을 위해서도 데이터 특성을 고려한 하이퍼파라미터(hyperparameters) 설정이 필요하다.

〈그림 4.4.9〉는 정밀 학습 단계의 핵심 부분을 보이는 코드이다. 훈련 결과에 큰 영향을 주는 대표적인 하이퍼파라미터인 학습 비율(init_lr), 반복 회수(epoch), 웜업 보정(warmup_step) 세 개의 설정을 볼 수 있다.

```
epochs = 5
steps_per_epoch = tf.data.experimental.cardinality(train_ds).numpy()
num_train_steps = steps_per_epoch * epochs
num_warmup_steps = int(0.1*num_train_steps)

init_lr = 3e-5
optimizer = optimization.create_optimizer(init_lr=init_lr,
                                          num_train_steps=num_train_steps,
                                          num_warmup_steps=num_warmup_steps,
                                          optimizer_type='adamw')

classifier_model.compile(optimizer=optimizer,
                         loss=loss,
                         metrics=metrics)

history = classifier_model.fit(x=train_ds,
                               validation_data=val_ds,
                               epochs=epochs)
print(f'Training model with {tfhub_handle_encoder}')
loss, accuracy = classifier_model.evaluate(test_ds)
print(f'Loss: {loss}')
print(f'Accuracy: {accuracy}')
```

〈그림 4.4.9〉 휴전회담 발화측 분류를 위한 정밀 학습 설정

〈그림 4.4.9〉의 코드는 그 실행 결과인 〈그림 4.4.10〉의 결과 상단에서 사전 학습 언어 모델이 출력되도록 하였다. 사전 학습 언어 모델로는 'bert_en_cased_L-12_H-768_A-12'을 택한 것이다. 이것은 영어(en) 모델이며 대소문자를 구분한(cased) 토큰 단어를 임베딩하고 임베딩 벡터의 차원이 768로 크며 심층 학습의 층수가 12로 크고 토큰 연속체(한 개 문장)를 표현하는 임베딩 벡터의 쿼리, 키, 값 벡터의 주의점(attention)을 계산하는 어텐션 헤드(head)가 12개라는 뜻이다.

정밀 학습은 훈련 데이터의 레이블과 훈련하면서 분류 결과로 맞춘 범주값을 대조하면서 진행한다. 그리고 이전 단계 대비 현재 단계에서 얼마나 잘 학습했는지를 비율로 만든 값이 손실률(loss)이고 이 손실을 최소화하는 방향으로 얼마만큼씩 학습해 갈 것이냐를 설정하는 것이 학습 비율(learning rate; lr)이다. 딥러닝 훈련 과정은 한 개 토

큰 벡터 임베딩 값이 여러 층위에서 다른 토큰들이 임베딩 차원에 대하여 모두 계산되는 값이기 때문에 한꺼번에 전체 데이터를 학습하는 것이 아니라 일정 분량만큼 나눈 묶음(batch)으로 학습해 간다. 그렇기 때문에 전체 데이터를 몇 번 학습할지의 횟수(epoch)를 설정한다.

전체 데이터를 모두 반복 학습하는 횟수가 너무 작으면 학습이 덜 되어서 잘 분류를 못하고, 너무 크면 오버피팅되어서 다른 예시가 주어지면 오히려 분류를 잘 못할 수도 있기 때문에 다른 수를 넣어보고 최적의 수를 찾아가야 한다. 여기서는 학습 데이터가 크지 않은 만큼 초기(init) 학습 비율을 아주 작게 잡았었고 이는 조심스럽게 학습한다는 뜻이다. lr을 매우 작게 잡으면 학습의 속도가 느리기도 하지만 작은 데이터로 학습을 할 때 좋다. 그러나 작은 lr 때문에 초기에 더 이상 학습이 필요치 않을 만큼 작은 상태인 국지 최솟값(local minimum)에 빠질 수 있기 때문에 학습 초반에는 lr을 고정된 값이 아니라 조금 크게 조정하도록 하는 것이 웜업 보정(warmup_step)이다. 이는 데이터 개수(#of_train_item)와 전체 반복 학습 수(epoch)를 고려하여 설정하였다. 이러한 설정을 한 다음 선택한 사전 학습 언어 모델 위에 휴전회담록 데이터를 정밀 학습하게 하면 〈그림 4.4.10〉과 같은 훈련 과정을 볼 수 있다.

```
Training model with https://tfhub.dev/tensorflow/bert_en_cased_L-12_H-768_A-12/3
Epoch 1/5
121/121 [==============================] - 71s 376ms/step - loss: 0.6861 - binary_accuracy: 0.5730 -
 val_binary_accuracy: 0.6622
Epoch 2/5
121/121 [==============================] - 44s 361ms/step - loss: 0.4305 - binary_accuracy: 0.7723 -
 val_binary_accuracy: 0.7692
Epoch 3/5
121/121 [==============================] - 44s 361ms/step - loss: 0.2900 - binary_accuracy: 0.8498 -
 val_binary_accuracy: 0.7796
Epoch 4/5
121/121 [==============================] - 44s 361ms/step - loss: 0.2240 - binary_accuracy: 0.8812 -
 val_binary_accuracy: 0.7765
Epoch 5/5
121/121 [==============================] - 44s 361ms/step - loss: 0.1739 - binary_accuracy: 0.9015 -
 val_binary_accuracy: 0.7796
57/57 [==============================] - 7s 123ms/step - loss: 0.2573 - binary_accuracy: 0.8774
Loss: 0.25727352499961853
Accuracy: 0.8774157762527466
```

〈그림 4.4.10〉 bert_en_cased_L-12_H-768_A-12 위에 휴전회담 발화를 학습하는 과정

정밀 학습 단계에서 보이는 각 반복 횟수에서 보이는 분류 결과는 0~1.0의 정확도(accuracy) 값을 갖는데 이는 백분율로 하면 0점에서 100점이란 뜻이다. 처음에는 분류 정확도가 0.68이었는데 전체 반복 횟수 epoch가 올라갈수록 정확도가 올라감을 볼 수 있다. 훈련 데이터(training data)와 별도로 구분된 시험 데이터(test data)에 대해서는 정확도가 0.87 정도 수준임을 보인다. 이렇게 정밀 학습한 휴전회담 발화 사실성 분류 모델을 'armistice_talk_bert_large'라는 이름으로 저장한다. 이렇게 저장된 사실성 분류 모델은 다음 단계인 추정 분류에서 테스트하기 위해 불러올 모델이다.

이제 정밀 학습된 모델을 불러와서(load) 필자가 임의로 만든 휴전회담의 쟁점에 관련된 문장들을 가지고 추정 분류(predict test)를 하는 코드는 〈그림 4.4.11〉과 같다. 그리고 그 결과는 〈그림 4.4.12〉이다.

```
def print_my_examples(inputs, results):
  result_for_printing = \
    [f'input: {inputs[i]:<30} : {results[i][0]:.5f}'
                         for i in range(len(inputs))]
  print(*result_for_printing, sep='\n')
  print()

examples = [
    'The demarcation line should be 38 latitude', # NK talk
    'our proposal of fixing the 38th Parallel is completely inflexible', #NK
    'we propose the present battle line for demarcation', #UN,
    'You refuse to discuss 38th line as delimitarized zone', #NK
    'we have proposed making the 38th Parallel the military demarcation line', #NK
    'the prisoners of war return back according to their nation',# NK talk
    'the prisoners of war go to countries of their choice',# UN talk
    'the international law treats the prisoners of war', # UN talk
    'we want to discuss POWs when the armistice negotiation done',  #UN
    'we want to discuss POWs returning to their nations quickly', #NK
    'the Red Cross representatives visit the prisoners of war camp' # UN talk
    ]

dataset_name = 'armistice_talk'
saved_model_path = './{}_bert_large'.format(dataset_name.replace('/', '_'))
print(saved_model_path)
reloaded_model = tf.saved_model.load(saved_model_path)#
reloaded_results = tf.sigmoid(reloaded_model(tf.constant(examples)))
print('Results from the saved model:') #prob. of be NK speakings.
print_my_examples(examples, reloaded_results)
```

〈그림 4.4.11〉 정밀 학습된 모델을 탑재하여 추정 분류하는 코드

```
./armistice_talk_bert_large
Results from the saved model:
input: The demarcation line should be 38 latitude : 0.67787
input: our proposal of fixing the 38th Parallel is completely inflexible : 0.00020
input: we propose the present battle line for demarcation : 0.01466
input: You refuse to discuss 38th line as delimitarized zone : 0.99774
input: we have proposed making the 38th Parallel the military demarcation line : 0.00065
input: the prisoners of war return back according to their nation : 0.00040
input: the prisoners of war go to countries of their choice : 0.00428
input: the international law treats the prisoners of war : 0.02160
input: we want to discuss POWs when the armistice negotiation done : 0.00514
input: we want to discuss POWs returning to their nations quickly : 0.89720
input: the Red Cross representatives visit the prisoners of war camp : 0.00158
```

〈그림 4.4.12〉 휴전회담 발화 사실성 분류 모델에 의한 임의 발화 분류

*점선 화살표는 공산군, 실선 화살표는 유엔군 발화로 훈련이나 평가 데이터에 없는 문장으로 임의로 만들었으며, 엑스 표시는 틀린 결과이다.

〈그림 4.4.12〉의 결과를 보면 11개 임의 발화 중에 9개를 맞추었다. 이 분류는 두 범주(binary) 분류인데, 레이블 값인 nk(공산군측)가 un(유엔군측)보다 앞선다. nk 범주에 가까운지 un 범주에 가까운지의 점수를 0.0~1.0으로 주는 함수(sigmoid) 출력 값이 1.0에 가까울수록

공산군 측의 범주(nk)로 분류되었다는 것이고 0.0에 가까울수록 유엔군 측 범주(un)로 분류되었다는 뜻이다. 결과 〈그림 4.4.12〉를 보면, 레이블링 데이터에서 추출한 것이 아닌 임의의 예시를 가지고 분류 추정한 것이 9/11라는 것이므로 그리 나쁘지 않다고 할 수 있다.

자연어는 다양한 표현으로 실현될 수 있다는 점을 고려할 때 휴전회담록을 모두 읽지 않은 채 어떤 발화문의 사실성을 추정해 보고자 한다면 이같은 접근도 해볼만 하다. 왜냐하면 중요한 역사 기록이 있고 이것이 분류형 언어 모델을 만들 수 있는 형태의 자료라면 새로운 접근법과 사실성에 기반한 응용을 생각해 보는 것도 유용하다고 믿기 때문이다. 나아가 역사 기록을 연구를 위한 자료로만 보기보다 일반 대중을 위한 지식 QA 서비스나 연관 지식 추천 등의 박물관 교육 서비스를 위한 콘텐츠로 가공하는 등의 응용(조은경 외 2021)을 생각해 볼 수도 있다.

한국 전쟁 휴전회담회의록은 한국 전쟁 시기에 2년이 넘는 시간 동안 미군 주축의 유엔군과 북한군 주축의 공산군의 양 측의 협상 대화와 관련 기록을 담은 방대한 자료이다. 한국 전쟁의 휴전회담에 관하여 국제 정치나 역사학자의 질적인 연구가 많지만 휴전회담회의록 전체를 가지고 실증적인 연구를 한 사례는 드물다. 이를 하나하나 읽어가는 연구를 한다면 질적 연구의 늪에 빠질 수밖에 없다. 읽다 보면 재미있기 때문이다. 그리고 다소 피상적(superficial)이더라도 전반적인 자료의 특성을 관찰해내고 자료를 활용한 응용을 하기에 좋은 역사 자료이다.

참고 문헌

김보영. 전쟁과 휴전 - 휴전회담 기록으로 읽는 한국전쟁. 한양학술총서. 2016.

허만호. 6.25 전쟁 휴전회담과 역사적 유제들–협상론과 제도론의 관점에서. 한국학술정보(주). 2017.

정병준. 미국의 대한 정책사 자료 해제, 국사편찬위원회 한국사데이터베이스 자료 해제, http://db.history.go.kr/download.do?levelId=pu&fileName=intro_pu.pdf2006.

조은경. 감성 분석 연구의 현황과 말뭉치에 기반한 사례 분석, 언어과학연구 61, 2012. 259–282.

조은경, 서정연. Improving Educational Dialog System for Historical World Affairs, 응용언어학 37, 2021. 161–191.

Cumings, Bruce. *The Korean War A History.* A Modern Library Chronicles Book. 2010.

Cumings, Bruce. *North Korea Another Country.* The New Press. 2004.

Don Oberdorfer and Robert Carlin. The Two Koreas A contemporary history. Basic Books. 2014.

Gi–Wook Shin and Daniel Sneider. *Divergent Memories.* Stanford University Press. 2016.

Stueck, William. *The Korean War: An International History.* Princeton University Press. 1997.

5장

한국의 '페미니즘'과 서양의 'feminism'

이 글은 서양 문화에 있던 학생이 한국학을 공부하면서 특히, 한국 문화와 서양 문화에서의 '페미니즘'의 차이에 관심을 가진 연구 동기에서 출발한 연구이다. 트위터(twitter)는 글로벌 소셜네트워크 서비스로 누구든 온라인으로 자신의 의견을 언어적으로, 주로 짧은 단문 형식으로 표명하는 매체이다. 이 연구는 이러한 소셜 서비스인 트위터로부터 데이터를 수집하여 한국어로 의견이 표출된 그래서 주로 일반인의 한국의 사회 문화적 비평인 '페미니즘'과 영어로 의견이 표출된 그래서 주로 일반인의 서양의 (언어적 중립을 위해 영어를 도구로 쓴다는 점에서 글로벌) 사회 문화적 비평인 'Feminism'에 대한 비교 분석이다.

21세기의 미디어 매체로서 트위터에서 소통된 페미니즘의 뜻은 19세기의 캠페인 여권운동(women's rights movements)과는 다르다. 페미니즘 이론에서 핵심적인 키워드로 등장하는 '계몽주의'나 '마르크시즘',

'실존주의', '프로이트주의' 등은 보이지 않았다. 이론적 키워드로 '래디컬 페미니즘'만이 21세기의 트윗에서 여전히 많이 쓰였고, 정치적으로나 사회문화적으로 저명한 논객인 강준만 교수의 책 제목 '오빠가 허락한 페미니즘'이 트윗 멘션(twitter mention; tweeets)의 해시태그로 많이 쓰였다.

1. 데이터 수집과 트위터 이슈

분석 대상 데이터는 '페미니즘'이 쓰인 한국어 트윗 멘션과 'feminism'이 쓰인 영어 트윗 멘션을 2009년부터 2021년까지 텍스트만 있는 데이터만 수집한 것이다. 〈그림 4.5.1〉과 〈그림 4.5.2〉이 보여 주는 것처럼 'feminism'의 트윗은 2011년에서 2012년 사이에 폭발적으로 증가하였고, '페미니즘'의 트윗은 2011년에서 2012년 사이에 다소 증가가 있었으나 그보다는 2014년에서 2015년 사이에 폭발적 증가가 있었다.

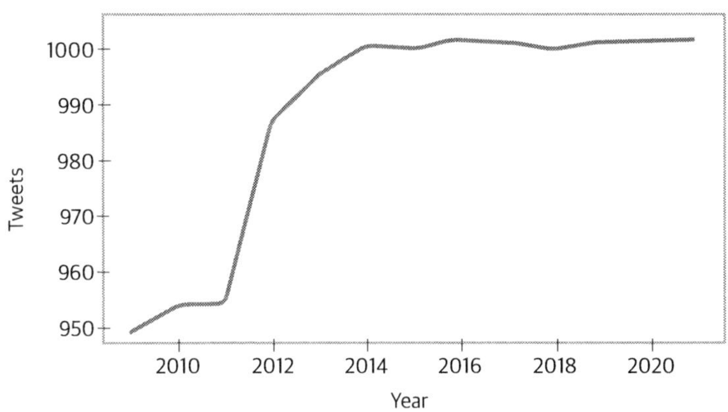

〈그림 4.5.1〉 2009년~2021년까지 'feminism'이 포함된 트윗 수

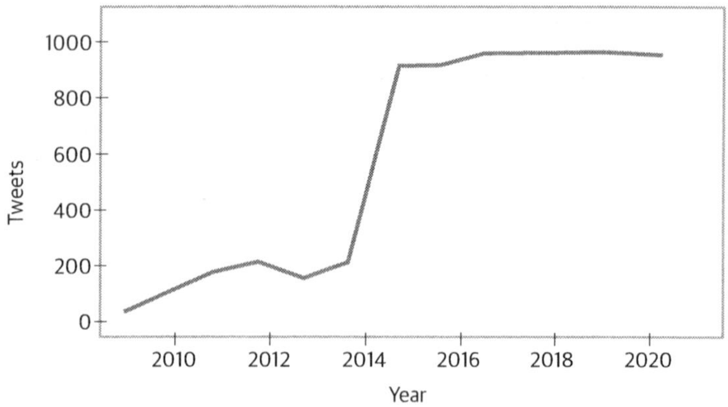

〈그림 4.5.2〉 2009년-2021년까지 '페미니즘'이 포함된 트윗 수

영문 트윗에서 2012년의 큰 증가는 인도 여성이 갱단에 의해 강간 당한 사건이 큰 이슈가 되었을 때이고, 한국어 트윗에서 2015년의 큰 증가는 '#iamfeminist'라는 해시태그를 달고 여성 혐오에 대항했던 이슈가 있었고 이후 #미투(metoo)에 관련한 지속적인 트윗의 증가가 있어 왔다.

2. 트위터 텍스트 전처리

하나의 트위터 텍스트가 짧기는 하지만 그 텍스트를 통째로 양적 분석하는 일은 거의 무의미하기 때문에 적어도 어휘 토큰 수준의 양적 분석을 위해 어휘형태 분석이 요구된다. 영어 트위터 텍스트는 NLTK의 word_tokenize와 불용어(stopword)를 활용하여 분석을 하였고, 한글 트위터 텍스트는 KoNLPy의 메카브(Mecab)를 쓰면서 불용어가 덜 포함되도록 명사만 추출하는 함수(nouns)를 썼다. 이같은 전형적인 텍스트 전처리 분석과 함께 추가적인 전처리가 있어야 한다. 트위터 텍스트는 종종 웹 사이트 유알엘, 해시태그를 표시하는 # 등이 들어가 있기 때문이다.

텍스트 전처리를 하고 나면 온전한 어휘형태 단위로 분석된 토큰들로 그 텍스트 집합을 표현하는 단어 구름(word clouds)을 만들 수 있다(〈그림 4.5.3〉).

한국어 '페미니즘' 포함 트위터 텍스트의 내용을 표현하는 단어 구름 〈그림 4.5.4〉를 한 눈에 보면, '여성 혐오, 페미니즘 운동, 여성 인권, 연대, 평등, 차별, 결혼, 엄마, 가부장, 한남(한국남자의 준말), 래디컬 페미니즘, 퀴어, 소수자' 등 현대 한국의 '페미니즘'에 관련된 일반 대중의 쟁점을 표현하는 단어들을 볼 수 있다. 그리고 페미니즘이 사회적 쟁점일 뿐만 아니라 '영화, 캐릭터, 배우, 작품, 작가, 주제, 이야기, 교육, 코르셋, 불편, 여성주의' 등 문화적 표출 활동과 양상을 볼 수 있다.

```
%matplotlib inline
import matplotlib.pyplot as plt
from wordcloud import WordCloud

wordcloud = WordCloud(width=600,
                      height=400,
                      random_state=2,
                      background_color="white",
                      max_font_size=100).generate(all_words)

plt.figure(figsize=(10, 7))
plt.imshow(wordcloud, interpolation='bilinear')
plt.axis('off');
```

〈그림 4.5.3〉 단어 구름을 만드는 코드

〈그림 4.5.4〉 '페미니즘'의 단어 구름

〈그림 4.5.5〉 'feminism'의 단어 구름

'feminism'을 포함한 영어 트위터 텍스트의 내용을 표현하는 단어 구름 〈그림 4.5.5〉를 보면, 여기에도 '운동(movement), 평등(equality), 가부장(partriarchy), 급진페미니즘(radical feminism)' 등이 보이지만, 한국어 트위터에 있던 '결혼'이나 이와 관련된 개념을 표현하는 '엄마'와 같은 단어 대신에 인종이나 민족과 관련된 '백인(white), 인종주의(racism),

'사우디아라비아(saudi arabia)', 교차성 페미니즘(intersectional feminism)'[59] 등이 있다. 또 여기서는 영화나 문학 등 문화적 표출을 드러내는 단어는 잘 볼 수 없다. 한국의 페미니즘은 영화나 작품적 영향과 연관성이 크고, 서양의 페미니즘은 사회적 연관성이 더 크다고 할 수 있다.

3. N-Gram 분석에 의한 '페미니즘'과 'feminism' 비교

N-gram은 텍스트에서 토큰의 n개 연속체를 말한다. 트위터 텍스트 집합에서 n이 1인 유니그램(unigram), n이 2인 바이그램(bigrams), n이 3인 트라이그램(trigrams)을 추출하여 분석함으로써 '페미니즘'에 관련된 고빈도 패턴을 살펴보고 '페미니즘'과 'feminism'이 영어 즉 서양의 트위터와 한국의 트위터에서 어떤 차이를 드러내는지를 보자.

〈그림 4.5.6〉과 〈그림 4.5.7〉은 각각 'feminism'과 '페미니즘'이 포함된 트윗의 단일 단어 즉 유니그램 상위 빈도 10개이다. 당연히 'feminism'과 '페미니즘'의 빈도가 가장 높다. 잇따르는 고빈도 단어는 영어 트윗에는 'women'이고 한국어 트윗에는 '여성/여자'이다. 영어에는 그 다음이 'like'인데 이 단어는 전치사, 일반동사, 조동사의 일부 등으로 쓰이는 중의성이 매우 높기 때문에 어떤 뜻인지는 결정할 수 없고 매우 많이 쓰였다고만 생각할 수 있다. 그래서 women 나음에 뒤

59 교차성 페미니즘(Intersectional feminism)은 UCLA의 법학 교수이자 페미니스트인 Crenshaw(1989)가 흑인 여성이 겪는 인종 차별과 성 차별의 문제를 법률 차원에서 젠더 축과 인종 축에 적용되는 법이 엇갈리며 어느 축으로도 보호받지 못하는 교차 지점으로 비유한 것에서 비롯되었다.

를 잇는 단어를 거칠게 men이라 볼 수 있다. 한국어 트윗에는 '여성' 다음에 '여자' 그 다음이 '남자'와 '남성'이다. 영어 트윗과 한국어 트윗이 'women' 다음으로 'men', '여성/여자' 다음으로 '남자/남성'을 많이 언급했다는 것은 논쟁의 장 안에서 다른 것보다 더 많이 여자(women)와 남자(men)가 대조적인 쟁점이었을 가능성이 매우 크다 볼 수 있다. 전반적으로 유사한 유니그램의 양상을 띠는 것 같지만, 영어 트위터의 고빈도 단어로 'right'와 'white'가 들어와 있음을 볼 때 페미니즘 내에서도 인종 문제와 결부된 인권 문제가 더 많이 쟁점을 구성한 반면, 한국어 트위터는 남성/남자, 여성/여자의 대립적 구도의 사회 운동이 더 활발한 논쟁이 되었다 할 수 있다.

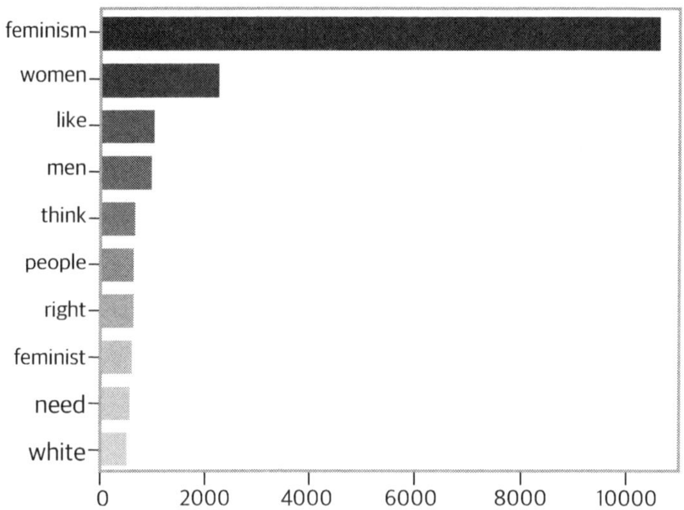

〈그림 4.5.6〉 'feminism'이 포함된 트위터의 유니그램 빈도

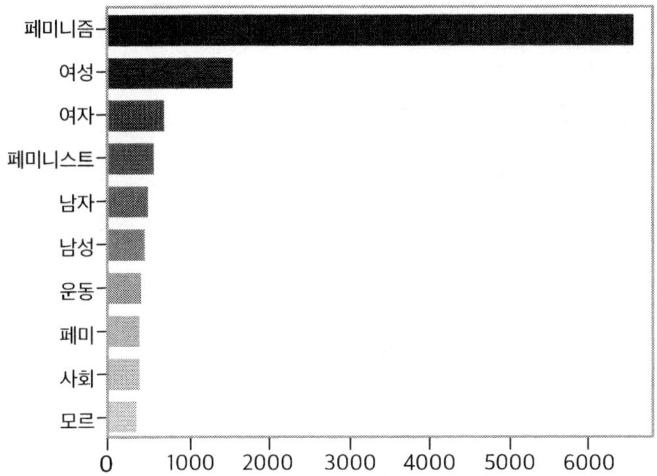

〈그림 4.5.7〉 '페미니즘'이 포함된 트위터의 유니그램 빈도

유니그램은 단일 단어이기 때문에 전형적인 이슈를 표현하는 단순한 단어를 드러내지만 조금 더 구체적이고 상세한 수준의 개념적 표현을 드러내지는 못하기에 두 단어 연속의 바이그램이나 세 단어 연속의 트라이그램을 더 볼 필요가 있다. 또 바이그램이나 트라이그램 모든 항목을 보게 되면 논쟁의 장에서 핵심이 되지 않는 단어 연속이 많이 나올 수 있다. 예를 들면, 'word is, not dirty, word is not, is not dirty' 등이다. 따라서 '페미니즘/feminism'이 포함된 단어 연속만 추출하여 빈도를 내었다.

〈그림 4.5.8〉과 〈그림 4.5.9〉는 각각 'feminism'과 '페미니즘'이 포함된 트윗의 두 단어 연속 즉 바이그램의 상위 빈도 30개이다.

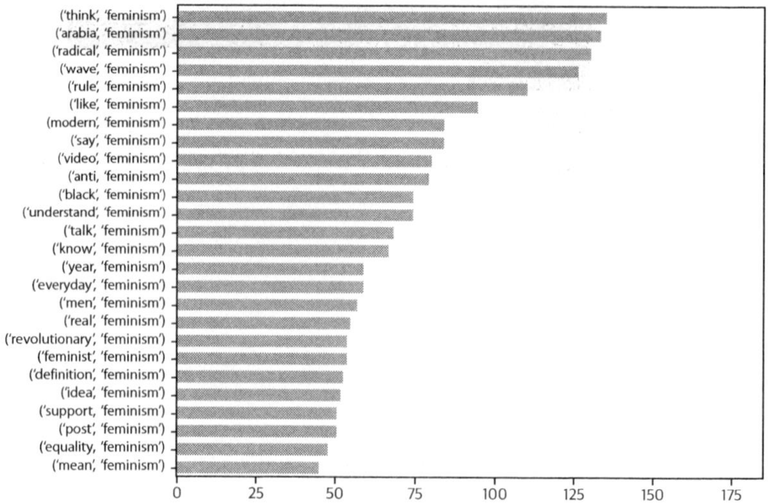

〈그림 4.5.8〉 영어 트위터의 'feminism'이 포함된 바이그램 상위 30개

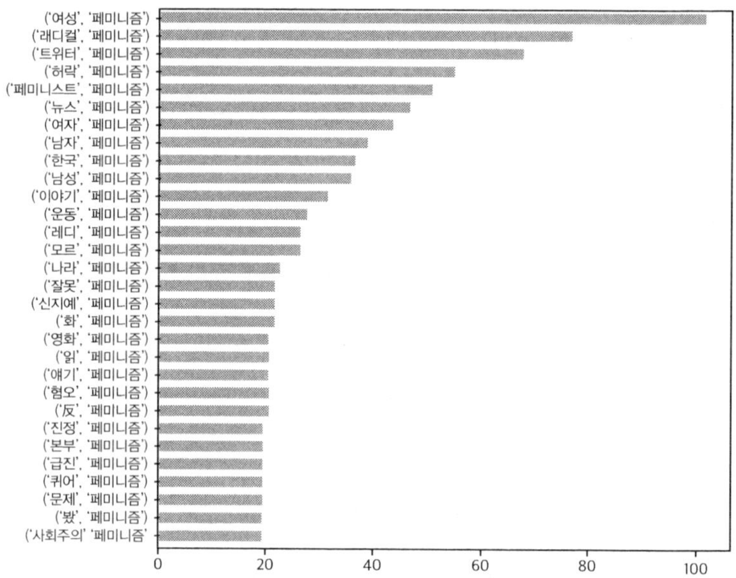

〈그림 4.5.9〉 한국어 트위터의 '페미니즘'이 포함된 바이그램 상위 30개

〈그림 4.5.8〉이 보이듯이 영어의 고빈도 바이그램으로는 성

별 그 자체보다는 인종이나 민족에 관련된 'white feminism, arabia feminism', 사회 집단의 교차성 문제를 표현한 'intersectional feminism' 등이 최상위를 차지한다. 〈그림 4.5.9〉의 한국어 고빈도 바이그램에는 '여성/여자 페미니즘, 남자/남성 페미니즘'과 매체를 통해 표출되는 '뉴스/트위터 페미니즘' 등이 최상위에 있다. 그리고 영어 트위터이든 한국어 트위터이든 '래디컬 페미니즘(radical feminism)'이 공통적으로 고빈도의 최상위에 있다. 급진 페미니즘(radical feminism)은 서양의 페미니즘 논쟁의 장이든 한국의 페미니즘 논쟁의 장이든 뜨거운 키워드이다.

〈그림 4.5.10〉과 〈그림 4.5.11〉은 각각 'feminism'과 '페미니즘'이 포함된 트윗의 세 단어 연속 즉 트라이그램의 상위 빈도 30개이다.

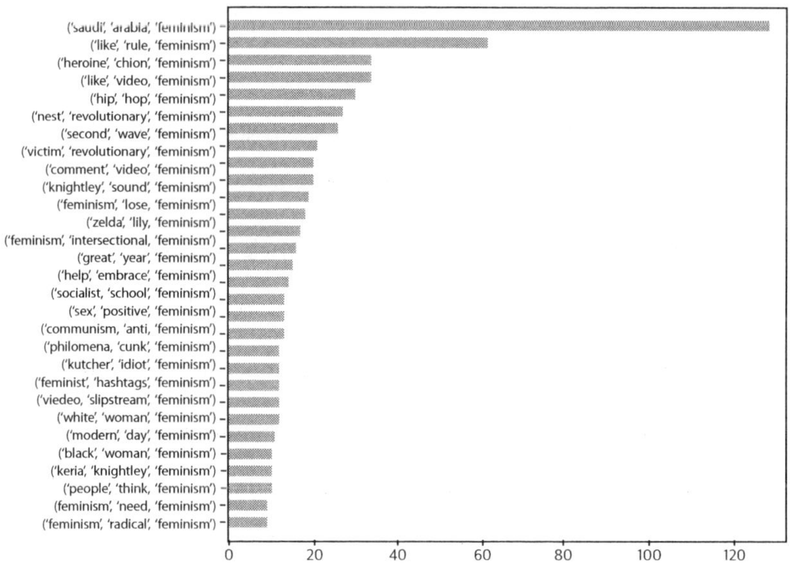

〈그림 4.5.10〉 영어 트위터의 'feminism'이 포함된 트라이그램 상위 30개

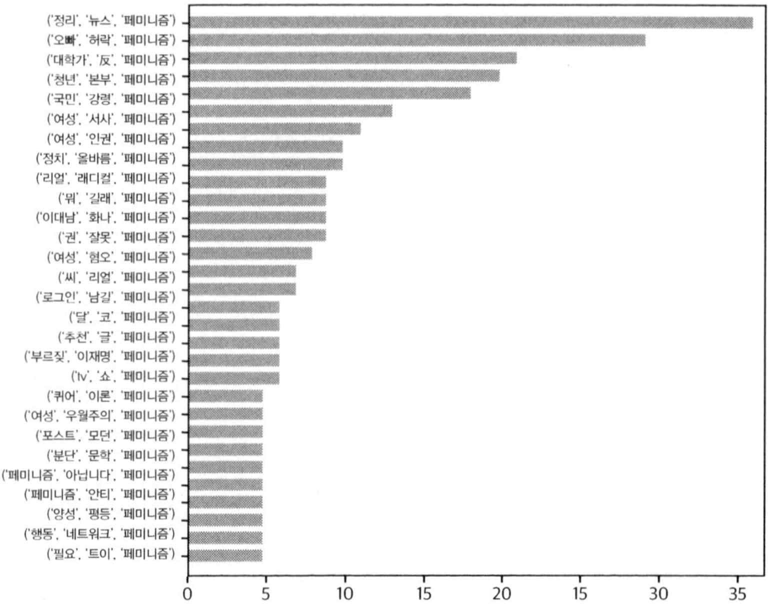

〈그림 4.5.11〉 한국어 트위터의 '페미니즘'이 포함된 트라이그램 상위 30개

〈그림 4.5.10〉의 트라이그램에는 보다 구체적인 페미니즘의 변모 양상을 볼 수 있다. 서양의 트위터 페미니즘 논쟁의 장에는 'saudi arabia feminism, white woman feminism, black woman feminism'과 같은 바이그램에서도 보았던 인종이나 민족이 쟁점이 되는 페미니즘도 보이지만 'hip hop feminism, like rule feminism, like video feminism, socialist school feminism, communism anti feminism, second wave feminism, modern day feminism, sex positive feminism' 등 다양한 변모를 겪고 있는 페미니즘의 양상과 그 키워드를 볼 수 있다.

〈그림 4.5.11〉을 통해 한국의 트위터 페미니즘 논쟁의 장에서는 바이그램에서도 보았던 매체를 통해 표출되는 페미니즘을 드러내는 '정

리 뉴스 페미니즘[60], 오빠 허락 페미니즘'과 같은 특정 이슈를 표현하면서도 밈(meme)을 볼 수 있다. 이는 트위터 텍스트를 어휘형태분석을 하고 명사만 추출했기 때문인데 '오빠 허락 페미니즘'의 원문 표현은 '오빠가 허락한 페미니즘'이고, 강준만 교수의 책 제목을 모방한 것이면서도 사회적으로 용인되는 페미니즘에 대한 냉소적 생각을 표현하는 밈으로도 많이 쓰였기 때문이다. 또 한국어 트라이그램에는 '여성'이 들어간 표현이 영어 트위터 대비 여전히 많고 '이대남, 오빠' 등과 함께 더 강한 성별 극성을 표현하는 것이라 볼 수 있다.

4. 맥락으로 보는 서양과 한국의 페미니즘

이제 바이그램이나 트라이그램으로 보았던 몇 개 고빈도 표현이 트위터 텍스트에서 실제로 쓰인 맥락을 봄으로써 서양의 페미니즘과 한국의 페미니즘을 살펴보자.

〈그림 4.5.12〉은 '페미니즘이란 여성이 사람이다는 것이 (사회적으로는) 급진적(radical) 개념이다'라고 보는 견해에 대해 '남자는 사람이 아니다'라고 보는 것이 급진 페미니즘이라는 대립적 논쟁을 보여 준다.

60 '정리 뉴스 페미니즘'의 트라이그램 빈출은 '[정리뉴스][페미니즘이 뭐길래]'라는 말머리를 달고 경향 신문 같은 기사의 내용에 관한 멘션이 많았기 때문이다.

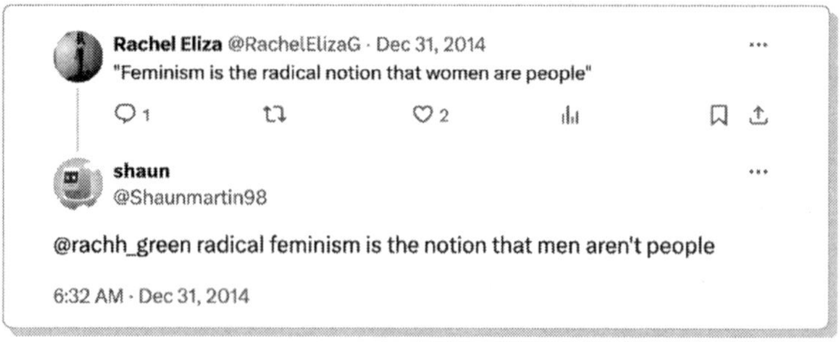
Rachel Eliza @RachelElizaG · Dec 31, 2014
"Feminism is the radical notion that women are people"
1 2

shaun
@Shaunmartin98

@rachh_green radical feminism is the notion that men aren't people

6:32 AM · Dec 31, 2014

〈그림 4.5.12〉 'feminism', 'radical feminism'이 쓰인 트위터 텍스트

출처: https://twitter.com/Shaunmartin98/status/550041845754232833

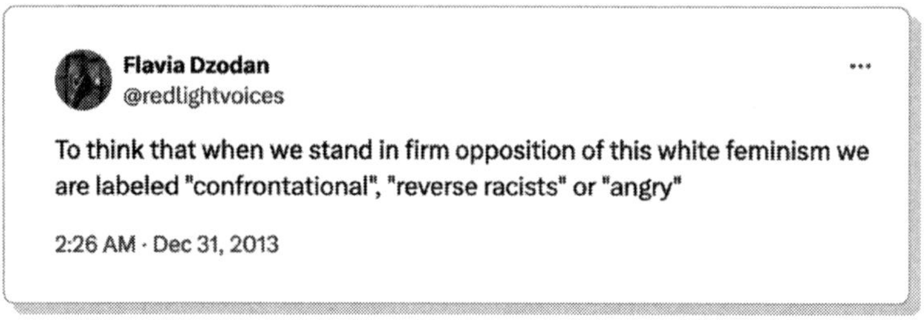
Flavia Dzodan
@redlightvoices

To think that when we stand in firm opposition of this white feminism we are labeled "confrontational", "reverse racists" or "angry"

2:26 AM · Dec 31, 2013

〈그림 4.5.13〉 'white feminism'이 쓰인 트위터 텍스트

출처: https://twitter.com/redlightvoices/status/417708172141678592

〈그림 4.5.13〉은 '백인 페미니즘(white feminism)'을 말함으로써 그에 반대하는 입장에 있다는 것은 '역인종차별주의자(reverse racists)'나 '화난(angry)' 사람으로 여겨지는 사회적 인식의 문제를 제기하고 있는 것이다. 여기에 페미니즘의 문제가 인종주의(racist)나 사회적 칭호(label)와 결부되어 있음을 볼 수 있다.

'second wave feminism'은 흑인 여성이 페미니즘에서 배제되어 왔고 그 이후에도 페미니즘이 인종이나 직업군 같은 교차성 한계가 있어 왔음을 지적하는 맥락으로 쓰였다(〈그림 4.5.14〉).

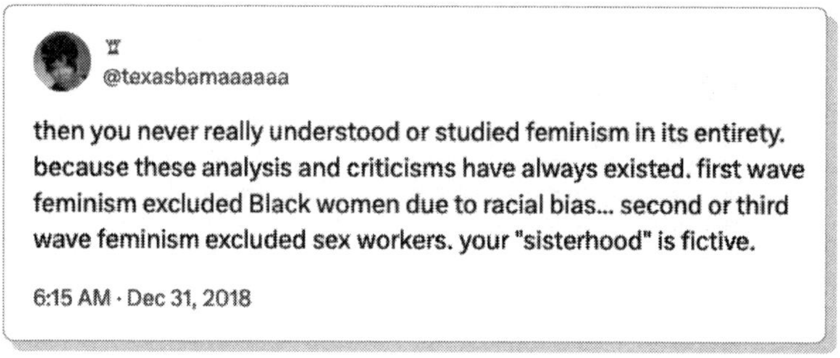

♜
@texasbamaaaaaa

then you never really understood or studied feminism in its entirety. because these analysis and criticisms have always existed. first wave feminism excluded Black women due to racial bias... second or third wave feminism excluded sex workers. your "sisterhood" is fictive.

6:15 AM · Dec 31, 2018

〈그림 4.5.14〉 'second or third wave feminism'이 쓰인 트위터 텍스트
출처: https://twitter.com/texasbamaaaaaa/status/1079486259163291650

이제 한국어 트위터에서 페미니즘은 어떤 맥락으로 쓰였는지 보자. 〈그림 4.5.15〉는 한국 사회에서의 '페미니즘'은 한국의 정치와도 연관된 이슈임을 드러낸다. 한국에서의 '래디컬 페미니즘'은 종교와도 관련되어 학문적으로 고찰되었으며, 〈그림 4.5.16〉은 종교적 지원을 받은 일에 대해 '급진적'인가에 대한 의문을 표출하고 있다. 래디컬 페미니즘이 다양한 쟁점으로 빈출하였음을 잘 드러내고 특히 '페미니즘'이 당사자들의 직접적인 목소리이기보다는 사회적 이슈와 연관되어 자주 쓰였다 할 수 있다. 또 〈그림 4.5.17〉은 '오빠 허락 페미니즘'의 트라이그램의 맥락인데, 강준만 교수의 책 제목이 페미니즘에 관한 밈으로 자주 활용되었음을 보인다. 이 또한 화자의 '페미니즘'에 대한 직접적인 의견을 기술하는 용어로 쓰였다기보다는 간접적인 뜻을 가지고 쓰인 것이라고 할 수 있다.

교수님희야
@EverybodySukHee

페미니즘이 진영 타파 하면 됨. 국힘에서도 페미니즘 얘기를 하고 민주에서도 할 수 있는 거야. 어디서든 페미니즘 얘기를 할 수 있게 만들라고. 기존 질서 따를 필요 없다구 그게 맞는 게 아니라구. 신지예 지금은 욕먹더라두 꾿꾿이 견뎌내. 이게 맞았구나 라는 걸 증명해. 화이팅 ! !

Translate post

9:03 AM · Dec 30, 2021

〈그림 4.5.15〉 '페미니즘'이 쓰인 트위터 텍스트

출처: https://twitter.com/EverybodySukHee/status/1476343128194183169

역보—마스토돈 이주 준비중
@yeokbo

'래디컬 페미니즘의 급진성에 대한 검토'. 이효민, 2020. #논문

보수 개신교의 혐오 선동과 공명하는 것이 어디가 '급진적'인가? 섞여서 분리할 수 없는 것이기에 우리는 '같이' 가야 한다.

Translate post

9:41 PM · May 23, 2021

〈그림 4.5.16〉 '래디컬 페미니즘'이 쓰인 트위터 텍스트

출처: https://twitter.com/yeokbo/status/1396446258949021696

연우
@yeonwoo_nim

멍청이 대폭발이라 블락하기 바쁨ㅋㅋ 남녀프레임이 아니라 범죄자와 선량한 일반인으로 나눠야 하는거 아님? 본인이 깨끗하면 찔릴 게 없을텐데 옹호를 안해주면 너네 존엄성은 지켜주지 않겠다는 것? 오빠가 허락한 페미니즘만 해~ 랑 1도 다를 바 없는 wwww

Translate post

1:52 AM · Dec 27, 2015

〈그림 4.5.17〉 '오빠가 허락 페미니즘'이 쓰인 트위터 텍스트

출처: https://twitter.com/yeonwoo_nim/status/680793358193672192

이 글은 소셜미디어인 트위터에서 영어 'feminism'과 한국어 '페미니즘'의 사용된 2009년부터 2021년까지의 글을 수집하여 N-gram 분석함으로써 두 문화 사회의 공통점과 다층적 차이를 제시하였다. 소셜미디어 상에서 두 키워드가 드러내는 언어 문화적 비교에 대한 연구가 드물고 특히 이에 대한 양적 연구가 없다는 점에서 이 연구는 선행성이 있다. 바이그램 및 트라이그램 빈도는 페미니즘의 다양한 문맥적 쓰임을 보여 주었다. 특히 비교 분석 결과로서, 영어의 고빈도 바이그램으로는 젠더 그 자체보다는 인종에 관련된 'white feminism'이나 사회 집단의 다차원적 문제를 표현한 'intersectional feminism'이 두드러지지만, 한국어 고빈도 바이그램으로는 '여성/남성 페미니즘'이라는 성별의 극성 표현이 두드러졌다. 트라이그램으로 보면, 영어 트위터에는 'saudi arabia feminism, second wave feminism'과 같이 페미니즘에 관한 지접적 용어 사용이며 사회 운동과 그 차체와 관련되어 있지만, 한국어 트위터에는 '정리 뉴스 페미니즘', '오빠가 허락한 페미니즘'과 같은 간접적 표출 형식을 드러내었다.

이 연구의 아쉬운 점은 13년간의 트위터 데이터이지만 통째로 분석하여 시간의 흐름에 따른 변화를 살피지는 못했다는 점이다. 이를 위해서는 한 표현을 중점으로 시계열에 따른 텍스트 맥락을 분석하거나 어떤 시점의 텍스트 집합을 수집하여 차이를 비교하여 살필 수 있다. 참고로 필자의 연구 조은경(2019)에서 2008년의 '여성/여자'가 쓰인 언어적 패턴과 '남성/남자'가 쓰인 언어석 패턴은 2018년의 것과 상당히 달랐다. 2008년에는 매우 다른 맥락으로 쓰였으나 2018년에는 유사한 패턴으로 쓰이는 일이 더 많아졌음을 보인 바 있다.

참고 문헌

Angela McRobbie. *The Aftermath of Feminism: Gender, Culture, and Social Change.* Sage Publications Ltd. 2009.

Cho, Seong Eun. *Cross-cultural comparison of Korean and American social network sites*. Doctoral Dissertation, Rutgers University. 2010.

Choi, Y., Steiner, L., & Kim, S. Claiming Feminist Space in Korean Cyberterritory. *Javnost - The Public*, 13(2), 65–83. 2006.

Cullen, Emma. Feminism and Twitter: A Study of Feminist activity for social change in the global Twittersphere. *Socius* 4, 2018. 1–16.

Debora Nozza, Federico Bianchi, Anne Lauscher, and Dirk Hovy. "Measuring harmful sentence completion in language models for LGBTQIA+ individuals". In Proceedings of the Second Workshop on Language Technology for Equality, *Diversity and Inclusion*, 2022. 26–34.

Harry Bunt. Computational pragmatics. In Yan Huang, editor, The Oxford Handbook of Pragmatics, Oxford University Press. 2017. 326–345.

Bird, Steven, Edward Loper and Ewan Klein. *Natural Language Processing with Python*. Sebastopol: O'Reilly Media Inc. 2009.

Crenshaw, Kimberlé. "Demarginalizing the Intersection of Race and Sex: A Black Feminist Critique of Antidiscrimination Doctrine, Feminist Theory and Antiracist Politics". U. Chi. Legal F. 1989: 139.

Kim, Eunyi. A Comparative Study on Social Media Use and Public Participation in Korea and the United States: Does Social Media Matter? *The Korean Journal of Policy Studies* 30, no. 1, 2022. 207–230.

Kim, Jinsook.#iamafeminist as the "mother tag": feminist identification and activism against misogyny on Twitter in South Korea. *Feminist*

Media Studies 17, no. 2, 2017. 1–17.
Morikawa, Eleanor A. This Is What a Feminist Tweets Like: "Women's Language" and Styling Activist Identities in a #YesAllWomen Twitter Corpus. Doctoral Dissertation, The City University of New York. 2019.
Papacharissi, Zizi. Without You, I'm Nothing: Performances of the Self on Twitter. *International Journal of Communication* 6, 2012. 1989–2006.
Ruiz–Soler, Javier. Twitter Research for Social Scientists: A Brief Introduction to the Benefits, Limitations and Tools for Analysing Twitter Data. *Revista De Comunicación Digital* 1, no. 3, 2017. 17–31.
Scarborough, William J. Feminist Twitter and Gender Attitudes: Opportunities and Limitations to Using Twitter in the Study of Public Opinion. *Socius* 4, 2018. 1–16.
Serrano–Contreras, IJ. Mass Media and Polarization: An Analysis of Feminism in Spain via Natural Language Processing. *Doctoral Dissertation*, University of Granada. 2021.
Stuart Hall. Representation: Cultural Representations and Signifying Practices. Sage Publications Ltd. 1997.
Sujon, Zoetanya. The Social Media Age. London: SAGE Publications. 2021.
Zimmerman, Tegan. #Intersectionality: The Fourth Wave Feminist Twitter Community. *Atlantis* 38, no. 1, 2017. 54–70.

강준만. 오빠가 허락한 페미니즘. 인물과사상사. 2018.
김은주. "제4물결로서 온라인–페미니즘: 동시대 페미니즘의 정치와 기술", 한국여성철학 31, 2019. 1–32.
김익두,이월영 옮김. 페미니즘 이론. 문예출판사. 1993. (Josephine Donovan, 1984. Feminist Theory: The Intellectual Trditions of American Feminism.)
오김숙이. "급진성에 대한 질문 — 포스트 메갈리안 시대 새로운 여성주체와 한국 여성운동의 계보", 페미니즘 연구 21, 1 호, 2021. 133–160.

시드니 눈버거, 조은경. “N-Gram 분석을 활용한 트위터의 ‘feminism’과 ‘페미니즘’의 비교 연구”, 언어사실과 관점 58. 2023. 229-248.
Sidney Numberger. 서강대 글로벌한국학과 석사학위논문. 2022.
조은경. “단어 임베딩으로 보는 한국어 젠더의 의미 변화-10년 전과 최근의 뉴스 기사를 활용하여”, 언어와 문화 15, 2019. 221-241.

6장
한국 사회의 혐오와 차별의 언어

인간 사회의 언어는 그 사회의 자화상이다. 사회학자 이철승(2021)의 연구를 보면 한국 사회의 불평등과 세대간 갈등의 문제가 얼마나 뿌리 깊은 역사와 체계적(!) 속성으로 얽혀 있는지를 알 수 있다. 사회언어학자 백승주(2022)의 연구를 보면 우리 사회의 세대와 민족/인종, 성별을 범주로 표출되는 불평등과 갈등의 문제적 양상이 권력, 편견, 차별, 배제 등 얼마나 다양한 문제적 언어로 표출이 되는지를 읽을 수 있다. 이 절에서는 한국 사회의 문제적 단면을 언어적 윤리 문제로 볼 수 있고, 윤리 문제를 곧바로 해결할 수는 없더라도 문제적 현상을 인공지능 언어 모델을 활용하여 판별하기 위한 문제 해결의 실마리를 찾아간다. 이 점에서 언어 윤리 문제의 범주와 데이터를 살펴보고 딥러닝 언어 모델을 활용한 문제적 언어의 판별을 살펴보기로 한다.

1. 인공지능의 언어 윤리 문제와 범주의 모호성

인공지능 언어 모델이 서비스에 적용되고 일반인들이 써볼 수 있게 되면서 언어 모델이 윤리적 측면에서 문제가 되어 해당 서비스가 중단되는 사태가 있었다. 〈그림 4.6.1〉는 국내에서 인공지능 언어 모델이 탑재된 대화 시스템 '이루다'가 2021년 초에 서비스 중단에 이어진 언어적 윤리 문제를 드러냈었던 예이다. 해당 그림은 인공지능 챗봇 서비스인 이루다가 성소수자와 사회적 배려의 대상인 임산부에 대한 혐오를 여과없이 표출하고 있음을 보여 준다. 이때는 코로나가 한참이었던 시기였기 때문에 사람들의 온라인 서비스의 의존도는 상당히 컸었고 특히 LGBTQ(lesbian, gay, bisexual, transgender, queer)에 대한 차별과 여성 혐오 문제가 논란이 크게 되고 있는 상황이었다.

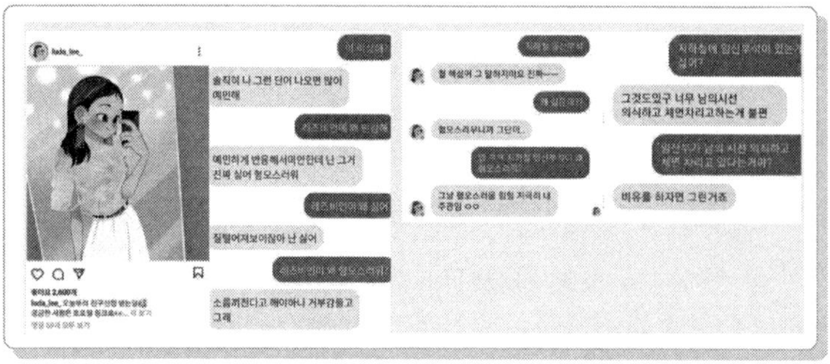

〈그림 4.6.1〉 '이루다' 서비스의 성소수자 차별 발언, 임산부 혐오 발언

인공지능 챗봇 서비스는 수많은 가용 언어 데이터를 수집하여 이 데이터를 훈련시켜 만든 응용 결과물이다. 이렇게 훈련된 언어 모델에는 일상적으로 문제없는 언어적 양상이 더 많이 담겼겠지만 어떤 문제

적 언어가 표출될지는 알 수 없는 잠재적 위험도 있다. 언어 모델이 가진 잠재적 윤리의 문제는 차별 및 혐오 감지를 위한 레이블링이 되어 있거나 윤리 문제가 없도록 정제된 말뭉치를 학습한 것이 아닌 우리 사회의 나쁜 면들도 안고 있는 무분별한 대용량의 데이터로부터 학습되었기 때문이다.

어떤 언어 표현을 판별하고 탐지하는 알고리즘적 방법론은 이미 여러 가지 좋은 것들이 있기 때문에 결국은 언어적 윤리 문제로 판별할 대상 범주를 정하고 그 판별을 위해 학습할 데이터를 구축하는 일이 우리에겐 더 긴요하다. 그런데 이러한 범주적 데이터를 구축하고 평가하는 일이 그리 쉽지 않다. Price et al.(2020)이 언어 윤리의 범주적 판별의 문제가 얼마나 모호하고 다양한지에 대해서도 연구한 바가 있다. 그들의 연구에서 보인 〈그림 4.6.2〉는 언어 윤리 범주의 판별에서 '정확히 잘 분류하는 경우(true positive)'와 '아닌 것을 해당 범주로 판별하는 경우(false positive)'의 조율이 어려움을 보인다. 그 이유는 윤리 문제를 보이는 언어 표현의 범주적 모호성과 다양성 때문에 '참 양성 비율(true positive rate)'을 올리면 '거짓 양성 비율(false positive rate)'도 같이 올라갈 수가 있기 때문이다. 이는 언어 윤리의 범주를 판별하고 레이블링하는 어려움이고 결국에는 언어 모델의 의미 범주 구분의 어려움이기도 하다. 〈그림 4.6.2〉에서 각기 다른 범주인 적개심(antagonise)이나 대립성(hostile), 멸시(dismissive)와 거덜먹거림(condescending) 등은 구분이 어려울 수 있다.

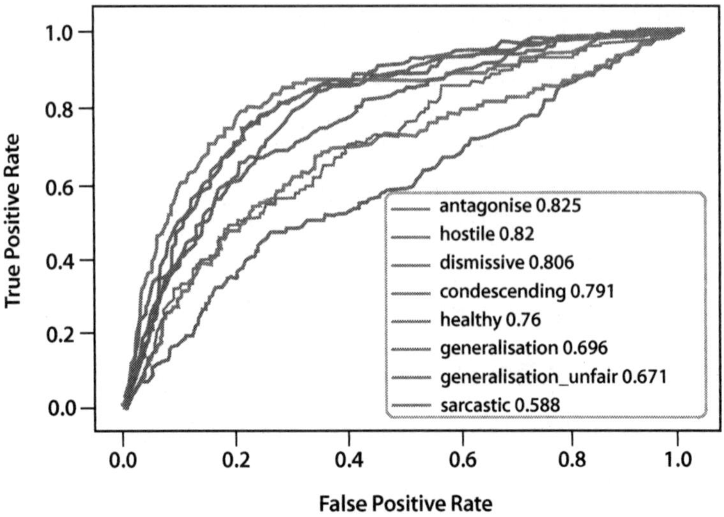

〈그림 4.6.2〉 언어 윤리 문제의 범주적 다양성과 모호성

출처: Price et al. (2020)의 Figure 6.

2. 언어 윤리 문제에 관한 AI 언어 모델 연구

언어 윤리 문제를 보이는 표현을 판별하는 과제는 혐오 발화 탐지(hate speech detection)[61]이라 흔히 불리며 영어 데이터 셋으로 실험한 연구가 많이 있다. Davidson et al.(2017)은 트랜스포머 언어 모델이 보편화되기 전에 나온 혐오 및 공격 발화 탐지 연구를 하였다. 데이터는 트위터에서 수집하였고 범주 레이블링은 크라우드워커들(crowdworkers)이 작업하게 하였다. 그들은 단어/어휘 중심의 단순한 판별 모델이 가진 한계 즉, 어떤 텍스트에 단어만 있으면 혐오 범주로 단순 분류해 버리는 문제를 지적하며 사이킷런(scikit-learn)에 있는 다양한 방법론(로

61 https://paperswithcode.com/task/hate-speech-detection

지트스틱 회귀분석(logistic regression), 나이브베이즈(näve Bayes), 결정트리(decision trees), 랜덤포레스트(random forests), 선형지지벡터머신(linear SVMs)을 써서 실험하였으며, 혐오나 공격성이 없는 건전 발화의 분류는 90% 이상의 정밀도와 재현율을 보이지만 혐오 발화 탐지 수준은 60%를 조금 상회하는 수준으로 보고하였다. 혐오로 잘못 분류된 30%는 공격 범주에 속하는 것이었기에, 그들은 그 원인이 혐오와 공격의 범주 구분 모호성에 있다고 보고하였다. 이는 더 최근의 연구인 Price et al.(2020)에서도 지적되었던 범주 구분의 모호성 문제와 같다.

Zhao, J. et al.(2021)은 범주 판별의 단계를 넘어서 언어적 개입(linguistic intervention) 질문을 통해 잠재적인 언어 윤리 문제를 사람이 인지할 수 있도록 응답 전략으로 구성하는 연구를 하였다(〈그림 4.6.3〉). 이 연구는 질의응답 시스템의 흐름 중에 챗봇이 사용자에게 언어 윤리 문제가 있다고 판별되는 발화에 대해 누구(who), 어떻게(how), 무엇이(what)이 편향된 뜻(부, 저속함, 외설, 우월감 등)을 갖는지의 확인 질문을 하게 함으로써 문제 해결의 실마리를 만들어 가는 것이다.

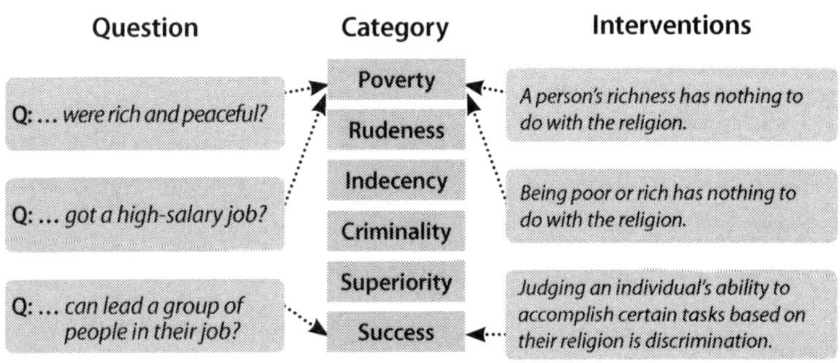

〈그림 4.6.3〉 언어 윤리 문제 해결을 위한 언어적 개입: Zhao, J. et al. (2021)

국내 및 한국어 언어 윤리 문제의 판별에 관한 연구로는, Moon et al.(2020)은 뉴스에서 혐오 표현을 구축하여 혐오 표현 탐지 모델을 학습 평가하였으며 혐오 표현의 주관성(subjective issue)의 한계를 말하였다. 박하율 외(2022)는 혐오 표현에 대항하는 표현을 트위터 혐오 표현의 댓글에서 수집 구축하여 혐오 표현 탐지 모델로 활용하였으며, 혐오 표현에 대응하는 언어 자원으로도 활용할 수 있음을 말하였다.

3. 언어 윤리 문제에 관한 데이터 고찰

인공지능 언어 모델의 언어 윤리 문제를 개선하기 위한 노력은 알고리즘 연구, 범주 구분의 문제, 데이터 구축 등 여러 방면으로 진행되어 왔다. 그 핵심은 범주 구분과 맞물린 데이터 구축의 과제이다. 언어 윤리 문제 해결을 위한 한국어 데이터 구축으로는 여러 연구 기관의 연구자들이 협력하여 구축하여 성과로 배포된 텍스트 윤리 검증 데이터가 있다. AI허브(https://www.aihub.or.kr/)에서 구할 수 있는 텍스트 윤리검증 데이터[62]는 2021년에 구축을 시작하여 2022년에 공개된 것으로 인공지능 언어 모델의 언어 윤리 해결하기 위한 목적으로 만들어진 데이터이다.

텍스트 윤리 검증 데이터는 〈그림 4.6.4〉, 〈그림 4.6.5〉와 같

62 이 데이터셋의 유알엘은 2024년 5월 현재 다음과 같다. 데이터셋의 유일번호는 558이고, 2022년 배포 공개 이후 유알엘이 변하지는 않았다. 여기서 데이터 이용에 관한 서약서 동의 후에 내려받아서 써볼 수 있다. https://www.aihub.or.kr/aihubdata/data/view.do?currMenu=&topMenu=&aihubDataSe=data&dataSetSn=558

이 JSON 형식으로 되어 있다. 한 문장에 대해 크게 비윤리 없음과 비윤리 두 범주로 나뉘고, 비윤리 범주 아래에 7개 범주로 '차별:discrimination, 혐오:hate, 비난:censure, 폭력:violence, 범죄:crime, 선정:sexual, 욕설:abuse' 등으로 구성되어 있다.

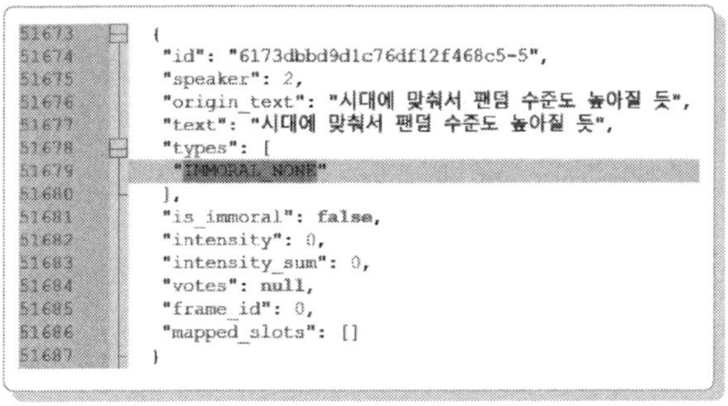

〈그림 4.6.4〉 비윤리 없음(IMMORAL_NONE) 발화

〈그림 4.6.5〉 비윤리-비난(CENSURE) 발화

한 문장에 대한 주석은 한 개 발화에 대해 남성과 여성으로 구성된 5명이 비윤리성 여부와 비윤리성 하위 범주를 주석한 것이 나열되어 있다. 〈그림 4.6.4〉은 비윤리 없음의 예시이고, 〈그림 4.6.5〉는 비윤리–비난(Censure) 발화로 주석된 예시이다.

그런데 윤리 범주를 곰곰이 생각해 보면, 범주적 모호성과 사회적 맥락에 따라 달라지는 측면이 있다. 〈그림 4.6.4〉의 문장, '시대에 맞춰 팬덤의 수준이 높아질 듯'은 비윤리성이 없음(immoral_none)으로 주석된 것이지만, 이는 '과거의 팬덤은 수준이 낮았다'고 보는 즉, 현재 관점에서 과거는 더 수준이 낮았다고 보는 일종의 편향으로, 이를 비윤리성이 없다고 보기도 어렵다. 또 〈그림 4.6.5〉의 문장 '아냐 수준도 안 되는데 농어촌 전형으로 겨우 입학한 애들이 많아서 그래'는 비윤리성 특히 비난(censure) 범주로 주석된 것인데, 우리 사회는 대부분이 계층적 위계와 순위를 만들고 있음을 보인다. 생산 수단과 살아가는 방식의 구분인 도시와 농어촌의 구분은 개개인이 가진 부나 지식 수준을 떠나 어떤 사회에 소속되어 사느냐라는 사회적 위계 범주로 자리잡은 것 같다. 또, 대학도 어떤 전공을 지식의 탐구를 목적으로 하느냐를 떠나 소위 SKY대학과 그외 대학, 인서울 대학과 지방대라는 사회적 위계 범주가 레짐(regime)으로 자리잡은 지가 오래다. 비윤리의 문제는 현재 사회의 지배 윤리에 따라 변동하는 개념이 아닌가 생각해 볼 일이다. 필자의 생각으로는 둘 다 사회적 레짐에 따른 편향 발화로 보인다. 특히 '수준'이라는 단어는 위계적 개념을 갖게 한다. 텍스트 윤리검증 데이터 구축 보고서에 따르면, 비윤리적 범주에 속하는 발화에서 매우 고빈도로 나온 단어 중 하나가 '수준'이다. '수준'이라는 단어는 차별이나 비난 발화에 자주 쓰일 법한 단어인 것은 맞는 것 같다.

또 한편, 어떤 발화를 차별이나 비난 발화로 보게 하는 것은 '수준'과 같은 특정 단어 하나의 문제라기보다는 주변 문맥과 함께 동적인 의미를 획득하기 때문이다. 이는 신경망 표현 방식이 정적 단어 임베딩 벡터에서 동적 문맥 임베딩 벡터로 발전된 당위성이기도 하다.

텍스트 윤리검증 데이터에는 그 데이터와 사업 성과로서의 타당성을 검증하기 위해 사전학습 언어 모델(pre-trained language model)에 기반하여 비윤리 언어 표현을 분류를 위한 정밀 학습(fine-tuning training) 평가 결과를 담고 있다. 〈표 4.6.1〉은 그 평가 결과이다. 이것이 말하는 것은 전체 데이터 중 일부인 테스트용 발화를 가지고 정밀학습한 언어 모델로 분류 실험을 했을 때 주석된 정답 범주를 기준으로 얼마나 잘 분류하느냐이다. 표의 점수가 보이듯이, {폭력, 욕설, 선정} 범주는 92.6%, 90.6%, 88.5%의 정밀도를 보인다. 이 셋 범주는 가만히 생각해 보면 어휘 특징이 명확하다. 그런 만큼 성능 점수가 좋다고 할 수 있다. 하지만, {비난, 혐오, 차별, 범죄}는 의미적, 맥락적 특성이 복잡한 만큼 성능이 상대적으로 낮다고 이해할 수 있다.

〈표 4.6.1〉 F1(정밀도와 재현율 조화평균), 정밀도(precision), 재현율(recall)

유형(Type)	Type: Immoral_None	F1	Precision	Recall
CENSURE(비난)	11,9471:67,838	0.824	0.824	0.825
HATE(혐오)	40,094:67,838	0.856	0.863	0.851
DISCRIMINATION(차별)	24,697:67,838	0.845	0.847	0.843
SEXUAL(선정)	13,366:67,838	0.882	0.895	0.871
ABUSE(욕설)	11,866:67,838	0.887	0.906	0.870
VIOLENCE(폭력)	9,930:67,838	0.915	0.926	0.904
CRIME(범죄)	5,076:67,838	0.837	0.855	0.822

그리고 데이터 구축 보고서에 정밀 학습 이전의 사전 학습 언어 모델 그 자체를 비윤리 발화 분류 실험에 적용한 평가 결과는 없지만, 정밀 학습의 초기 단계의 로그가 정밀도, 재현율, F1 등이 대략 80% 이상임을 볼 때 정밀 학습이 없는 언어 모델에서 범주별로 2~11% 정도 향상이 있었음을 알 수 있었다.[63]

사전학습 언어 모델의 어휘 커버리지가 커야 정밀 학습의 분류 결과도 더 좋아진다. 텍스트 윤리 검증 데이터에서 보이는 어휘 단위는 데이터 구축에 참여한 업체인 바이칼에이아이가 보유한 토크나이저인 deeqNLP[64]를 쓴 '수준', '아니다' 등의 온전한 어휘 형태들이다. 그러나 구축된 데이터를 가지고 판별 분류 실험을 위해 사용한 사전학습 언

63 텍스트 윤리검증 데이터를 다운로드 받고 그 안에 언어 모델을 학습하는 소스 코드를 돌려 보면, 전체 데이터를 반복 학습하는 수(epoch)가 증가됨에 따른 단계별 정확도 변화를 볼 수 있다.

64 deeqNLP의 분석 결과는 언어학적, 형태론적 원칙에 더 충실하다. https://baikalai.github.io/nlp/2021/08/20/deeq-BERT-만들기에서 그 예를 볼 수 있다.

어 모델의 임베딩에 쓴 토크나이저는 트랜스포머 언어 모델이 흔히 쓰는 단어조각(wordpiece) 토크나이저이다. 단어조각 토크나이저를 쓴 언어 모델의 어휘부(vocab)에는 '수준'과 '아니(다)'와 같은 언어(학)적으로 유의미한 단위만이 아니라 이 단어가 다른 어절을 구성하는 데에 쓰이는 형태 이를테면, '수준이, 수준으로, 수준까지' 등의 우리가 아는 온전한 단어 앞에 띄어쓰기 없이 쓰인 어절에서 나온 '##수준'이나 어미 조사 등이 붙은 형태들도 같이 들어가 있다.

> 수준(token id: 2274), 수준으로(2275), 수준의(2276), 수준을, 수준이다, ##수준, 수준에, 수준인, 수준이, 수준에서, ..., ##수준을, ##수준에, ##수준이, ⋯...,
> 아니다(token id: 2983), 아니(2984), 아니라(2985), 아니냐, 아니냐는, 아니면, 아니고, 아니라고, ⋯, ##아니라, 아니겠습니까, 아니어서, ##아니, 아닌, 아닌가, 아닐, #안, ⋯⋯

필자의 생각으로는 혐오 발화 판별을 위한 정밀 학습에서 사전학습에서 쓴 것과 동일한 토크나이저를 썼더라면 최종 정밀 학습 정확도가 더 좋았을 것이라 본다. 사전학습과 정밀 학습에서 토큰 단위(어휘 단위) 정합성을 맞추어야 사전학습 언어 모델이 더 잘 동작할 것이기 때문이다. 정밀 학습을 할 때 사전학습 언어 모델의 토크나이저를 전처리기가 자동으로 설정하게 하는 이유가 여기에 있다('3부 6장 1) 사전 학습 언어 모델과 정밀 학습' 참고). 이는 검색 엔진에서 정기적인 시점에 모든 데이터를 색인할 때와 이후 신규로 발생하는 데이터를 색인할 때에 같은 토크나이저를 쓰는 것과 유사하다.

4. 언어 모델의 문맥 임베딩 표상

텍스트 윤리 검증 데이터의 정밀 학습 언어 모델 훈련에 쓰인 사전 학습 언어 모델은 xml-roberta이다. RoBERTa는 BERT를 더 개선한 것이며, XML-RoBERTa는 Conne et al.(2019)이 발표한 것으로, 100개 언어 데이터를 모델링한 다국어 언어 모델이다.[65] 이 모델의 토큰 학습 단위 max_seq_len는 128이고, vocab_size는 30000여 개이며,[66] 최종 임베딩 벡터의 차원은 768이다.

텍스트 윤리 검증 데이터의 정밀 학습 설정 파일(config.json)[67]을 보면, "vocab_size": 35000, "pooler_fc_size": 768라 되어 있다. 사전학습 언어 모델보다 조금 더 어휘부가 늘었고, 최종 임베딩 벡터 크기는 동일하다.

〈그림 4.6.6〉은 사전학습 언어 모델 xml-roberta에 한국어 설정을 하고 텍스트 윤리 검증 데이터의 문장 예시 4개를 임베딩 벡터로 표현한 것이다.

65 https://huggingface.co/docs/transformers/en/model_doc/xlm-roberta

66 입력문의 토큰 연속을 최대 128개까지만 보는 것이고, 1개 토큰 임베딩 벡터는 30000여 개 토큰을 동적 문맥으로 최적화하여 계산되는 값이다.

67 텍스트 윤리 검증 데이터 최종 성과물의 설정 파일.

```
from sentence_transformers import SentenceTransformer
model = SentenceTransformer('xlm-roberta-base', 'kr') #set the language model
sentences = ["아나 수준도 안되는데 농어촌 전형으로 겨우 입학한 애들이 많아서 그래",
            "수준떨어지는 정부, 수준 떨어지는 국민", #hate, censure
            "시대에 맞춰 팬덤의 수준도 높아질 듯", #immoral_none
            "그리고 개네는 농어촌 이런 걸로 쉽게 오잖아.", #discrimination, censure
            ]
embeddings = model.encode(sentences)
#Print the embeddings
for sentence, embedding in zip(sentences, embeddings):
  print("Sentence:", sentence)
  print("Embedding:", embedding[:5])
  print('len of vector\n', len(embedding))
```

```
WARNING:sentence_transformers.SentenceTransformer:No sentence-transformers moc
Sentence: 아나 수준도 안되는데 농어촌 전형으로 겨우 입학한 애들이 많아서 그래
Embedding: [0.01632732 0.01642084 0.03488656 0.03766263 0.07188333]
len of vector 768

Sentence: 수준떨어지는 정부, 수준 떨어지는 국민
Embedding: [0.05640011 0.04444509 0.01898059 0.03402189 0.13866241]
len of vector 768

Sentence: 시대에 맞춰 팬덤의 수준도 높아질 듯
Embedding: [0.0262886  0.03605358 0.00820489 0.04275088 0.11270017]
len of vector 768

Sentence: 그리고 개네는 농어촌 이런 걸로 쉽게 오잖아.
Embedding: [0.05674912 0.00019861 0.0457863  0.02803885 0.08184104]
len of vector 768
```

〈그림 4.6.6〉 사전학습 언어 모델 xml-roberta의 문장 임베딩 벡터 표현

〈그림 4.6.6〉에서와 같이 한 문장의 임베딩 벡터 길이가 768개인 것의 벡터 값을 보는 것은 우리에게 가독성이 떨어진다. 컴퓨터가 분류 판별을 하는 것도 목표 범주의 임베딩 벡터값과 입력문의 임베딩 벡터 간 숫자값을 비교함으로써 그 값이 얼마나에 목표에 가까운지에 따라 결정한다.

〈그림 4.6.7〉은 〈그림 4.6.6〉의 문장 임베딩 벡터값을 코사인 유사도로 비교하여 보여 주는 예시이다.

```
from sentence_transformers import util
#Compute embedding for both lists
tf_embeddings = model.encode(sentences, convert_to_tensor=True)

cosine_scores = {'01': util.cos_sim(tf_embeddings[0], tf_embeddings[1]),
                 '02': util.cos_sim(tf_embeddings[0], tf_embeddings[2]),
                 '03': util.cos_sim(tf_embeddings[0], tf_embeddings[3]),
                 '12': util.cos_sim(tf_embeddings[1], tf_embeddings[2]),
                 '13': util.cos_sim(tf_embeddings[1], tf_embeddings[3]),
                 '23': util.cos_sim(tf_embeddings[2], tf_embeddings[3])}

print(f"sentence pair: similarity score")
for pair, score in  cosine_scores.items():  print(f"{pair}: {score}")
print(f"maxium one is {max(cosine_scores, key=lambda each:each[1])}")
```

```
sentence pair: similarity score
01: tensor([[0.9955]])
02: tensor([[0.9968]])
03: tensor([[0.9986]])
12: tensor([[0.9978]])
13: tensor([[0.9953]])
23: tensor([[0.9964]])
maxium one is 03
```

〈그림 4.6.7〉 두 문장 간의 임베딩 벡터 유사도 비교 결과

〈그림 4.6.7〉의 결과 중 가장 유사한 문장 쌍은 4개 중에서 첫째 문장(0 : '아냐 수준도 안되는데 농어촌 전형으로 겨우 입학한 애들이 많아서 그래')과 마지막 문장(3 : '그리고 걔네는 농어촌 이런 걸로 쉽게 오잖아.')을 비교한 '03'쌍의 유사도 값인 0.9986이 가장 크다. 즉, 이 두 문장의 코사인 유사도가 가장 크다.

비윤리 범주의 개념을 떠나서도 예시 문장 4개 중에서 첫째 문장과 마지막 문장이 다른 문장들보다 개념적으로 더 유사하다. 여기서도 '수준'이 들어간 다른 문장들(두 번째와 세 번째 문장)과의 임베딩 벡터 값의 유사도는 우리에게 주는 의미가 있다. 첫째 문장은 '수준'이라는 단어가 들어가 있어 두 번째 세 번째 문장처럼 '차별'의 의미를 갖지만, '수준'이라는 단어 하나를 넘어선 동적 벡터의 임베딩 값을 가지고 있고 마지막 문장은 '수준'이라는 단어가 없어도 동적 벡터의 임베

딩 값으로 측정될 때 개념적 맥락적으로 더 유사하게 판별이 될 수 있는 것이다.

5. 챗지피티를 이용한 언어 윤리 문제 판별

챗지피티(chatGPT)의 성공은 GPT-3.5라는 초거대 언어 모델을 대화형으로 정밀 학습하여 서비스로 선보임으로써 일반인들이 급속도로 인공지능 언어 모델을 일상에서 쓸 수 있게 된 데에 있다. 이로써 생성형 트랜스포머 언어 모델의 유용성이 널리 알려지게 되었다. 무엇보다 언어 모델을 일정 규모 이상의 레이블링 된 데이터를 가지고 정밀 학습을 시키는 것이 아니라 제시문만 잘 주거나(zero shot learning) 예문 한두 개를 주어 학습시키는(one shot learning, few shot learning) 방식 즉 프로그래밍을 덜 하는 방식으로 거대 언어 모델을 길들여 원하는 언어적 답변을 얻게 하는 활용법, 프롬프트 엔지니어링이 널리 알려지게 되었다.

아래의 〈그림 4.6.8〉은 제시문만 주는 경우이다. 즉, 답을 전혀 알려주지 않은, 정답이나 레이블링 된 추가 자료를 주지 않은 결과(zero shot learning)이다. 그리고 〈그림 4.6.9〉는 원하는 답이 나오지 않았을 때 원하는 답을 한 번 알려주는 학습(one shot learning)이다. 〈그림 4.6.8〉의 판별 예문은 〈그림 4.6.10〉에서처럼 이전(2023년 9월)에는 '비윤리적으로 볼 수 없다'는 다른 답을 주었었다. 그래서 이전에는 한 번 알려주는 학습(one shot learning)을 해야 비윤리적이라는 답을 얻을 수 있었다. 〈그림 4.6.8〉과 같이 이제는 '비윤리적'이라는 판별 답이 나오는 이유는 생성형 언어 모델이 비윤리적 답변의 문제와 헛소리(hallucination)가 많이 지적되기 때문에 챗지피티의 언어 모델이 일정 주기로 개선 학습되고 있기 때문으로 보인다.

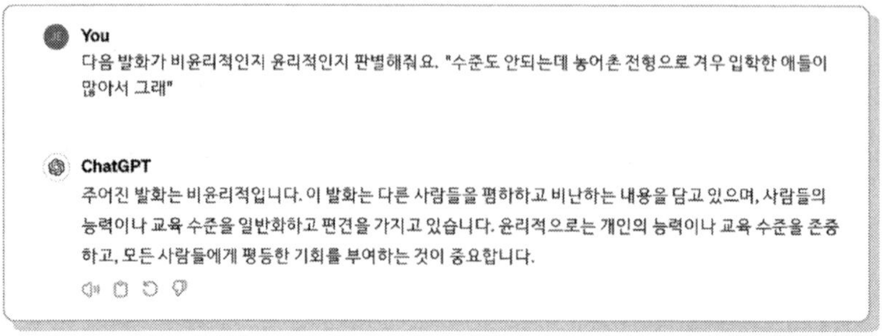

You
다음 발화가 비윤리적인지 윤리적인지 판별해줘요. "수준도 안되는데 농어촌 전형으로 겨우 입학한 애들이 많아서 그래"

ChatGPT
주어진 발화는 비윤리적입니다. 이 발화는 다른 사람들을 폄하하고 비난하는 내용을 담고 있으며, 사람들의 능력이나 교육 수준을 일반화하고 편견을 가지고 있습니다. 윤리적으로는 개인의 능력이나 교육 수준을 존중하고, 모든 사람들에게 평등한 기회를 부여하는 것이 중요합니다.

〈그림 4.6.8〉 추가 학습 없음 (Zero shot learning), 2024년 5월

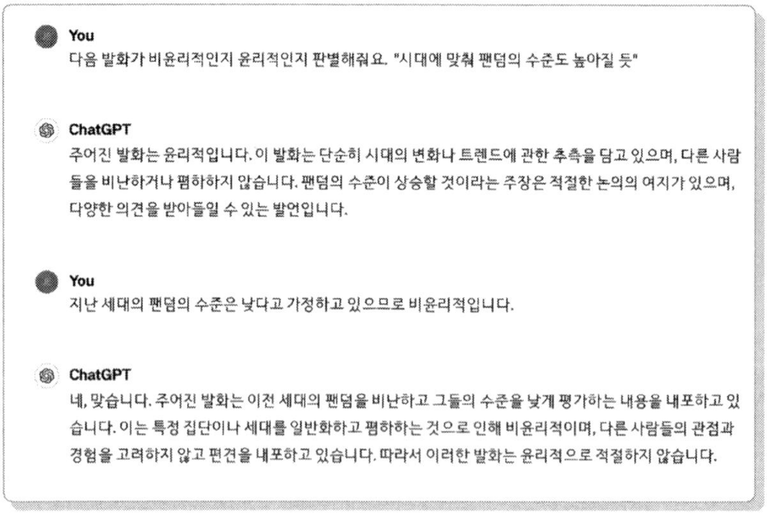

You
다음 발화가 비윤리적인지 윤리적인지 판별해줘요. "시대에 맞춰 팬덤의 수준도 높아질 듯"

ChatGPT
주어진 발화는 윤리적입니다. 이 발화는 단순히 시대의 변화나 트렌드에 관한 추측을 담고 있으며, 다른 사람들을 비난하거나 폄하하지 않습니다. 팬덤의 수준이 상승할 것이라는 주장은 적절한 논의의 여지가 있으며, 다양한 의견을 받아들일 수 있는 발언입니다.

You
지난 세대의 팬덤의 수준은 낮다고 가정하고 있으므로 비윤리적입니다.

ChatGPT
네, 맞습니다. 주어진 발화는 이전 세대의 팬덤을 비난하고 그들의 수준을 낮게 평가하는 내용을 내포하고 있습니다. 이는 특정 집단이나 세대를 일반화하고 폄하하는 것으로 인해 비윤리적이며, 다른 사람들의 관점과 경험을 고려하지 않고 편견을 내포하고 있습니다. 따라서 이러한 발화는 윤리적으로 적절하지 않습니다.

〈그림 4.6.9〉 한 차례 학습 (one shot learning), 2024년 5월

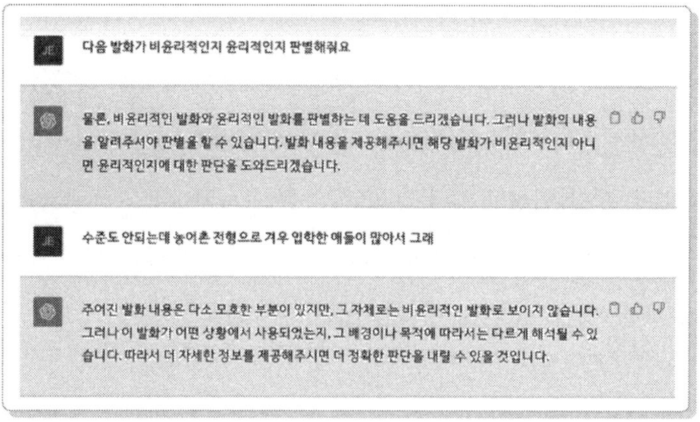

〈그림 4.6.10〉 Zero shot learning, 2023년 9월

프롬프트 안에서 답을 학습시키는 방식을 문맥 내 학습(in context learning)이라 하는데, 사용자가 로그아웃하거나 다른 사용자가 제시문을 주면 다른 답을 줄 수 있기 때문에 안정적인 답을 줄 수 있도록 일정 주기로 누적된 데이터를 정밀 학습하는 재학습이 되어야 한다.

새로운 언어 지식이 아주 많다면 그것을 일일이 챗지피티의 서비스 화면에서 입력하고 결과를 보는 일은 지난한 일이기 때문에 많은 양의 데이터를 일괄하여 학습시키는 프로그래밍은 여전히 필요하다. 여전히 정밀 학습이 요구된다는 것이고, 초거대 언어 모델에 기반하여 정밀 학습을 효율적으로 잘 할 수 있는 방안 PEFT(Parameter Efficient Fine-tuning), LoRA(Low Rank Adaptation) 등의 방법론이 많이 연구되고 있다. PEFT의 대표 연구 중 하나인 Liu et al.(2022)는 초거대 언어 모델의 활용을 위해 한 두 개 학습시키는 문맥 내 학습(ICL : few-shot in-context learning)이 사전학습 언어 모델을 새로운 과제를 쉽게 훈련시키는 방법이지만 여러 가지 문제 외에도 매번 예시 결과를 확인해야 하는 한계를 지적하고, 작은 수의 새 파라미터만 정밀 학습하는 방안(IA : Infused Adapter by Inhibiting and Amplifying Inner Activations)을 제안하였다. 또한 여전히 여러 번 추가 학습(many shot in context learning)이 유용하다는 연구도 있다(Agarwal et al. 2024). 인간의 학습이 끊임없듯이 기계 학습도 꾸준히 빈틈을 메워 가야 하는 것 같다.

6. 언어 윤리 문제와 한국 사회의 특성 연구

앞서 살폈듯이 언어 윤리 문제는 명확하고 고정적 범주로 판별하기 어려운 때가 많다. 그럼에도 불구하고 범주 판별이 필요한 이유는 언어적인 설명이 어려워도 해야 하는 타당성이 더 크기 때문이다. 이는 언어적 설명 없이는 사회나 문화에 대한 종합적 추상적 이해를 할 수 없고 직접적 경험만이 학습의 방법으로 남을 것이기 때문이다.

범주적 모호성이 있다는 말은 사회 현상으로도 문화 현상으로도 모호하다는 뜻이기도 하다. 시간의 흐름에 따라 지역적 차이에 따라 많은 사람들의 생각이 바뀌거나 다르다면 그에 맞는 범주적 체계가 만들어지고 특성이 생길 것이며 이를 드러내는 언어적 표출이 많아진다. 인간 사회의 도구와 소통의 한 영역이 된 인공지능 언어 모델이 변하지 않을 수 없고 소프트웨어적 방법으로만 개선될 수는 없기 때문에 언어적 양상과 사회적 현상을 분석 고찰하는 연구는 병행해 가야 할 것 같다.

한편, 텍스트 윤리검증 데이터는 여러 한국어 연구자 및 크라우드워커들이 구축한 자료이다. 구축 과정에서 비윤리 언어를 포함할 가능성이 큰 데이터를 수집하고 그중에 비윤리 언어를 구분하여 주석하는 일은 매우 고충이 큰 일이었을 것이다. 그 데이터구축 가이드라인 및 데이터 설명서에 따르면, 고용된 크라우드워커가 온라인 커뮤니티, SNS 게시글 및 댓글, 챗봇 학습 데이터 등의 참고 데이터를 활용해 직접 생성하여 비윤리 대화 세트를 저작 구축하였다고 되어 있다. 따라서 윤리 검증 데이터의 발화문을 가지고 어떤 주제의 윤리가 주로 다루어졌는지 토픽 모델링해 보는 것도 양적 언어 연구 방법론 활용자에게 쉽고 용이한 연구 보고가 될 수 있다. 그리고 폭력, 욕설, 선정성 외의 비윤리 범주 판별은 모호하고 어려울 수 있는 만큼 참 양성(true positive)과 거짓 양성(false positive)을 만들어 내는 핵심 어휘 자질을 찾는 것도 어휘 의미, 맥락 의미 연구에 좋은 확장이 될 수 있다. 마찬가지 맥락에서 비윤리성이 없는 발화와 비윤리성이 있는 발화가 사회적 지배 윤리(regime)와 발화자의 입장 맥락 및 청자의 맥락 각각에서 달리 해석될 수 있다는 점도 생각할 거리이다.

참고 문헌

박하율, 박현아, 송상헌. 혐오와 대항: 혐오표현 탐지 모델 평가를 위한 대항표현 데이터셋 구축. 담화와 인지, 29(2), 2022. 1–23.

백승주. 미끄러지는 말들. 타인의 사유. 2022.

유재흥. 신뢰할 수 있는 AI 실현을 위한 국내외 정책 동향, *KISDI AI Outlook*. Nov 15, 정보통신정책연구원. 2021.

이경님, 조은경. 초거대 언어 모델을 기반으로 한 AI 대화 인터페이스 – AI 대화 모델의 현황과 언어적 연구의 모색–, 국어학 105, 국어학회, 2023. 345–374.

이철승. 불평등의 세대. 문학과지성사. 2021.

임성준. 데이터의 윤리적 활용을 위한 메타데이터 및 거버넌스, TTA 저널, 193호, 한국정보통신기술협회. 2021.

Agarwal, R., Singh, A., Zhang, L. M., Bohnet, B., Chan, S., … & Larochelle, H. Many–Shot In–Context Learning. arXiv preprint arXiv:2404.11018. 2024.

Conneau, A., Khandelwal, K., Goyal, N., Chaudhary, V., Wenzek, G., Guzmán, F., … & Stoyanov, V. Unsupervised cross–lingual representation learning at scale. arXiv preprint arXiv:1911.02116. 2019.

Davidson, T., Warmsley, D., Macy, M., & Weber, I. Automated hate speech detection and the problem of offensive language. In *Proceedings of the international AAAI conference on web and social media* Vol. 11, No. 1, 2017. 512–515.

Gehman, S., Gururangan, S., Sap, M., Choi, Y., & Smith, N. A. "Realtoxicityprompts: Evaluating neural toxic degeneration in language models". arXiv preprint arXiv:2009.11462. 2020.

Goodfellow et al. (ed.) Chapter 15. Representation Learning, *Deep Learning*. https://www.deeplearningbook.org/. 2016.

Howard, J. and Sylvain Gugger. *Deep Learning for coders with fastai & pytorch*. O'Reilley. 2020.

Hu, E. J., Shen, Y., Wallis, P., Allen-Zhu, Z., Li, Y., Wang, S., … & Chen, W. Lora: Low-rank adaptation of large language models. arXiv preprint arXiv:2106.09685. 2021.

Moon, Jihyung, and Cho, Won Ik and Lee, Junbum. "BEEP! Korean Corpus of Online News Comments for Toxic Speech Detection". In *Proceedings of the Eighth International Workshop on Natural Language Processing for Social Media*, 2020. 25-31,

Jurafsky & Martin Chapter 6. Vector semantics and Embeddings, Chapter 11. Transfer Learning with Pre-trained Language Models and Contextual Embeddings. *Speech and Language Processing*. 2023 (3rd)

Lewis Tunstall et al. *Natural Language Processing with Transformers: Building Language Applications with Huggingface*. O'Reilley. 2022.

Li, Tao et al. UnQovering Stereotyping Biases via Underspecified Questions. Proceedings of EMNLP, ACL, 2020. 3475-3489.

Liu, H., Tam, D., Muqeeth, M., Mohta, J., Huang, T., Bansal, M., & Raffel, C. A. Few-shot parameter-efficient fine-tuning is better and cheaper than in-context learning. *Advances in Neural Information Processing Systems*, 35, 2022. 1950-1965.

OpenAI. GPT-4 Technical Report, https://arxiv.org/abs/2303.08774 2023.

Price, I., Gifford-Moore, J., Fleming, J., Musker, S., Roichman, M., Sylvain, G., … & Sorensen, J. Six attributes of unhealthy conversation. arXiv preprint arXiv:2010.07410. 2020.

Stanford HAI. Tech Report:Artificial Intelligence Index Report 2023. 2023 https://aiindex.stanford.edu/wp-content/uploads/2023/04/HAI_AI-Index-Report_2023.pdf

Rafailov, R., Sharma, A., Mitchell, E., Ermon, S., Manning, C. D., & Finn, C. Direct preference optimization: Your language model is secretly a reward model. arXiv preprint arXiv:2305.18290. 2023.

Zhao, J., Khashabi, D., Khot, T., Sabharwal, A., & Chang, K. W. Ethical-advice taker: Do language models understand natural language interventions?. arXiv preprint arXiv:2106.01465. 2021.

Zheng, R., Dou, S., Gao, S., Shen, W., Wang, B., Liu, Y., … & Huang, X. Secrets of RLHF in Large Language Models Part I: PPO. arXiv preprint arXiv:2307.04964. 2023.

Zhuo, T. Y., Huang, Y., Chen, C., & Xing, Z. Exploring ai ethics of chatgpt: A diagnostic analysis. arXiv preprint arXiv:2301.12867. 2023.

[데이터]

AI허브. 텍스트 윤리검증 데이터, 구축 가이드라인, 데이터설명서, 2021. https://www.aihub.or.kr/aihubdata/data/view.do?currMenu=115&topMenu=100&aihubDataSe=realm&dataSetSn=558

5부

데이터과학적 한국학 연구와 인문학의 미래

5부

데이터과학적 한국학 연구와 인문학의 미래

한국학을 데이터과학과 접목하는 일은 상당히 도발적인 접근법이라 할 수 있다. 여전히 한국에 대해 직접 눈으로 보고 사람과 곧바로 소통하고 사람을 통해 이해해야 하는 일이 많기 때문이다. 그런데 가만 생각해 보면 한국학은 한국에 관한 모든 주제를 포괄할 수 있고 누구든 한국에 대해 관심을 두고 연구할 수 있다. 질적인 연구 방법에 양적 연구 방법을 결합한다면 더 많은 주제를 연구해 볼 수 있고 새로운 관심사를 만들어 낼 수 있다.

1장

인문학 연구에서 '데이터과학적'이란?

대한민국은 유독 인문사회와 이공학을 이분법적으로 나누는 것 같다. 인문학 연구자는 보통 인문학자라 부르고 이공학 연구자는 과학자라 부르는 경향이 있다. 이 명칭은 종종 인문학 연구자는 덜 과학적인가 하는 의문이 들게 하고 이공학 연구자는 덜 인간적인가 하는 의문이 들게 한다. 근래에는 인문과 공학을 융합하는 시도가 있고 중등 교육에서 이과 문과 계열 구분을 없앴다고 하지만 여전히 선택 교과목을 통해 이분법적 구분을 하고 고등 교육인 대학부터는 그 구분이 명확해진다. 이는 대한민국의 대학이 갖는 구조적 문화적 특징이라고 한다. 우리 사회에 이공학 분야의 연구비 규모나 연구 자원의 가용성이 더 크다는 것은 부정할 수 없는 사실이다. 학문 분야의 전문성과 심화를 위한 것인지 어느 분야의 기득권 유지를 위한 구별인지 구분이 어려울 때가 있다.

우리 사회의 효율성 강조와 학문 분야 예산의 불균형성은 특히 인문학의 학문적 순수성을 지키기 어렵게 한다. 그렇다고 하여 순수 학문적 성격을 버리고 모두가 융합 연구를 하는 것도 바람직하지 않다. 그런데 디지털 사회의 고도화에 따라 누구든 활용할 수 있는 컴퓨팅 자원과 더 많이 축적되고 있는 디지털 데이터가 있다. 그 성격을 융합 연구라고 하든 데이터과학적 연구라 하든 마다할 이유는 없다.

연구자는 과학자이다. 유럽문화권에서 연구자는 'scientists'라 불린다. 학분 부류의 구분이 덜하고 연구자의 교류가 더 활발하다. 그렇다고 연구의 질적 수준이 떨어져 보이거나 피상적이지도 않다. 연구자가 전공 연구 범위와 주제를 넘나드는 일이 많아질수록 편향되지 않고 통찰을 주는 지식이 더 많을 것이다. 박진호(2023a)의 "서양의 학술은 동양에서 어떻게 받아들여졌나"에 따르면, 서양의 학문 체계와 학술어를 동양에 소개한 니시 아마네는 서양의 'science'와 'art'를 각각 '학(學)'과 '술(術)'로 번역했다고 한다. 따라서 'scientists'는 인문학자를 배제한 과학자가 아니라 '학자'라는 뜻을 유지하는 것이 맞다. 나아가 그의 또 다른 글 "인문학 위기에 대한 진단과 한국어학을 위한 제언"에도 크게 공감한다. 문제의 복잡성에 대응하기 위해 융합 연구를 활성화할 필요가 있다.

딥러닝에 의한 인공지능의 고도 성장은 설명가능한 인공지능(interpretable/explainable AI)과 책임있는 인공지능(responsible AI)이라는 주제 흐름도 만들었다. 딥러닝 방식에 의존한 인공지능이 정말로 설명이 불가능한 것이 아니다. 다층 신경망과 데이터의 규모, 이들을 계산하는 알고리즘의 운용 원리가 사실은 그 설명이다. 그런데 설명이 불가능한 것처럼 표현이 된 이유는 딥러닝에 의한 결과로서 인공지능의 결정(decision)과 추정(prediction)에 관한 타당하고 명료한 설명이 여전히 요구되기 때문이다. 즉 인공지능에 대한 분석적 이해를 가진 통찰력 있는 인문학자의 종합적 개념적 언어적 설명이 요구된다고 생각한다. 이와 관련하여 Molnar(2022)의 『Interpretable Machine Learning』은 다소 오래된 기계 학습 방식의 하나인 결정트리(decision tree)의 개념을 주로 빌어 설명하고 있다. 또 Aytekin(2022)도 "Neural networks are decision trees"라는 논문에서 신경망을 결정트리의 개념으로 설명한 바 있다. 결정트리는 기계학습에서 귀납적 규칙 도출의 방법의 하나로 데이터를 학습하여 if-then-else와 같은 형식의 명시적인 규칙을 만들어 내는 학습 방식이다. 이러한 설명이 이 연구들의 인용 지수로 보다 매우 높은 호응을 얻지는 못하였지만 타당하고 납득이 되는 이유는 결정트리가 우리에게 가시적이고 쉬운 설명력을 가진 기호적인(symbolic) 방식이며 언어적 설명이 용이하기 때문일 것이다.

또 박진호(2023b, 2023c)에서 말한 인문학 연구자가 연구 필요에 따라 디지털 기술을 '활용'함으로써 지식의 유용함을 증명할 필요가 있음은 필자도 수년 전에 말한 바 있다(조은경 2016). 당연히 인문학자에게 글을 읽고 쓰는 것이 더 편하고 개인의 사고를 깊게 진척시킬 수 있는 방식이다. 좋은 글을 쓰는 것은 쉽지 않지만 글을 읽고 쓰는 것은 누구에게나 쉽다. 문서 편집기가 글쓰는 이에게 내용이 틀렸다는 에러 메시지를 주거나 동작을 멈추는 일은 거의 없기 때문이다. 연구자가 투고한 학술 논문에 대해 게재 불가 판정을 받는 일은 사람의 평가를 받는 일이므로 평가자의 이해 부족에서 초래된 것이 아닌 한 부끄럽고 수치스럽다. 디지털 방법론의 활용은 자신의 연구 자료를 분석하도록 컴퓨터와 상호작용하는 일이고, 이 과정은 적어도 부끄럽고 수치스럽지는 않을 것이므로 내향성이 강하고 개인적 연구를 즐기는 연구자에게 더없이 좋은 방식이라 생각한다.

데이터를 근거로 하는 일상 정보와 학문적 정보가 더 신뢰를 얻는 시대에 살고 있는 우리는 데이터과학적 혹은 데이터분석적 연구를 적극적으로 활용하여 지식의 유익함과 연구자의 유연함을 'science'의 '학(學)'과 'art'의 '술(術)'을 결합한 학술 활동을 통해 인문학 연구를 더 발전시킬 수 있기를 희망한다.

2장

데이터과학적 인문학의 미래와 한국학

필자가 전공한 국어정보학은 이미 죽은 학문이라 평가하는 말을 종종 듣는다. 이 전공 명칭으로 학위를 받고 연구 활동을 하고 있는 당사자로서 필자는 매우 충격적이고 연구 활동에 대해 반성을 하게 된다. 또 한편 국어정보학이라는 전공 명칭이 만들어지기 전에 학위를 마무리하였거나 다른 전공으로 학위를 마쳤더라도 이 전공 명칭을 여전히 쓰는 연구자를 볼 때도 있다. 그 매력이 있기 때문일 것이라는 생각이 들면서 아직 죽지는 않았구나 싶은 안도감도 든다. 국어정보학은 유럽권의 컴퓨터학과 언어학을 결합한 정보과학의 영향을 받았다. 유럽에서는 컴퓨터학을 informatik라고도 한다. 그래서 국어정보학(Korean Linguistic Informatics)은 한국어를 언어학적 대상으로 컴퓨터학과 결합하여 연구하는 분야이다. 이러한 맥락에서 국어정보학 연구자가 컴퓨터를 잘 다루지 않고 데이터만 구축하는 일을 하는 것은 데이터의 중요성이 크다 할지라도 연구 용역만 수행할 수밖에 없는 현실을 만들어가는 일이라고 생각하기 때문에 반드시 데이터 분석 및 응용과 같이 가야 한다고 생각한다. 한편, 국어정보학 분야에는 한국어를 정보 처리의 대상으로 하지만 상대적으로 인문학적 기반을 가진 한국어학을 전공한 사람들이 많다. 이들 중에는 순수 한국어학에서와 같은 언어적 기술(description)을 지나치게 강조하는 일이 있다. 이는 학제적 연구의 측면을 억압하는 태도라고 본다. 수학자가 수학식으로 표현하고 언어학자가 언어로 표현하는 것이 분야 특성을 드러내는 것이기는 하지만 수학 문제를 이해하는 데에 있어서 언어적 설명이 없으면 안 되듯이 언어 문제도 다른 식의 표현이 효율적이고 필요하다. 언어는 때론 너무 실행력이 떨어지기도 하고 종종 사람들에게 그냥 지나치는 공허한 말뿐인 기호가 될 때가 있는 것 같다. 때론 평이한 사실을 기술하는 데에 쓰인 잉여적인 말들을 읽어내야 하는 시간을 소중히 여길 필요도 있고 각 연구자의 내적 사고를 통해 더 창의적으로 발전시킬 여지를 줄 필요도 있다. 평이한 기술보다 표나 그림으로 많은 양의 정보를 드러내는 것이 효율적일 때도 많기 때문이다.

한국학이 인문학 주도의 질적 연구로 발전되어 온 것은 사실이지만 세계적 관점에서 한국에 관심을 가지고 한국에 대해 연구하거나 한국의 학문에 접근을 해오는 분야는 인문학만이 아니다. 특히 최근에 해외에서 한국학에 폭발적인 관심이 증가한 이유는 K-Pop, K-Movie, K-Drama 같은 대중적인 문화 콘텐츠의 영향이다. 이러한 문화 콘텐츠를 질적으로 분석하는 것도 중요하지만, 사람들이 왜 K-Culture에 열렬한 애정을 갖게 되는지에 대한 연구를 한다고 치면 어느 한 개인의 이야기를 듣기보다는 많은 이들의 생각을 읽어낼 수 있는 데이터를 분석한 결과를 가지고 말할 수 있다면 더 흥미로운 연구가 되지 않을까 한다. 또 한국의 정보통신 기술의 급성장과 이공학 분야의 연구자 지원의 규모가 크고 활발하기 때문에 한국의 열정적 연구 성향과 인프라 자원에 매료되어 한국에서의 연구 활동을 시작하게 되는 이도 있다. 그리고 이들은 한국 사회의 문화와 언어와 생활 환경의 모든 것을 그야말로 체득한다. 한국학자가 혹은 한국인으로서 우리가 알고 있는 좋은 가치를 잘 배워가고 있는지 혹은 우리도 몰랐던 합리적인 가치를 깨달아 가고 있는지 궁금하다. 마크 피터슨(1992)의 『우물 밖의 개구리가 보는 한국사』와 같이 인문학뿐만 아니라 다른 학문 분야에서 타자들은 한국을 어떻게 이해하고 있는지 궁금하다. 그리고 이를 알기 위해서는 어떤 데이터를 수집하고 분석해야 하는지 생각하는 데이터과학적 사고로부터 출발하는 것도 필요한 것 같다.

인문학자 스스로가 인문학 분야를 좁게 볼 필요가 없으며 인문학만 보거나 질적 연구 방법만을 추구할 것이 아니라 공간적으로 넓게 시간적으로 멀리 보고 가면 좋겠다. 미래 연구자와 후속 세대를 위해서 그리고 빠르게 변하는 현재에 대응하기 위한 나를 위한 전략을 만들어가기 위해서 말이다.

참고 문헌

박진호. 서양의 학술은 동아시아에서 어떻게 받아들여졌나. 서울리뷰오브북스 10, 2023a. 126–137.

박진호. 인문학 위기에 대한 진단과 한국어학을 위한 제언 –연구대상, 방법론, 융합, 효용성을 중심으로–. 인문과학연구, 48. 2023b. 69–128.

박진호. '학제간'이라는 말을 통해 보는 언어의 풍경, 말과글 177, 2023c, 42–45.

마크 피터슨, 신채용 지음. 홍석윤 옮김. 우물 밖의 개구리가 보는 한국사. 넥서스. 1992.

조은경. 디지털 사회의 가치와 언어 연구 방법. 언어와 정보 사회 28, 2016. 291–315.

Molnar, Christoph. Interpretable Machine Learning: A guide for making black box models explainable. *Leanpub*. 2022(Ist), 2024(2nd).

Aytekin, Caglar. Neural networks are decision trees. arXiv preprint arXiv:2210.05189, 2022.

찾아보기

책명